图书馆在文化旅游中的多功能角色研究

宋　茜　著

吉林文史出版社

图书在版编目（CIP）数据

图书馆在文化旅游中的多功能角色研究 / 宋茜著.
长春：吉林文史出版社, 2024.8. -- ISBN 978-7-5752-
0584-9

Ⅰ. G259.2；F592

中国国家版本馆CIP数据核字第2024VP0812号

图书馆在文化旅游中的多功能角色研究
TUSHUGUAN ZAI WENHUA LüYOU ZHONG DE DUO GONGNENG JUESE YANJIU

出 版 人：张 强
著 者：宋 茜
责任编辑：张宏伟
版式设计：李 鹏
封面设计：文 亮
出版发行：吉林文史出版社
电 话：0431-81629352
地 址：长春市福祉大路5788号
邮 编：130117
地 址：www.jlws.com.cn
印 刷：北京昌联印刷有限公司
开 本：710mm×1000mm 1/16
印 张：16
字 数：250千字
版次印次：2024年8月第1版 2024年8月第1次印刷
书 号：ISBN 978-7-5752-0584-9
定 价：78.00元

前　言

　　随着全球旅游业的蓬勃发展，文化旅游作为一种新兴的旅游形态，正逐渐成为旅游市场的主流趋势。文化旅游的兴起，不仅反映了人们对精神文化需求的日益增长，也体现了旅游行业向高质量、深层次发展的必然趋势。在这一背景下，图书馆作为文化的重要载体和传播者，其在文化旅游中的作用与意义日益凸显。本书旨在深入探讨图书馆在文化旅游中的多功能角色，分析其在促进文化旅游发展、提升旅游品质、丰富旅游体验等方面的独特贡献。

　　文化旅游的兴起，是旅游市场需求变化与文化产业发展的必然结果。随着人们物质生活水平的提高，对精神文化的追求成为旅游消费的重要驱动力。文化旅游以文化为核心，通过旅游活动让游客亲身体验和感受不同地域、不同民族的文化魅力，满足其求知、审美、娱乐等多方面的需求。图书馆作为文化的宝库和知识的殿堂，拥有丰富的文献资源、深厚的文化底蕴和独特的文化环境。这些资源不仅为学术研究、教育普及提供了重要支撑，也为文化旅游的发展提供了丰富的素材和灵感。图书馆的文化价值在于其能够跨越时空限制，将人类文明的精华传承下去，并通过各种形式向公众展示和传播。

　　图书馆在文化旅游中扮演着多功能的角色。作为文化旅游资源的提供者、文化旅游动机的激发者、文化旅游开发经营的支持者、文化旅游体验的丰富者及文化旅游教育与传播的推动者，图书馆在促进文化旅游发展、提升旅游品质、丰富旅游体验等方面发挥着重要作用。面对未来的挑战与机遇，图书馆应不断创新和完善自身服务模式和资源形态，积极拓展文化旅游服务领域和方式，为文化旅游事业的持续发展贡献更大的力量。同时，我们也期待更多的学者和研究者能够关注并深入探讨图书馆在文化旅游中的多功能角色，共同推动这一领域的理论与实践发展。

　　由于笔者水平有限，本书难免存在不妥甚至谬误之处，敬请广大学界同仁与读者朋友批评指正。

目　录

第一章 图书馆与文化旅游的融合背景

第一节 文化旅游的定义

一、文化旅游的概念界定

（一）文化旅游的本质内涵

文化旅游，作为旅游活动领域中的一股清流，其独特性在于将传统旅游的自然景观观赏与人文体验深度融合，形成了一种以文化资源为核心吸引物的旅游模式。它超越了简单的视觉享受与地理移动，转而追求心灵的触动、知识的获取与文化的传承。在这一框架下，游客不再是走马观花式的过客，而是文化的探索者、体验者与传播者。

（二）文化资源的多元展现

文化旅游的核心在于对文化资源的深度挖掘与多元展现。这里的文化资源，既包括历史悠久的古迹遗址、丰富多彩的民俗风情，也涵盖现代艺术的创意表达、非物质文化遗产的活态传承。每一处文化景点都承载着深厚的历史记忆与地域特色，它们以建筑、雕塑、绘画、音乐、舞蹈、戏剧等多种形式，向游客展示着人类文明的多样性与创造力。

在文化旅游的实践中，这些文化资源不再是被动的展示品，而是通过精心的策划与设计，转化为游客可感知、可参与、可互动的体验项目。例如，通过虚拟现实技术重现古代战场的壮丽景象，让游客仿佛穿越时空；或是参与民俗节庆活动，亲手制作传统手工艺品，亲身体验当地文化的独特魅力。

（三）体验与学习的双重价值

文化旅游之所以备受青睐，关键在于它实现了体验与学习的双重价值。在体验层面，文化旅游提供了与传统旅游截然不同的感官刺激与心灵触动。游客可以通过亲身参与感受文化的魅力，加深对文化内涵的理解与认同。这种体验往往是深刻而持久的，能够在游客心中留下难以磨灭的印象。

在学习层面，文化旅游则成了一个生动的课堂。它打破了传统教育的界限，让游客在轻松愉快的氛围中，自然而然地接受文化的熏陶与教育。通过参观博物馆、艺术馆，聆听专家讲座，参与文化交流活动，游客能够拓宽视野，增长知识，提升自身的文化素养与审美能力。

（四）促进文化保护与传承

文化旅游的兴起，对于促进文化保护与传承具有重要意义。一方面，文化旅游的发展需要依托丰富的文化资源，这促使地方政府与社会各界加大对文化遗产的保护力度，修复受损的历史建筑，整理散落的文化碎片，让文化遗产焕发新的生机与活力。另一方面，文化旅游的开展也为文化遗产的展示与传播提供了广阔的平台，让更多的人了解、欣赏并参与文化遗产的保护工作，形成了良好的社会氛围。

（五）文化旅游的可持续发展

在追求经济效益的同时，文化旅游更加注重可持续发展的理念。这要求我们在开发文化旅游资源时，必须尊重自然规律，保护生态环境，避免过度开发与商业化带来的负面影响。同时，还应注重社区参与与利益共享，确保当地居民在文化旅游发展中获得实惠，提高他们的生活质量与幸福感。只有这样，文化旅游才能成为推动地方经济转型升级、促进文化交流互鉴、实现可持续发展的有效途径。

文化旅游作为一种新兴的旅游模式，以其独特的文化内涵、丰富的体验形式、深刻的教育意义及良好的社会效益，正逐渐成为旅游业发展的重要方向。在未来的发展中，我们应继续深化对文化旅游的认识与研究，不断创新文化旅游产品与服务，推动文化旅游事业持续健康发展。

二、文化旅游的核心要素

（一）文化遗产：文化旅游的基石与灵魂

在文化旅游的广阔版图中，文化遗产占据着举足轻重的地位。它不仅是历史的见证者，更是文化的传承者，为游客提供了一扇窥视过往、感受文明魅力的窗口。文化遗产包括物质文化遗产与非物质文化遗产两大类别，两者相辅相成，共同构成了文化旅游的核心吸引力。

物质文化遗产，如古建筑群、历史遗址，古代雕塑、壁画、碑刻等，是人类在历史长河中创造并遗留下来的具有历史、艺术和科学价值的实物遗存。它们以静态的方式诉说着往昔的故事，让游客在漫步于古老的街巷、仰望巍峨的古建筑时能够穿越时空，与古人对话，感受那份沉淀了千年的文化底蕴。物质文化遗产不仅满足了游客对于美的追求，更激发了人们对历史文化的敬畏之心，促进了文化的传承与保护。

非物质文化遗产，则是指那些以非物质形态存在、与群众生活密切相关、世代相承的传统文化表现形式，如民间文学、传统音乐、舞蹈、戏剧、曲艺、杂技、美术、书法、传统医药、民俗活动等。这些活态的文化遗产，通过口传心授的方式代代相传，展现了人类创造力的多样性和文化的丰富性。在文化旅游中，参与非物质文化遗产的体验活动，如学习制作传统手工艺品、观赏地方戏曲表演、参与民俗节庆活动等，能够让游客亲身体验到文化的生动与活力，加深对地方文化的理解和认同。

（二）艺术表演：文化旅游的璀璨明珠

艺术表演作为文化旅游的重要组成部分，以其独特的艺术魅力和感染力，成为吸引游客的重要因素。无论是古典音乐会的悠扬旋律，还是现代舞蹈的激情四溢；无论是戏剧舞台上的悲欢离合，还是杂技表演中的惊心动魄，艺术表演都以其独特的方式，展现了人类情感的丰富性和创造力的无限可能。

在文化旅游中，艺术表演不仅是观赏的对象，更是文化交流与互动的平台。通过观赏艺术表演，游客能够跨越语言和文化的障碍，感受到不同地域、不同民族文化的独特韵味。同时，艺术表演也为当地艺术家提供了展示才华的舞台，促进了艺术创作的繁荣与发展。此外，一些艺术表演还融入了地方特色和历史文化元素，使游客在享受艺术之美的同时，也能加深对当地文化的了解和认识。

（三）民俗风情：文化旅游的生动画卷

民俗风情是文化旅游中不可或缺的一部分，涵盖了当地居民的生活方式、风俗习惯、宗教信仰、节日庆典等各个方面，是地方文化最真实、最生动的体现。在文化旅游中，游客通过参与民俗活动、品尝地方美食、体验传统手工艺等方式，能够深入感受当地文化的独特魅力。

民俗风情的展示，不仅丰富了文化旅游的内容，也促进了文化的交流与传播。通过亲身体验，游客能够更加直观地了解当地文化的内涵和价值，增强对文化多样性的尊重与理解。同时，民俗风情的传承与发展，也离不开游客的参与和支持。游客的到访和关注，为当地民俗文化的保护与传承注入了新的活力。

文化旅游的核心要素——文化遗产、艺术表演与民俗风情，共同构建了一幅丰富多彩的文化旅游画卷。它们以各自独特的方式，展现了人类文化的多样性和创造力，为游客提供了丰富的文化体验和深刻的精神享受。在未来的发展中，应继续加强这些核心要素的保护与传承，推动文化旅游的可持续发展，让更多人在旅行中感受到文化的力量与美好。

三、文化旅游与其他旅游形式的区别

在旅游业的广阔版图中，文化旅游以其独特的魅力和深远的价值，与休闲旅游、生态旅游等并驾齐驱，共同构成了多元化的旅游体验体系。通过深入比较，我们可以更加清晰地认识到文化旅游的独特性及其不可替代的价值。

（一）目的导向的差异

文化旅游与休闲旅游、生态旅游在目的导向上存在显著差异。休闲旅游侧重于为游客提供放松身心、远离日常压力的环境，追求的是短暂逃离与心灵慰藉。生态旅游则强调对自然环境的保护与尊重，倡导游客在自然环境中获得知识与体验，同时促进生态系统的可持续发展。而文化旅游则更加注重对文化资源的探索与体验，旨在通过文化的桥梁，连接过去与现在，促进不同文化之间的交流与理解。它不仅是一种旅游活动，更是一种文化学习与文化传播的过程。

（二）体验内容的深度与广度

在体验内容的深度与广度上，文化旅游展现出其独特的优势。休闲旅游往往侧重于旅游设施与服务的完善，如舒适的住宿、美味的餐饮、便捷的交通等，为游客创造一个愉悦的休闲环境。生态旅游则聚焦于自然景观的观赏与生态保护意识的提升，通过徒步、观鸟、野营等活动，让游客亲近自然，感受大自然的鬼斧神工。而文化旅游则深入文化的内核，通过历史遗迹的探访、民俗活动的参与、艺术作品的鉴赏等，让游客全面了解一个地区或民族的文化传统、历史沿革、社会习俗等。这种深度体验不仅丰富了游客的知识储备，更激发了他们对不同文化的兴趣与尊重。

（三）教育意义的凸显

文化旅游的教育意义尤为凸显。与休闲旅游追求纯粹的娱乐享受不同，文化旅游在提供愉悦体验的同时，更加注重对游客的教育与启迪。通过文化旅游，游客可以学习丰富的历史文化知识，了解不同文化的独特魅力与价值，从而拓宽视野，增强文化自信。此外，文化旅游还促进了文化的交流与传播，为不同文化之间的相互理解和尊重搭建了桥梁。生态旅游虽然也具有一定的教育意义，如提升公众的环保意识与生态责任感，但其核心仍在于自然环境的保护与体验。

（四）社会与经济的双重效益

文化旅游在推动社会与经济发展方面展现出独特的双重效益。从社会层面来看，文化旅游促进了文化的传承与发展，增强了游客的民族认同感和文化自信心。同时，它也为当地社区带来了就业机会与经济收益，提高了居民的生活质量。从经济层面来看，文化旅游作为一种高附加值的旅游形式，为旅游业注入了新的活力与增长点。它不仅带动了相关产业的发展，如文化创意产业、旅游纪念品制造业等，还促进了旅游目的地的品牌建设与知名度提升。相比之下，休闲旅游和生态旅游虽然也具有一定的经济效益，但其在推动文化传承与社会进步方面的作用相对有限。

文化旅游以其独特的目的导向、深度的体验内容、凸显的教育意义及双重的社会与经济效益，在旅游业的众多形式中脱颖而出。它不仅为游客提供了丰富多样的文化体验与心灵触动，更为文化的传承与发展、社会的和谐与进步做出了重要贡献。在未来的发展中，我们应继续加大对文化旅游的支持与投入，推动其持续健康发展，为构建更加美好的旅游世界贡献力量。

四、文化旅游的多元化表现形式

（一）节庆活动：文化旅游的活力舞台

节庆活动作为文化旅游的一种重要表现形式，以其独特的文化氛围、丰富的活动内容和广泛的参与性，成为吸引游客的强大磁石。这些活动往往融合了地方的历史、传统、民俗和艺术，通过盛大的庆典、精彩的表演、独特的美食和丰富的互动体验，为游客呈现出一幅幅生动多彩的文化画卷。

节庆活动不仅是对传统文化的传承与弘扬，更是促进文化交流与融合的有效平台。在节庆期间，来自四面八方的游客汇聚一堂，共同参与庆祝活动，感受不同文化的碰撞与交融。这种跨文化的交流不仅增进了人们对彼此文化的理解和尊重，也激发了文化创新的灵感，推动了文化的繁荣发展。

节庆活动的举办往往需要地方政府、文化机构、旅游企业等多方面的协同合作。通过精心策划和组织，将地方特色文化元素巧妙地融入节庆活动中，打造具有鲜明地域特色和品牌影响力的文化旅游产品。同时，注重游客的参与性和体验感，提供多样化的活动和服务，让游客在享受文化盛宴的同时，也能留下深刻而美好的回忆。

（二）主题公园：文化旅游的创意乐园

主题公园作为文化旅游的另一种重要表现形式，以其独特的主题设计、丰富的游乐设施和浓厚的文化氛围，成为吸引游客尤其是家庭游客的热门选择。主题公园通常以某一特定文化或历史时期为背景，通过创意性的场景再现、角色扮演和互动体验，让游客仿佛置身于一个充满奇幻与惊喜的世界中。主题公园的成功之处在于，其强大的创意能力和敏锐的市场洞察力。它能够将抽象的文化概念转化为具体可感的游乐项目，让游客在轻松愉快的氛围中学习和了解文化知识。同时，主题公园还注重科技的应用和创新，利用先进的声光电技术和虚拟现实技术，为游客提供更加沉浸式和互动式的体验。

此外，主题公园还注重品牌建设和市场推广，通过打造独特的品牌形象和开展丰富多彩的营销活动，吸引更多游客前来参观游玩。同时，注重与周边旅游资源的整合和联动，形成互补优势，共同推动文化旅游的发展。

（三）博物馆：文化旅游的知识殿堂

博物馆作为文化旅游的标志性场所，以其丰富的藏品、专业的展览和严谨的研究，成为传播历史文化知识、弘扬民族精神的重要阵地。博物馆通过展示人类文明的瑰宝和文化遗产的精华，让游客在观赏中增长见识、陶冶情操、提升素养。

博物馆的展览形式多种多样，既有传统的静态展览，也有现代的动态展示和互动体验。静态展览通过精美的展品和详细的解说，向游客展示历史文化的脉络和特色；动态展示则通过声光电技术和多媒体手段，让展品"活"起来，使游客能够更加直观地感受历史文化的魅力；互动体验则通过模拟场景、角色扮演等方式，让游客参与展览中，增强其参与感和体验感。博物馆还注重教育与科普功能的发挥，通过举办讲座、研讨会、工作坊等活动，为公众提供学习交流的平台。同时，加强与学校、社区等机构的合作，开展形式多样的教育活动，培养青少年的历史文化素养和民族自豪感。

文化旅游通过节庆活动、主题公园、博物馆等多种形式的展现，不仅丰富了旅游产品的内涵和外延，也促进了文化的传承与创新。这些多元化的表现形式相互补充、相互促进，共同构成了文化旅游的绚丽画卷，为游客提供了丰富多彩的文化体验和深刻的精神享受。

五、文化旅游对经济社会的影响

（一）文化旅游对当地经济的积极作用

文化旅游作为旅游业的重要组成部分，对当地经济具有显著的促进作用。首先，文化旅游为当地创造了大量的就业机会。随着文化旅游业的蓬勃发展，酒店、餐饮、交通、零售等相关行业也随之兴起，为当地居民提供了多样化的工作岗位。这些就业机会不仅缓解了当地的就业压力，还提高了居民的收入水平，促进了经济结构的优化与升级。其次，文化旅游成为当地重要的经济收入来源。游客在文化旅游过程中会进行餐饮、住宿、购物等一系列消费活动，这些消费直接转化为当地的经济收入。同时，文化旅游还带动了相关产业的发展，如文化创意产业、手工艺品制造业等，进一步拓宽了当地的经济收入来源。这些收入不仅为地方政府提供了更多的财政支持，还促进了基础设施的改善与升级，为当地经济的可持续发展奠定了坚实基础。

文化旅游还促进了当地经济的多元化发展。传统上，许多地区依赖农业或工业等单一产业维持经济发展。然而，随着文化旅游的兴起，这些地区开始将文化资源转化为经济资源，形成了多元化的产业结构。这种多元化不仅降低了经济发展对单一产业的依赖度，还提高了经济的抗风险能力，为当地经济的长远发展提供了有力保障。

（二）文化旅游对文化传承的积极作用

文化旅游在促进文化传承方面发挥着不可替代的作用。文化旅游为传统文化的展示与传播提供了广阔平台。通过文化旅游活动，游客可以近距离接触和了解当地的历史文化、民俗风情等传统文化元素。这种直观的感受和体验有助于加深游客对传统文化的理解和认同，进而促进传统文化的传承与发展。

文化旅游激发了当地居民对传统文化的保护意识。随着文化旅游的兴起，越来越多的当地居民开始意识到传统文化的独特魅力和价值所在。他们开始积极参与传统文化的保护与传承工作，如修复历史建筑、传承传统技艺、举办民俗活动等。这些努力不仅为传统文化的延续注入了新的活力，还增强了当地居民的文化自信心和归属感。

此外，文化旅游还促进了不同文化之间的交流与融合。在文化旅游过程中，游客来自不同的地域和文化背景，他们之间的交流与互动有助于促进不同文化之间的理解和尊重。这种跨文化的交流不仅拓宽了人们的文化视野，还促进了文化的创新与发展，为传统文化的传承注入了新的元素和动力。

（三）文化旅游对社会交流的积极作用

文化旅游作为一种跨越地域和文化的交流活动，对社会交流具有显著的促进作用。文化旅游为不同地域的人们提供了相互了解和认识的机会。在文化旅游过程中，游客与当地居民之间的交流与互动有助于打破地域隔阂和文化障碍，增进彼此之间的了解和友谊。这种交流不仅有助于构建和谐社会关系，还促进了社会的和谐稳定与发展。

文化旅游促进了社会文化的多元化发展。随着文化旅游的兴起，越来越多的外来文化元素被引入当地社会中。这些外来文化元素与当地传统文化相互交融、相互影响，形成了独具特色的社会文化景观。这种文化的多元化不仅丰富了人们的文化生活和精神世界，还促进了社会的开放与包容性发展。

文化旅游还促进了社会信息的传播与交流。在文化旅游过程中，游客会将自己在当地的所见所闻、所感所悟通过各种渠道传播出去。这种信息的传播不仅有助于提升当地的知名度和美誉度，还促进了社会信息的交流与共享。这种信息的交流与共享有助于人们更好地了解世界、认识自我、把握时代脉搏。

第二节　文化旅游的发展趋势

一、全球化视野下的文化交流与融合

（一）全球化浪潮中的文化互鉴与旅游新生态

在全球化的宏大叙事中，文化的交流与融合不仅深刻改变了世界各国的面貌，也为文化旅游产业注入了活力，带来了新的发展机遇。这一过程超越了地理界限，促进了文化多样性的展现与共享，构建了文化旅游发展的新生态。

（二）文化交流的深度拓展与旅游体验的多维升级

随着信息技术的飞速发展和国际交流的日益频繁，文化交流的广度和深度得到了前所未有的拓展。游客不再满足于浅尝辄止的文化观光，而是渴望深入了解异域文化的精髓。这种需求促使文化旅游产品向更加精细化、个性化的方向发展。通过参与式、沉浸式等多元体验方式，游客能够亲身体验到不同文化的独特魅力，如参与传统节日庆典、学习传统手工艺、品尝地道美食等，从而实现从"看风景"到"品文化"的转变。

（三）文化融合的创新实践与文化旅游产业的转型升级

文化融合是全球化背景下文化交流的必然结果。不同文化元素在碰撞中相互借鉴、吸收，形成了独具特色的文化创新成果。这些成果不仅丰富了文化旅游的内涵，也为文化旅游产业的转型升级提供了强大动力。一方面，文化融合促进了文化旅游产品的创新开发，如跨界融合的艺术展览、文化主题乐园、特色民宿等，满足了游客多样化的消费需求；另一方面，文化融合还推动了文化旅游服务的智能化、便捷化，如通过大数据、云计算等技术手段提升旅游体验，实现旅游服务的个性化定制。

（四）全球化视野下的文化旅游品牌塑造与国际影响力提升

在全球化的今天，文化旅游品牌的塑造已成为提升国家软实力和国际影响力的重要途径。各国纷纷依托自身丰富的文化资源，打造具有鲜明特色的文化旅游品牌，以吸引国际游客的目光。这些品牌不仅代表了特定地区的文化形象，也承载着传播本国文化、促进国际交流的重要使命。通过举办国际文化旅游节、参与国际旅游展会等活动，各国文化旅游品牌得以在国际舞台上展示风采，进一步提升了其国际知名度和影响力。

（五）可持续发展视角下的文化旅游与生态保护和谐共生

在全球化推动文化旅游快速发展的同时，我们也应关注到文化旅游与生态保护之间的和谐共生关系。文化旅游的可持续发展要求我们在开发利用文化资源的同时，注重保护生态环境和文化遗产的完整性。这意味着我们需要采取科学合理的规划和管理措施，确保文化旅游活动不会对当地生态环境造成破坏；同时，还需要加强文化遗产的保护与传承工作，让后人能够继续享受到这些宝贵的文化遗产所带来的精神滋养。

全球化背景下的文化交流与融合将继续推动文化旅游产业的繁荣发展。随着科技的进步和人们生活水平的提高，文化旅游将更加注重体验性、互动性和创新性。同时，文化旅游也将更加注重可持续发展和生态保护的理念，努力实现经济效益、社会效益和环境效益的有机统一。在这个过程中，各国应携手合作、共谋发展，共同推动全球文化旅游产业的繁荣与进步。

二、科技赋能文化旅游创新

在科技日新月异的今天，数字技术、虚拟现实（VR）、增强现实（AR）等现代科技正以前所未有的速度融入文化旅游领域，为这一传统行业带来革命性的变革。这些技术的应用不仅丰富了游客的旅游体验，还促进了文化遗产的保护与传承，推动了文化旅游产业的创新发展。

（一）数字化与智能化升级

随着大数据、云计算、人工智能等技术的不断成熟，文化旅游行业正经历着深刻的数字化与智能化升级。通过大数据分析，旅游企业能够精准把握游客的需求和行为模式，提供个性化的旅游产品和服务。例如，基于游客的偏好和历史游览记录，智能导览系统能够为其量身定制游览路线，提供实时信息更新和语音解说服务，甚至预测人流密集度，帮助游客避开高峰时段，享受更加私密和高质量的游览体验。

智能化管理也是文化旅游行业升级的重要方向。通过引入人工智能和物联网技术，景区可以实现游客流量的智能调控、资源的优化配置和应急响应能力的提升。例如，智能监控系统能够实时监测景区内的人流密度和安全隐患，及时发出预警并采取措施，确保游客的安全和景区的有序运营。

（二）沉浸式体验与虚拟现实技术

虚拟现实技术为文化旅游带来了前所未有的沉浸式体验。游客无须亲自前往目的地，就能通过 VR 设备"亲临"世界各地的名胜古迹，感受其独特的魅力和历史文化底蕴。这种体验方式不仅打破了时间和空间的限制，还极大地丰富了文化学习的方式，使游客能够在虚拟环境中与文化遗产进行深度互动。在文化遗产保护方面，VR 技术也发挥了重要作用。通过数字化复原和虚拟展示，一些受损或消失的文化遗产得以在虚拟世界中重现，为后人留下宝贵的记忆。同时，这种数字化保存方式还有助于文化遗产的广泛传播和深入研究，促进文化的传承与发展。

（三）增强现实技术的融合应用

增强现实技术则进一步提升了文化旅游的互动性和趣味性。通过 AR 技术，游客可以在现实世界中叠加虚拟信息，获得更加丰富的游览体验。例如，在博物馆或历史遗迹中，AR 导览系统可以为游客提供文物的详细信息和历史背景，甚至通过虚拟动画展示文物的修复过程和背后的故事。这种融合现实与虚拟的游览方式，不仅增强了游客的参与感和体验感，还提高了文化旅游的吸引力和传播力。

（四）绿色旅游与可持续发展

随着环保意识的提升，绿色旅游成为文化旅游行业的重要发展趋势。数字技术在这一过程中发挥了重要作用。通过智能监测和数据分析，旅游企业可以实现对旅游资源的科学管理和合理利用，减少浪费和污染。同时，数字化手段还可以帮助游客了解并实践低碳旅游方式，如使用电子门票、共享交通工具等，共同推动旅游业的可持续发展。

（五）社交媒体与网红经济的推动

在社交媒体和网红经济的推动下，文化旅游的传播方式和营销手段也发生了深刻变化。通过社交媒体平台，游客可以实时分享自己的旅游体验和感受，吸引更多人的关注和参与。这种基于社交媒体的营销方式不仅降低了营销成本，还提高了营销效果，为文化旅游产业的快速发展注入了新的动力。

数字技术、虚拟现实等现代科技在文化旅游中的应用趋势呈现出多元化、创新化和可持续化的特点。这些技术的应用不仅丰富了游客的旅游体验，还促进了文化遗产的保护与传承，推动了文化旅游产业的创新发展。未来，随着技术的不断进步和应用场景的不断拓展，文化旅游行业将迎来更加广阔的发展前景和无限可能。

三、文化旅游的可持续发展

在全球化与信息化交织的今天，文化旅游作为连接自然、历史、文化与现代生活的重要桥梁，正经历着前所未有的变革与发展。其可持续发展的路径，不仅关乎环境保护、文化传承，还深刻影响着地区经济的繁荣与社会的和谐。

（一）生态旅游：自然与人文的和谐共生

生态旅游作为文化旅游的重要分支，强调在旅游活动中最小化对自然环境的影响，同时促进当地社区的经济发展与文化保护。这一理念要求旅游开发者与游客共同尊重自然规律，遵循生态原则，通过科学规划与管理，实现旅游资源的可持续利用。未来，生态旅游将更加注重生态教育功能的发挥，通过设立生态解说系统、开展生态体验活动等方式，提升公众的生态意识与环境保护责任感。此外，生态旅游还将推动绿色旅游产品的创新，如低碳住宿、生态餐饮等，引导旅游消费向更加环保、健康的方向转变。

（二）低碳旅游：节能减排的绿色实践

低碳旅游是应对全球气候变化、实现旅游业可持续发展的重要途径。它倡导在旅游全过程中减少碳排放，包括交通、住宿、餐饮、购物等各个环节。随着科技的进步和人们环保意识的增强，低碳旅游正逐步成为主流趋势。一方面，旅游交通将向更加环保、高效的方向发展，如推广电动汽车、氢能汽车等低碳交通工具，优化旅游线路，以减少碳排放；另一方面，旅游住宿业也将加快绿色低碳转型，通过采用节能设备、优化能源结构等措施，降低能耗与排放。同时，低碳旅游还鼓励游客选择步行、骑行等低碳出行方式，参与碳补偿项目，共同为减缓气候变化贡献力量。

（三）文化深度体验：挖掘与传承并重

文化旅游的核心在于文化的体验与传承。随着旅游市场的日益成熟，游客对文化体验的需求不再满足于表面的观光游览，而是追求更深层次的文化理解与互动。因此，文化旅游项目需深入挖掘地方文化的独特魅力，通过创意策划与精心设计，为游客提供丰富多样的文化体验活动。这包括参与式文化体验、非物质文化遗产展示与传承、历史文化遗址的深度解读等。同时，文化旅游还需注重文化的保护与传承，避免过度商业化对文化资源的破坏，确保文化的真实性与可持续性。

（四）智慧旅游：科技赋能的创新发展

智慧旅游是文化旅游与现代信息技术深度融合的产物。它利用大数据、云计算、物联网、人工智能等先进技术，提升旅游服务的智能化水平，优化游客体验，促进旅游产业的转型升级。在智慧旅游时代，游客可以通过手机APP、智能导览系统等工具，轻松获取旅游信息、规划行程、预订服务，实现旅游过程的便捷与高效。同时，智慧旅游还能为旅游管理者提供精准的数据支持，帮助其科学决策，优化资源配置，提高管理效率。此外，智慧旅游还能促进旅游与其他产业的跨界融合，催生新的旅游业态与产品，为文化旅游的可持续发展注入新的活力。

（五）社区参与与共享发展

文化旅游的可持续发展离不开当地社区的积极参与和共享发展。社区是文化旅游资源的重要载体，也是文化传承与创新的主体。通过鼓励社区参与旅游规划、开发、经营与管理，可以确保旅游活动与当地社会、经济、文化的协调发展。同时，旅游收益的合理分配与反哺机制，能够激发社区居民保护文化遗产、改善生态环境的积极性，促进社区整体福祉的提升。这种基于社区参与的共享发展模式，是实现文化旅游可持续发展的重要保障。

文化旅游的可持续发展是一个系统工程，需要政府、企业、社区及游客等多方共同努力。通过推广生态旅游、践行低碳旅游、深化文化体验、发展智慧旅游以及促进社区参与与共享发展，我们可以共同推动文化旅游产业向更加绿色、健康、可持续的方向迈进。

四、文化旅游的个性化与定制化服务

在当今这个追求独特体验与深度探索的时代，游客对于文化旅游的需求日益多样化与个性化。这一趋势促使文化旅游服务不断向个性化与定制化方向演进，以满足不同游客的特定需求和期望。

（一）游客需求的多维度细化

随着旅游市场的日益成熟，游客的需求不再局限于传统的观光游览，而是更加注重旅行的深度、文化体验和个性化服务。他们渴望通过旅游活动深入了解目的地的历史文化、风土人情，同时追求与自身兴趣、价值观相契合的旅游体验。这种需求的多样化与细分化，为文化旅游服务的个性化与定制化提供了广阔的空间。

（二）技术驱动的个性化服务

现代科技的飞速发展，尤其是大数据、人工智能等技术的应用，为文化旅游服务的个性化提供了强有力的支持。通过收集和分析游客的游览历史、偏好数据等信息，旅游企业可以构建用户画像，精准把握游客的个性化需求。基于此，企业可以为游客提供定制化的旅游路线、住宿推荐、餐饮安排等服务，以确保每位游客都能获得独一无二的旅游体验。

（三）文化体验的深度挖掘

文化旅游的核心在于文化体验。为了满足游客对文化深度的追求，文化旅游服务需要更加注重对文化资源的挖掘和整合。这包括深入挖掘当地的历史故事、民俗风情、艺术传统等文化元素，通过创意策划和设计，将这些元素融入旅游活动，使游客在游览过程中能够深入感受和理解目的地的文化内涵。同时，通过定制化的文化体验活动，如手工艺制作、传统表演观赏等，可以进一步加深游客的文化体验深度。

（四）互动性与参与度的提升

个性化与定制化的文化旅游服务还体现在互动性与参与度的提升上。传统的文化旅游往往以观光为主，游客的参与度和互动性有限。而现代文化旅游服务则更加注重游客的参与和体验过程，通过设计互动性强的旅游活动，如角色扮演、情景模拟等，让游客在参与中体验文化的魅力。此外，利用虚拟现实（VR）、增强现实（AR）等现代科技手段，可以创造出更加沉浸式的文化体验场景，提升游客的参与感和满意度。

（五）服务品质的全面提升

个性化与定制化的文化旅游服务对服务品质提出了更高的要求。这要求旅游企业不仅要在产品设计上注重创新和个性化，还要在服务过程中注重细节和品质。从接待、咨询、导游到售后服务等各个环节，都需要以游客为中心，提供周到、细致、专业的服务。通过不断提升服务品质，增强游客的信任度和忠诚度，可以推动文化旅游产业的可持续发展。

（六）可持续旅游理念的融入

在追求个性化与定制化的同时，文化旅游服务还需要注重可持续旅游理念的融入。这包括在旅游活动中注重环境保护、文化传承和社会责任等方面。通过推广低碳旅游、绿色出行等理念，减少旅游活动对环境的负面影响；通过参与和支持当地社区的发展，促进文化传承和社会和谐；通过提供公平、透明的旅游服务，维护游客的合法权益和利益。这些措施将有助于实现文化旅游的可持续发展目标。

随着游客需求的多样化与个性化趋势的加剧，文化旅游服务将更加注重个性化和定制化。通过技术驱动、文化挖掘、互动提升、品质保障及可持续理念的融入等措施，文化旅游产业将不断满足游客的多元化需求，推动文化旅游事业的繁荣发展。

五、文化旅游的跨界融合

随着全球经济的不断发展和人们生活水平的日益提高，文化旅游已成为现代社会中不可或缺的一部分。它不仅满足了人们对精神文化的追求，还促进了相关产业的协同发展。在这一背景下，文化旅游与教育、科技、商业等领域的跨界融合趋势愈发明显，为文化旅游的未来发展注入了新的活力。

（一）文化旅游与教育的跨界融合

文化旅游与教育的跨界融合，是近年来教育领域的一大亮点。这种融合不仅丰富了教育的内容与形式，还拓宽了学生的视野，提升了其综合素质。一方面，文化旅游为教育提供了生动、直观的教学资源。通过组织学生参观历史遗迹、博物馆、艺术展览等，学生可以近距离感受文化的魅力，加深对历史、艺术等知识的理解。另一方面，教育也为文化旅游注入了新的内涵。教育机构通过设计具有教育意义的旅游线路和项目，引导学生在旅游过程中学习新知识、培养新技能，实现了寓教于乐的目的。

随着信息技术的不断发展，文化旅游与教育的跨界融合还体现在远程教育、虚拟旅游等新兴领域。通过虚拟现实（VR）、增强现实（AR）等技术手段，学生在家中就可以身临其境地游览世界各地的名胜古迹，体验不同文化的风情。这种跨时空的学习方式，不仅提高了教育的趣味性和互动性，还极大地降低了教育成本，使更多人能够享受到优质的教育资源。

（二）文化旅游与科技的跨界融合

文化旅游与科技的跨界融合，是推动文化旅游产业转型升级的重要动力。在科技的赋能下，文化旅游的体验方式、传播渠道和服务模式都发生了深刻的变化。一方面，科技手段为文化旅游提供了更加丰富的体验形式。通过运用大数据、云计算、人工智能等技术，可以实现对游客行为的精准分析，为游客提供个性化的旅游路线推荐、景区导览等服务。同时，虚拟现实、增强现实等技术的应用，让游客能够在虚拟环境中体验真实的文化场景，获得更加沉浸式的旅游体验。另一方面，科技还促进了文化旅游的传播与推广。在互联网和社交媒体的助力下，文化旅游的知名度和影响力得到了显著提升。通过短视频、直播等新媒体形式，人们可以随时随地分享自己的旅游经历和文化体验，吸引更多人关注和参与文化旅游活动。此外，科技还推动了文化旅游产品的创新升级。运用数字化、智能化手段可以将传统文化资源转化为具有现代感的旅游产品，满足游客多样化的需求。

（三）文化旅游与商业的跨界融合

文化旅游与商业的跨界融合，是文化产业与商业经济深度融合的重要体现。这种融合不仅促进了文化产业的发展壮大，还带动了商业经济的繁荣兴旺。文化旅游为商业提供了丰富的文化资源和市场需求。通过挖掘和利用地方特色文化资源，可以开发出具有独特魅力的旅游商品和纪念品，以满足游客的购物需求。同时，文化旅游活动还能吸引大量人流、物流、信息流等资源向商业领域聚集，为商业发展创造有利条件。商业也为文化旅游提供了必要的支持和保障。通过建设完善的商业设施、提供优质的商业服务、打造独特的商业品牌等举措，可以为文化旅游活动提供必要的物质基础和服务保障。同时，商业还能通过创新商业模式、拓展营销渠道等方式，推动文化旅游产品的市场化运作和产业化发展。

文化旅游与教育、科技、商业等领域的跨界融合趋势日益明显。这种融合不仅丰富了文化旅游的内涵和外延，还促进了相关产业的协同发展。未来，随着科技的不断进步和人们需求的日益多样化，文化旅游的跨界融合将呈现出更加广阔的发展前景。

第三节　图书馆的传统功能

一、文献资源的收藏与保存

图书馆，作为人类知识与文化的汇聚之地，自古以来便承载着文献资源收集、整理与保存的重要使命。它不仅是学术研究的基石，也是文化传承的桥梁，对于促进知识交流、推动社会进步具有不可替代的作用。

（一）文献资源的广泛收集

图书馆的首要任务在于广泛收集各类文献资源，以构建全面、系统的知识库。这一过程涵盖了书籍、期刊、报纸、手稿、音像资料、电子出版物等多种载体形式，旨在覆盖自然科学、社会科学、人文艺术等广泛领域。图书馆通过制定科学的采集策略，如依据学科发展动态、读者需求变化及馆藏特色等因素，有计划、有重点地采购新书、订阅期刊，并积极寻求与国内外图书馆、出版机构、学术团体等的合作与交流，以拓宽文献资源的获取渠道，确保馆藏资源的丰富性与时效性。

（二）文献资源的系统整理

收集到的文献资源需经过系统的整理与加工，才能转化为可供读者高效利用的知识财富。图书馆采用分类编目、索引编制、书目编制等方法，对文献资源进行科学的分类与排序，使其形成有序的知识体系。这一过程中，图书馆员需具备扎实的专业知识与严谨的工作态度，以确保分类的准确性与标引的规范性。同时，随着信息技术的不断发展，图书馆还引入了自动化管理系统与数字化技术，实现了文献资源的电子化、网络化管理，提高了文献资源的检索效率与利用便捷性。

（三）文献资源的长期保存

文献资源的长期保存是图书馆不可推卸的责任。由于纸质文献易受环境因素影响而损坏，图书馆需采取一系列措施延长其使用寿命。这包括控制库房的温湿度、光照强度与空气质量，采用防虫、防尘、防火等保护手段，以及定期对文献进行修复与保养。此外，随着数字化技术的普及，图书馆还致力于将纸质文献转化为数字资源，通过建立数字资源库、提供在线访问服务等方式，实现文献资源的长期保存与广泛传播。数字资源的存储具有容量大、复制便捷、检索迅速等优点，能够有效缓解纸质文献保存的压力，并为读者提供更加便捷的知识获取途径。

（四）知识传承与文化弘扬

图书馆在文献资源的收藏与保存过程中，还承担着知识传承与文化弘扬的重要使命。作为历史与文化的见证者，图书馆收藏的文献资源蕴含着丰富的历史信息与文化内涵，是后人了解过去、认识现在、展望未来的重要依据。图书馆通过举办展览、讲座、读书会等活动，将馆藏资源中的精华呈现给广大读者，激发公众对知识的兴趣与热爱，促进文化的交流与传播。同时，图书馆还积极参与文化遗产保护工作，通过数字化手段对濒危文献进行抢救性保护，从而为后人留下宝贵的精神财富。

图书馆在文献资源的收集、整理与保存方面发挥着至关重要的作用。它不仅是知识的宝库，更是文化传承的纽带。随着时代的发展与技术的进步，图书馆将不断创新服务模式与管理手段，以更好地满足读者的需求与社会的期待。

二、信息服务的提供

图书馆作为知识的宝库与信息传播的重要枢纽，自古以来便承担着满足读者信息需求的重任。在信息爆炸的当今时代，图书馆不仅保留了其深厚的文化底蕴，更通过不断创新服务模式，以借阅、咨询等为核心的传统功能，为广大读者提供了全面、高效的信息获取途径。

（一）借阅服务：知识传递的桥梁

借阅服务是图书馆最基础也是最重要的功能之一，它直接关联着读者对信息资源的获取。图书馆通过收集、整理、保存各类文献资源，构建起一个庞大的知识库，涵盖了图书、期刊、报纸、电子资源等多种形式，满足了不同读者的多样化需求。

在借阅过程中，图书馆采取了一系列措施以确保服务的顺畅与高效。图书馆实行开架借阅制度，读者可以自由浏览书架上的图书，根据个人兴趣或研究需求选择适合自己的读物。这种开放式的借阅方式极大地提高了读者的参与度和满意度。图书馆还提供了便捷的借阅流程。读者只需凭借有效证件即可办理借阅手续，部分图书馆还引入了自助借还机等现代化设备，进一步简化了借阅流程，缩短了等待时间。同时，图书馆还通过电子管理系统对图书进行追踪管理，以确保图书的及时归还与再次流通。

此外，图书馆还注重图书资源的更新与补充。根据读者的借阅情况、反馈意见及学科发展趋势，图书馆会定期采购新书、订阅新刊，以保证馆藏资源的时效性和丰富性。这种持续的资源更新机制，为读者提供了源源不断的信息源泉。

（二）咨询服务：专业指导的灯塔

除了借阅服务外，图书馆还承担着为读者提供咨询指导的重要职责。咨询服务是图书馆与读者之间沟通的桥梁，通过专业的解答和个性化的建议，帮助读者解决在信息获取过程中遇到的问题。图书馆的咨询服务形式多样，内容丰富。一方面，图书馆设有专门的咨询台或咨询窗口，由经验丰富的馆员为读者提供面对面的咨询服务。这些馆员不仅熟悉图书馆的馆藏资源和借阅流程，还具备一定的学科背景知识，能够针对读者的具体需求给出专业的解答和建议。另一方面，随着信息技术的发展，图书馆还推出了线上咨询服务。读者可以通过图书馆的官方网站、微信公众号等平台提交咨询问题，由专业馆员进行远程解答。这种线上咨询方式打破了时间和空间的限制，使读者能够随时随地获取所需信息。

在咨询服务中，图书馆还注重培养读者的信息素养。馆员会向读者介绍图书馆的使用方法、检索技巧及信息筛选和评估的方法等，帮助读者提高自主获取信息的能力。这种信息素养对读者未来的学习和工作具有重要意义。

图书馆通过借阅服务和咨询服务等传统功能的发挥，有效地满足了读者的信息需求。借阅服务为读者提供了丰富的知识资源和便捷的获取途径；咨询服务则为读者提供了专业的指导和个性化的建议。这两种服务相互补充、相互促进，共同构成了图书馆信息服务体系的核心内容。在未来的发展中，图书馆将继续秉承"读者至上、服务第一"的宗旨，不断优化服务流程、提升服务质量，为广大读者提供更加优质、高效的信息服务。

三、教育辅助与学习支持

图书馆作为知识与信息的汇聚中心，自古以来便在教育领域发挥着不可或缺的作用。随着时代的发展，其教育辅助与学习支持的功能日益凸显，成为学校教育和终身学习体系中的重要组成部分。

（一）辅助学校正规教育

在学校教育体系中，图书馆是学生获取课外知识、深化课堂学习的重要场所。它提供了丰富的文献资源，包括教材参考书、专业期刊、学术著作、科普读物等，满足了学生多样化的学习需求。图书馆通过定期更新馆藏、优化资源配置，以确保学生能够接触到最新的学术成果和研究成果，拓宽知识视野，培养创新思维。此外，图书馆还为学生提供了安静舒适的学习环境，有助于学生集中注意力，提高学习效率。图书馆内设有阅读区、自习区、讨论区等不同功能区域，满足学生不同的学习需求。同时，图书馆还配备了先进的电子设备和学习工具，如电子图书、在线数据库、学习软件等，为学生提供了便捷的学习途径和丰富的学习资源。

图书馆还积极参与学校的教学活动，通过开设阅读指导课、信息素养教育课等课程，培养学生的阅读能力和信息检索能力。图书馆员作为专业的信息导航员，能够为学生提供个性化的学习建议和信息咨询服务，帮助学生解决学习中的困惑和问题。

（二）支持终身学习体系

随着知识经济的到来和终身学习理念的普及，图书馆在支持终身学习体系中的作用日益重要。终身学习是指个体在一生中持续不断地学习新知识、新技能，以适应社会发展和个人成长的需求。图书馆作为公共知识服务平台，为全社会成员提供了平等的学习机会和资源。

图书馆拥有丰富的文献资源和多样化的学习形式，能够满足不同年龄、不同职业、不同兴趣爱好的学习者的需求。无论是青少年、在职人员还是退休人员，都可以在图书馆找到适合自己的学习资源和学习方式。图书馆通过举办各类讲座、展览、培训等活动，可以促进知识的传播与交流，激发公众的学习热情。图书馆还积极推广数字化学习和远程教育模式，利用互联网和信息技术手段，打破时间和空间的限制，为学习者提供更加便捷的学习途径。数字图书馆、在线学习平台、移动图书馆等新型服务模式的出现，使得学习者可以随时随地获取所需的知识和信息。

（三）促进信息素养培养

在信息爆炸的时代，信息素养已成为现代社会公民必备的基本素质之一。图书馆在培养学生和公众的信息素养方面发挥着重要作用。信息素养是指个体在信息社会中获取、评价、利用和创造信息的能力。图书馆通过提供丰富的信息资源和专业的信息服务，可以帮助学生和公众掌握信息检索技巧、辨别信息真伪、评估信息价值，提高信息素养水平。图书馆还通过开展信息素养教育活动，如信息素养讲座、信息检索培训、信息技能竞赛等，增强学生的信息意识，培养学生的信息能力。这些活动不仅有助于学生更好地利用图书馆资源，还能够提升学生的自主学习能力和终身学习能力。

图书馆在教育辅助与学习支持方面发挥着重要作用。它不仅是学校教育的有力补充，也是终身学习体系中的重要支撑。随着时代的发展和教育理念的更新，图书馆将继续发挥其独特优势，为培养高素质人才和促进社会进步贡献力量。

四、文化交流与传播的平台

图书馆，作为知识与文化的聚集地，自古便是文明传承与交流的重要场所。在当今全球化的时代背景下，图书馆更是凭借其独特的资源优势和开放包容的精神，成为促进不同文化间理解和尊重的文化交流中心。

（一）多元文化的汇聚地

图书馆是多元文化的天然汇聚地。它不仅仅收藏着本国、本民族的经典著作和文化遗产，还广泛搜集世界各地的图书、期刊、音像资料等，形成了一个跨越时空、跨越国界的文化宝库。这种多元文化的汇聚，为读者提供了一个广阔的视野，使他们能够在阅读中感受到不同文化的独特魅力和深厚底蕴。

在图书馆的藏书体系中，不同语言、不同风格的文献资源相互交织，共同构建了一个丰富多彩的文化景观。读者在这里可以自由地穿梭于各种文化之间，探索未知的世界，增进对不同文化的认识和了解。这种跨文化的阅读体验，有助于打破文化隔阂，促进文化间的交流与融合。

（二）文化交流的桥梁

图书馆不仅是多元文化的汇聚地，更是文化交流的桥梁。它通过举办各种文化活动、展览、讲座等形式，为不同文化背景下的读者搭建了一个相互了解、相互学习的平台。这些活动往往围绕特定的文化主题展开，邀请专家学者、文化名人等进行讲解和交流，引导读者深入探究文化背后的历史、社会、思想等深层次问题。在文化交流的过程中，图书馆注重营造开放、包容的氛围，鼓励读者积极参与、勇于表达。通过面对面的交流、思想的碰撞，读者能够更加直观地感受到不同文化的异同之处，增进对彼此的理解和尊重。这种基于平等和尊重的文化交流，有助于读者消除偏见和误解，促进文化多样性的发展。

（三）文化传承与创新的载体

图书馆还是文化传承与创新的重要载体。它承担着保护和传承文化遗产的使命，通过数字化、修复等手段，对珍贵的古籍、手稿等文献资源进行保护和传承。同时，图书馆还积极参与文化创新，推动传统文化与现代科技的融合，创造出更多具有时代特色的文化产品。在文化传承方面，图书馆注重挖掘和整理地方特色文化、民族文化遗产等，通过展览、出版等方式向公众展示和传播。这些活动不仅有助于增强民族自豪感和文化认同感，还能够为文化创新提供源源不断的灵感和素材。

在文化创新方面，图书馆利用现代信息技术手段，如虚拟现实、增强现实等，为读者提供更加沉浸式的阅读体验和文化体验。同时，图书馆还鼓励和支持文化创作者在图书馆内进行创作和交流，推动文化产业的繁荣发展。

（四）教育与培训的基地

图书馆还是教育与培训的基地，通过提供丰富的教育资源和培训服务，帮助读者提升文化素养和跨文化交流能力。图书馆会定期举办各种文化讲座、读书会、培训班等活动，邀请专家学者为读者传授文化知识、解读文化现象、分享文化体验。这些活动不仅有助于提升读者的文化素养和审美能力，还能够增强他们的跨文化交流能力，帮助他们拓宽国际视野。此外，图书馆还注重培养读者的自主学习能力和信息检索能力。通过提供丰富的在线资源、指导读者使用各种检索工具等方法，帮助读者掌握获取和处理信息的能力。这种能力对读者未来的学习和工作具有重要意义，也为他们更好地参与文化交流与传播奠定了坚实的基础。

图书馆作为文化交流与传播的平台，在促进不同文化间的理解和尊重方面发挥着不可替代的作用。它不仅是多元文化的汇聚地、文化交流的桥梁，还是文化传承与创新的载体以及教育与培训的基地。在未来的发展中，图书馆将继续发挥其独特的优势和作用，为构建更加和谐、包容的文化环境贡献力量。

五、公共空间的营造

图书馆，作为社会文化的重要标志和公众生活的核心空间，其核心价值远不止于书籍的收藏与借阅。作为一处开放、包容的公共空间，图书馆为公众提供了一个集学习、交流、休闲于一体的多元化环境，深刻地影响着人们的文化生活和社会交往模式。

（一）学习环境的塑造

图书馆的首要功能是为公众提供一个专注、高效的学习环境。在这里，无论是学生备考、科研人员查阅资料，还是职场人士自我提升，都能找到适宜的学习空间。图书馆通过精心设计的阅读区域、充足的自然光线、适宜的温湿度控制及安静的学习氛围，营造出一种远离喧嚣、利于思考的学习环境。此外，图书馆还具备丰富的学习资源，包括纸质图书、电子图书、学术期刊、在线数据库等，以满足不同学习者的需求，促进知识的获取与积累。

（二）交流平台的搭建

图书馆不仅是个人学习的场所，更是思想碰撞、文化交流的平台。图书馆内设有讨论区、交流区等公共空间，鼓励读者与读者、读者与馆员进行互动与交流。在这里，人们可以就某一话题进行深入探讨，分享彼此的观点与见解；也可以参与图书馆举办的各类讲座、研讨会、读书会等活动，与专家学者面对面交流，拓宽视野，增长见识。这种开放式的交流平台，不仅促进了知识的传播与共享，也增强了社区的凝聚力与归属感。

（三）休闲文化的培育

在快节奏的现代生活中，图书馆还承担着培育休闲文化的重任。它不仅仅是一个严肃的学习场所，更是一个充满人文关怀的休闲空间。图书馆内设有舒适的休息区、咖啡厅、文创产品区等，读者能够在紧张的学习或工作之余放松身心，享受片刻的宁静与美好。此外，图书馆还定期举办艺术展览、音乐会、电影放映等文化活动，丰富公众的精神文化生活，提升城市的文化品位。这些活动不仅吸引了大量读者参与，也促进了不同文化背景的人们之间的相互理解和尊重。

（四）公共精神的弘扬

图书馆作为公共空间，还承载着弘扬公共精神、促进社会和谐的使命。它倡导开放、平等、共享的理念，鼓励公众积极参与社会活动，关注公共事务。在图书馆这个平台上，人们可以自由地表达自己的观点与诉求，参与社会议题的讨论与决策。同时，图书馆还通过举办志愿服务、公益活动等方式，引导公众增强社会责任感与公民意识，共同推动社会的进步与发展。

图书馆作为公共空间，在营造学习环境、搭建交流平台、培育休闲文化及弘扬公共精神等方面发挥着不可替代的作用。它不仅是知识的宝库、学习的殿堂，更是文化交流的桥梁、社会和谐的纽带。随着社会的不断发展和进步，图书馆将继续发挥其独特优势，为公众提供更加优质、便捷的服务，推动社会文化的繁荣与发展。

第四节　图书馆的现代转型

一、数字化与信息化建设

随着信息技术的飞速发展，图书馆作为知识传播与保存的重要机构，正经历着一场深刻的变革。数字化与信息化建设成为图书馆转型的关键路径，不仅极大地丰富了馆藏资源，提升了服务效率，还拓宽了服务范围，满足了读者日益多样化的信息需求。

（一）数字化资源建设：构建无界知识海洋

数字化资源建设是图书馆现代转型的基石。通过将传统纸质文献转化为数字格式，图书馆实现了馆藏资源的无限扩展和即时共享。这一过程涉及图书、期刊、报纸、古籍、音视频资料等多种类型文献的数字化处理，形成了庞大的数字资源库。

数字化资源建设不仅保留了珍贵文献的原始形态，还通过数字化手段进行了优化处理，如文字识别、图像增强、元数据标注等，提高了文献的可用性和可检索性。读者只需通过图书馆的数字平台，即可随时随地访问这些资源，无论身处何地都能感受到知识的浩瀚与深邃。此外，图书馆还积极引进和整合外部数字资源，如电子图书、学术期刊数据库、专利数据库等，构建了一个覆盖广泛、内容丰富、更新及时的数字资源体系。这些资源不仅满足了读者的基本阅读需求，还为科研工作者提供了强大的数据支持和知识服务。

（二）信息技术应用：创新服务模式与体验

信息技术在图书馆的应用是推动其现代转型的重要动力。通过引入云计算、大数据、人工智能等先进技术，图书馆实现了服务模式的创新与升级，为读者带来了更加便捷、高效、个性化的服务体验。云计算技术的应用使得图书馆的数字资源得以在云端存储和共享，降低了运维成本，提高了系统的稳定性和可扩展性。读者只要有一台联网设备，即可轻松访问图书馆的数字资源，实现资源的无缝对接和跨平台访问。

大数据技术则帮助图书馆对读者的阅读行为、偏好等信息进行深度挖掘和分析，为图书馆的资源采购、服务优化提供了科学依据。通过数据驱动决策，图书馆能够更加精准地满足读者的需求，提升服务的针对性和有效性。

人工智能技术的应用更是为图书馆的服务带来了革命性的变化。智能推荐系统能够根据读者的阅读历史和偏好，为其推荐合适的书籍和文章；智能问答机器人则能够实时解答读者的问题，提供 24 小时不间断的服务；而智能检索系统则能够对用户输入的关键词进行智能解析和扩展，提高检索的准确性和全面性。

（三）信息素养教育：培养未来社会的知识公民

在数字化与信息化建设的进程中，图书馆还承担着信息素养教育的重任。信息素养是指个体在信息社会中获取、评价、利用和创造信息的能力，是现代社会公民必备的基本素质之一。图书馆通过开设信息素养教育课程、举办讲座和培训等方式，向读者传授信息检索技巧、数字资源利用方法、信息评价与批判性思维等知识和技能。这些课程和培训不仅提高了读者信息获取和利用的效率，还培养了他们的信息素养和终身学习的能力。

此外，图书馆还积极推广数字素养教育，引导读者正确使用电子设备、网络资源和社交媒体等数字工具，提高他们的数字安全意识和隐私保护能力。这些努力有助于培养出一批具有创新精神和实践能力的未来社会知识公民。

（四）合作与共享：构建开放合作的数字生态体系

数字化与信息化建设不是孤立的过程，而是需要各方合作与共享的成果。图书馆积极与其他机构、组织和个人建立合作关系，共同推动数字资源的建设与应用。一方面，图书馆与出版商、数据库提供商等合作，引进优质数字资源；另一方面，图书馆之间也通过共建共享平台、联合编目等方式实现资源的互通有无和优势互补。这种合作与共享机制有助于构建一个开放、协同、共赢的数字生态体系，推动图书馆事业的持续发展。

数字化与信息化建设是图书馆现代转型的必然趋势。通过数字化资源建设、信息技术应用、信息素养教育和合作与共享等举措，图书馆正逐步转变为一个集知识服务、文化传播、信息素养教育等功能于一体的现代化信息服务机构。在未来的发展中，图书馆将继续深化数字化与信息化建设，为读者提供更加优质、高效、便捷的信息服务。

二、服务模式的创新

在数字化与信息化浪潮的推动下，图书馆正经历着从传统向现代的深刻转型。为了更好地满足公众日益增长的信息需求和文化期待，图书馆不断探索服务模式的创新，通过线上线下结合、自助服务等方式，显著提升服务效率与质量，为读者提供更加便捷、高效、个性化的服务体验。

（一）线上线下融合的服务体系

随着互联网的普及，图书馆不再局限于物理空间内的服务，而是将服务触角延伸至线上，构建了线上线下融合的服务体系。线上服务方面，图书馆通过建立官方网站、移动 APP、社交媒体平台等渠道，实现馆藏资源的数字化展示与在线访问，读者可以随时随地通过网络检索、浏览、下载所需信息。同时，图书馆还提供在线预约、续借、咨询等一站式服务，大大节省了读者的时间与精力。线下服务方面，图书馆则注重优化实体空间布局，提升阅读环境，增设自助服务设备，如自助借还机、电子阅读器等，为读者带来更加舒适、便捷的借阅体验。线上线下相结合的服务模式，既保留了图书馆作为实体空间的独特魅力，又充分利用了互联网技术，实现了服务效能的提升。

（二）自助服务的广泛应用

自助服务是图书馆服务模式创新的重要方向之一。通过引入先进的自助服务设备和技术，图书馆能够大幅降低人工服务成本，提高服务效率，同时满足读者对个性化、自助化服务的需求。自助借还系统是当前图书馆自助服务中最为普及的应用之一，它实现了图书借阅与归还的自动化处理，读者只需简单操作即可完成借阅流程，大大缩短了等待时间。此外，图书馆还推出了自助打印、复印、扫描等服务，满足了读者在学习、研究过程中的多样化需求。自助服务的广泛应用，不仅提升了图书馆的服务效率，也增强了读者的自主性和参与度，促进了图书馆与读者之间的良性互动。

（三）个性化服务的深入探索

在服务模式创新的过程中，图书馆还深入探索个性化服务的实现路径。个性化服务是指根据读者的兴趣、需求和行为习惯等个性化特征，为其提供量身定制的信息资源和服务方案。为了实现这一目标，图书馆需要借助大数据、人工智能等先进技术，对读者的借阅记录、浏览行为、咨询内容等数据进行深度挖掘与分析，从而精准把握读者的个性化需求。在此基础上，图书馆可以为读者推荐符合其兴趣爱好的图书、期刊、讲座等资源，提供个性化的阅读指导和咨询服务。个性化服务的深入探索，不仅提升了图书馆的服务质量，也增强了读者的满意度和忠诚度，为图书馆的长远发展奠定了坚实基础。

（四）智慧化建设的持续推进

智慧化建设是图书馆服务模式创新的必然趋势。智慧图书馆利用物联网、云计算、大数据等现代信息技术，实现了图书馆资源、服务、管理的全面智能化。在智慧图书馆中，读者可以通过智能设备快速定位所需资源的位置，享受便捷的导航服务；图书馆员则可以利用智能管理系统实现馆藏资源的自动化盘点、分类与排架，提高管理效率。此外，智慧图书馆还注重与读者的互动与反馈，通过智能分析系统收集读者的意见与建议，不断优化服务流程与资源配置。智慧化建设的持续推进，将推动图书馆向更加高效、智能、人性化的方向发展。

图书馆通过线上线下结合、自助服务、个性化服务以及智慧化建设等方式，不断创新服务模式，提升服务效率与质量。这些创新举措不仅满足了公众日益增长的信息需求和文化期待，也推动了图书馆事业的现代化转型与发展。未来，随着技术的不断进步和读者需求的不断变化，图书馆将继续探索新的服务模式与路径，为读者提供更加优质、便捷、个性化的服务。

三、社区文化的融入与引领

在当今社会，图书馆作为知识与文化的灯塔，其角色已远远超出了传统意义上的书籍借阅与保存。随着社区意识的增强和文化多样性的日益凸显，图书馆正积极融入并引领社区文化建设，成为促进文化多样性和包容性的重要力量。这一转型不仅丰富了图书馆的功能内涵，也深化了其在社会生活中的价值和意义。

（一）社区文化的汇聚平台

图书馆作为社区的文化中心，天然具有汇聚各类文化活动的优势。它通过举办多样化的文化活动，如读书会、文化讲座、艺术展览、传统节日庆典等，吸引社区居民广泛参与，形成了一个充满活力的文化交流空间。这些活动不仅丰富了居民的精神文化生活，还促进了不同文化背景的居民之间的相互了解和尊重，增强了社区的凝聚力和归属感。

在活动策划上，图书馆注重结合社区特色和需求，打造具有地域文化特色的品牌活动。通过深入挖掘和传承地方文化、民俗风情，图书馆让社区居民在参与中感受到本地文化的独特魅力，同时也为他们提供了一个展示自我、分享成果的平台。这种双向互动的过程，进一步促进了社区文化的繁荣和发展。

（二）文化多样性的守护者

在全球化背景下，文化多样性面临着前所未有的挑战。图书馆作为文化的守护者，积极承担起保护和传承文化多样性的责任。它通过收集、整理、展示各种民族、地域、宗教等文化背景下的文献资源，构建了一个多元化的文化资源库。这些资源不仅为学者和研究者提供了宝贵的研究资料，也为普通读者打开了一扇了解世界文化的窗口。此外，图书馆还通过举办文化多样性主题展览、讲座等活动，向社区居民普及文化多样性的重要性，倡导尊重差异、包容多元的文化观念。这些活动有助于打破文化隔阂，增进不同文化间的理解和交流，为构建一个和谐共生的社会环境奠定坚实的基础。

（三）文化创新与传播的推动者

图书馆不仅是文化的守护者，更是文化创新与传播的推动者。在数字化时代，图书馆积极运用现代信息技术手段，如社交媒体、在线平台等，拓宽文化传播渠道，提高文化传播效率。通过数字化资源的建设和共享，图书馆让更多人能够跨越地域和时间的限制，接触到丰富的文化资源，从而激发他们的创造力和想象力。图书馆还鼓励社区居民参与文化创新，通过举办创意工作坊、文化创作比赛等活动，激发他们的文化创造潜能。这些活动不仅为社区居民提供了展示才华的机会，也为社区文化的创新和发展注入了新的活力。

（四）教育与培训的桥梁

图书馆在社区文化建设中，还扮演着教育与培训的桥梁角色。它通过开设各类文化课程、培训班等，为社区居民提供了终身学习的机会。这些课程涵盖了文学、艺术、历史、科学等多个领域，旨在提高居民的文化素养和综合能力。通过系统的教育和培训，图书馆帮助居民更好地理解和欣赏文化，从而更加积极地参与社区文化建设。此外，图书馆还注重培养社区居民的信息素养和媒体素养，帮助他们掌握获取、评价、利用和传播信息的能力。这些能力对于居民在数字化时代中保持文化自觉和文化自信具有重要意义。

图书馆在社区文化建设中发挥着不可替代的作用。通过汇聚社区文化、守护文化多样性、推动文化创新与传播以及搭建教育与培训的桥梁，图书馆正不断促进社区文化的繁荣和发展，为构建一个更加和谐、包容、创新的社会环境贡献力量。在未来的发展中，图书馆将继续深化其社区服务功能，与社区居民共同书写社区文化建设的新篇章。

四、跨界合作与资源共享

在知识经济时代，图书馆作为知识与信息的集散地，其角色与功能正经历着深刻的变革。为了更好地适应社会发展的需求，图书馆积极寻求与其他机构（如博物馆、学校、企业）的跨界合作，通过资源共享和优势互补，实现服务效能的全面提升，推动图书馆的现代转型。

（一）与博物馆的深度融合

博物馆作为历史与文化的守护者，其丰富的藏品和展览资源为图书馆提供了宝贵的素材与灵感。图书馆与博物馆的跨界合作，可以打破传统界限，实现文化资源的互补与共享。双方可以共同策划展览、讲座、工作坊等活动，将图书馆的文献资源与博物馆的实物展示相结合，为公众带来更加立体、生动的文化体验。同时，图书馆还可以利用数字技术，对博物馆的藏品进行数字化处理，使其在更广泛的范围内得到传播与利用。这种合作模式不仅丰富了图书馆的服务内容，也提高了博物馆的社会影响力，促进了文化遗产的传承与保护。

（二）与学校的紧密联动

学校是教育体系的核心组成部分，而图书馆则是学校知识资源的重要来源。图书馆与学校的紧密联动，是实现教育资源优化配置的重要途径。双方可以通过建立合作机制，共同开发课程资源、举办学术活动、开展信息素养教育等，将图书馆的资源与服务深度融入学校的教学与科研之中。此外，图书馆还可以为学校师生提供定制化的信息服务，如专题数据库建设、科研成果推广等，助力学校教学与科研水平的提升。同时，学校也可以提供实习实训机会，培养图书馆专业人才，形成互利共赢的局面。

（三）与企业的创新合作

在创新驱动发展战略的引领下，企业对于知识信息的需求日益增强。图书馆与企业之间的创新合作，为双方带来了新的发展机遇。图书馆可以依托自身的资源优势，为企业提供专业的信息咨询、市场调研、竞争情报等服务，助力企业把握市场动态、制定科学决策。同时，图书馆还可以与企业合作开展技术创新、产品研发等活动，共同推动科技成果的转化与应用。此外，图书馆还可以利用企业的资金和技术支持，提升自身的数字化、智能化水平，为读者提供更加便捷、高效的服务体验。这种合作模式不仅促进了图书馆与企业之间的资源共享与优势互补，也推动了经济社会的全面发展。

（四）构建跨界合作平台

为了更有效地推动跨界合作与资源共享，图书馆需要积极构建跨界合作平台。这一平台可以是一个综合性的信息服务系统，整合图书馆、博物馆、学校、企业等多方资源，实现信息的互联互通与共享共用。平台可以提供在线展览、学术交流、教育培训、技术合作等多种功能，为合作各方提供便捷的服务与支持。同时，平台还可以引入市场机制，通过合理的利益分配机制，激发合作各方的积极性与创造力，推动跨界合作的深入发展。

图书馆与其他机构的跨界合作与资源共享，是实现图书馆现代转型的重要途径。通过深度融合博物馆的文化资源、紧密联动学校的教育资源、创新合作企业的信息资源，图书馆不仅能够提升自身的服务效能与影响力，还能够为社会发展贡献更多的智慧与力量。未来，随着技术的不断进步和合作模式的不断创新，图书馆的跨界合作与资源共享将展现出更加广阔的发展前景。

五、国际化视野的拓展

在全球化的浪潮中，图书馆作为知识与文化的重要载体，其国际化视野的拓展已成为现代转型的必然趋势。通过加强国际交流与合作，图书馆不仅能够丰富自身的资源与服务方式，还能够提升国际影响力和竞争力，为构建人类命运共同体贡献力量。

（一）国际资源共建共享

在数字化时代，图书馆的国际资源共建共享成为可能。通过参与国际性的数字图书馆项目和数据库联盟，图书馆能够获取全球范围内的优质学术资源，实现跨地域、跨语言的知识共享。这不仅丰富了图书馆的馆藏资源，也提高了资源的利用率。同时，图书馆还积极与其他国家的图书馆开展互借互阅、联合编目等合作，促进了国际文献资源的流通与交流。

为了进一步提升国际资源的质量与多样性，图书馆还注重收集和研究国外出版的特色文献和珍贵资料，如古籍善本、手稿、地图等。这些资源的引进与整理，不仅丰富了图书馆的文化底蕴，也为国内外学者提供了宝贵的研究资料。

（二）国际学术交流与合作

图书馆不仅是文献资源的聚集地，也是学术交流的重要平台。通过举办或参与国际学术会议、研讨会等活动，图书馆能够吸引全球范围内的专家学者齐聚一堂，共同探讨学术前沿问题，促进学科交叉与融合。这些活动不仅增强了图书馆的学术氛围，也提高了其在国际学术界的知名度和影响力。此外，图书馆还积极与国际学术机构、研究组织等建立合作关系，共同开展科研项目、出版学术著作等。这种深度合作不仅有助于图书馆获取更多的学术资源和支持，还能够推动其在国际学术界的地位不断攀升。

（三）国际文化传播与推广

作为文化传播的重要窗口，图书馆在国际文化交流中扮演着重要角色。通过举办国际文化节、文化展览等活动，图书馆能够向国内外读者展示不同国家和地区的文化瑰宝和特色风情，增进其相互了解和尊重。这些活动不仅丰富了读者的文化体验，也促进了文化的多样性和包容性。图书馆还注重利用现代信息技术手段，如社交媒体、在线平台等，向全球读者传播和推广中华文化。通过制作多语种的文化宣传片、开设国际文化交流专栏等方式，图书馆可以让更多人了解和喜爱中国文化，提升了中华文化的国际影响力和感召力。

（四）国际化人才培养与交流

人才是图书馆国际化发展的关键因素。为了培养具有国际视野和跨文化交流能力的专业人才，图书馆注重加强与国际知名高校、研究机构的合作与交流。通过联合培养、访问学者、短期研修等方式，图书馆为馆员提供了很多学习机会和发展空间，使他们能够接触到国际先进的管理理念和技术手段，不断提升自身的专业素养和综合能力。图书馆还鼓励馆员参与国际学术组织、担任国际期刊编委等职务，提升其在国际学术界的知名度和影响力。这些经历不仅有助于馆员个人成长和职业发展，也为图书馆的国际化发展注入了新的活力和动力。

（五）国际化服务创新

为了更好地服务国际读者和学者，图书馆不断推出创新性的国际化服务。例如，提供多语种的信息咨询和检索服务，开设国际文献传递和原文获取渠道，建立国际学术交流与合作平台等。这些服务不仅满足了国际读者和学者的多元化需求，也提高了图书馆的服务质量和效率。同时，图书馆还注重优化国际读者的阅读环境和服务体验。通过设立国际读者服务区、提供便捷的交通指引和住宿信息等方式，图书馆让国际读者感受到宾至如归的温暖和关怀。这种贴心的服务不仅赢得了国际读者的好评和信赖，也提升了图书馆的国际声誉和品牌形象。

国际化视野的拓展是图书馆现代转型的重要方向之一。通过加强国际资源共建共享、国际学术交流与合作、国际文化传播与推广、国际化人才培养与交流以及国际化服务创新等措施的实施，图书馆将不断提升自身的国际影响力和竞争力，为推动全球知识共享和文化交流做出更大的贡献。

第五节　图书馆作为文化旅游资源的潜力

一、独特的建筑与文化氛围

在文化旅游日益兴起的今天，图书馆凭借其独特的建筑风格和浓郁的文化氛围，逐渐成为备受瞩目的旅游目的地。作为城市的文化地标和知识的殿堂，图书馆不仅承载着传播知识、启迪智慧的传统使命，更以其独特的建筑美学和深厚的文化底蕴，吸引着众多游客前来探访，体验其独特的文化魅力。

（一）建筑风格的独特魅力

图书馆的建筑风格是其作为文化旅游资源的重要吸引力之一。现代图书馆设计往往融合了传统与现代元素，既体现了对历史文化的尊重与传承，又展现了时代精神与创新思维。从古典的欧式建筑到现代的简约风格，从宏伟的宫殿式构造到精致的园林式设计，图书馆的建筑风格多样，各具特色。这些建筑不仅具有极高的审美价值，更成为城市景观中的一道亮丽风景线，吸引着游客驻足观赏，感受其独特的建筑美学价值。

在图书馆建筑设计中，设计师们注重将地方文化、历史背景与建筑特色相结合，创造出具有鲜明地域特色的文化空间。例如，一些图书馆采用当地传统的建筑材料和工艺，结合现代设计理念，打造出既具有历史厚重感又不失现代气息的建筑作品。这些建筑不仅展示了地方文化的独特魅力，也为游客提供了一个深入了解当地历史文化的窗口。

（二）内部装饰的文化韵味

除了建筑风格外，图书馆的内部装饰同样充满文化韵味，成为吸引游客的重要因素。图书馆内部装饰往往以简洁、大方、典雅为主，注重营造宁静、舒适的阅读环境。同时，图书馆还会根据自身的特色和定位，巧妙运用各种文化元素进行装饰，如书画、雕塑、艺术品等，营造出浓厚的文化氛围。

在图书馆内部空间布局上，设计师们注重空间的开放性和灵活性，以满足不同读者的需求。例如，设置不同功能的阅读区域，如普通借阅区、专业研究区、休闲阅读区等，以满足不同读者的阅读需求。此外，图书馆还会设置展览区、交流区等公共空间，为游客提供展示、交流的平台，进一步丰富其文化旅游体验。

（三）文化氛围的沉浸体验

图书馆作为文化旅游资源，其最大的吸引力在于浓郁的文化氛围。在这里，游客可以感受到知识的力量、文化的魅力及人类智慧的结晶。图书馆内丰富的藏书资源、专业的信息服务及多样的文化活动，为游客提供了全方位、多层次的文化体验。在图书馆内，游客可以随意翻阅各类书籍、期刊、报纸等，了解世界各地的文化、历史、科技等知识。同时，图书馆还会定期举办各类文化讲座、读书会、展览等活动，邀请专家学者、文化名人等前来分享他们的研究成果和人生经验，为游客提供与知识对话、与文化交流的机会。这些活动不仅丰富了游客的文化生活，也提升了他们的文化素养和审美能力。

图书馆还注重营造一种温馨、和谐的人际关系氛围。在这里，游客可以结识志同道合的朋友，共同探讨感兴趣的话题，分享彼此的阅读心得和人生感悟。这种人与人之间的交流与互动，进一步增强了图书馆作为文化旅游资源的吸引力和凝聚力。

图书馆凭借其独特的建筑风格、内部装饰及浓郁的文化氛围，成为备受瞩目的文化旅游资源。在未来的发展中，图书馆应继续发挥其文化旅游资源的潜力，加强与其他旅游资源的联动与融合，推动文化旅游产业的繁荣发展。同时，图书馆也应不断创新服务模式和管理机制，提升服务质量和水平，为游客提供更加优质、便捷的文化旅游体验。

二、丰富的馆藏资源

在文化旅游日益兴盛的今天，图书馆以其独特的魅力和深厚的文化底蕴，成为吸引游客的又一重要目的地。作为知识与文化的宝库，图书馆丰富的馆藏资源不仅满足了读者的求知需求，更为文化旅游产业注入了新的活力与内涵。

（一）文献资源：穿越时空的知识之旅

图书馆的文献资源是连接过去与未来的桥梁，是文化旅游中不可或缺的一部分。从古老的典籍到现代的学术著作，从珍贵的古籍善本到丰富的电子资源，图书馆的藏书涵盖了人类文明的各个领域和时代。这些文献不仅记录了人类社会的发展历程，也蕴含了丰富的历史文化信息和思想智慧。

对于文化旅游者来说，图书馆的文献资源是一扇通往历史与文化的窗口。他们可以在这里翻阅古籍，感受古人的智慧与情怀；可以查阅现代学术著作，了解最新的研究成果和学术动态。这种跨越时空的知识之旅，不仅让游客在旅游中获得了知识的滋养，也让他们更加深刻地理解了人类文明的多样性和复杂性。

（二）艺术品收藏：视觉与心灵的盛宴

除了丰富的文献资源外，图书馆还收藏有大量的艺术品，包括绘画、雕塑、书法、摄影等多种形式。这些艺术品不仅具有极高的艺术价值，也是文化传承和历史见证的重要载体。它们以独特的艺术语言，展现了不同地域、不同民族的文化特色和艺术魅力。对于文化旅游者来说，参观图书馆的艺术品收藏，无疑是一场视觉与心灵的盛宴。他们可以在这里欣赏到不同艺术流派的代表作品，感受艺术的魅力和力量；也可以通过艺术品了解不同文化的历史背景和审美观念。这种身临其境的艺术体验，不仅让游客在旅游中享受到了美的愉悦，也促进了他们对不同文化的理解和尊重。

（三）特色馆藏：文化旅游的独特亮点

每个图书馆都有其独特的馆藏特色，这些特色馆藏往往成为文化旅游的独特亮点。例如，一些图书馆可能专注于收藏地方文献和历史资料，展示了该地区独特的历史文化和风土人情；另一些图书馆则可能拥有丰富的古籍善本和珍稀文献，吸引了大量学者和研究者前来探访。

这些特色馆藏不仅丰富了图书馆的文化内涵，也增强了文化旅游的吸引力。游客在参观这些特色馆藏时，可以深入了解该地区的历史文化和特色风貌，感受其独特的文化魅力。这种基于特色馆藏的文化旅游体验，不仅让游客获得了更加深入的文化认知，也促进了当地文化的传承和发展。

（四）教育与交流功能：文化旅游的深度拓展

除了作为观光游览的场所外，图书馆还承担着教育和交流的重要功能。通过举办各种文化讲座、研讨会、展览等活动，图书馆为文化旅游者提供了一个深入了解当地文化、交流思想观点的平台。这些活动不仅丰富了游客的文化生活，也促进了文化的传播与交流。对于文化旅游者来说，参与图书馆的这些活动，是一种深度拓展文化旅游体验的方式。他们可以在这里与专家学者面对面交流，了解文化的深层次内涵；也可以与其他游客分享自己的旅游体验和感悟，增进彼此之间的了解和友谊。这种基于教育与交流功能的文化旅游体验，不仅让游客获得了更多的文化收获，也增强了文化的多样性和包容性。

图书馆作为文化旅游资源的潜力是巨大的。其丰富的馆藏资源、独特的艺术品收藏、特色的馆藏亮点及教育与交流的功能，都为文化旅游提供了丰富的素材和广阔的空间。在未来的发展中，图书馆应进一步挖掘和发挥自身的文化旅游资源潜力，为文化旅游产业的繁荣和发展做出更大的贡献。

三、文化活动与展览的举办

在图书馆作为文化旅游资源的转型与发展中，文化活动与展览的举办无疑是其吸引游客、提升文化旅游体验的重要手段。这些活动不仅丰富了图书馆的服务内容，还以其独特的魅力为游客带来了更加深入、多元的文化体验，进一步挖掘了图书馆作为文化旅游资源的潜力。

（一）文化活动的多样性与互动性

图书馆通过举办各类文化活动，为游客提供了一个参与、体验、交流的平台。这些活动涵盖了文学、艺术、历史、科学等多个领域，形式多样，内容丰富。例如，文学讲座邀请知名作家、学者分享创作心得，与读者面对面交流；艺术展览则展出各类艺术作品，包括绘画、雕塑、摄影等，让游客在欣赏美的同时，感受艺术的魅力；历史讲座则带领游客穿越时空，探索历史的奥秘与文化的传承。此外，图书馆还注重文化活动的互动性，通过问答、讨论、工作坊等形式，鼓励游客积极参与其中，成为文化活动的主体。这种互动不仅增强了游客的参与感和体验感，还促进了知识的传播与文化的交流，使图书馆成为一个充满活力的文化空间。

（二）展览的创意与深度

展览是图书馆展示自身特色、吸引游客的又一重要方式。图书馆通过策划和举办各类主题展览，将珍贵的文献、艺术品、历史遗物等呈现在游客面前，让他们近距离感受文化的魅力。这些展览不仅具有高度的观赏性，还蕴含着深厚的文化内涵和学术价值。

在展览的策划上，图书馆注重创意与深度的结合。一方面，通过独特的展览主题、新颖的展示方式及精美的展品布置，吸引游客的眼球，激发他们的兴趣；另一方面，深入挖掘展品背后的历史背景、文化内涵及学术价值，为游客提供丰富的知识信息和深刻的文化体验。这种展览方式不仅满足了游客的审美需求，还提升了他们的文化素养和学术水平。

（三）文化活动与展览的相互促进

文化活动与展览在图书馆文化旅游体验的提升中相互促进、相得益彰。文化活动为展览提供了丰富的背景和话题，使展览更加生动有趣、引人入胜；而展览则为文化活动提供了实物支撑和视觉冲击，使文化活动更加具体形象、易于理解。这种相互促进的关系不仅增强了图书馆文化旅游资源的吸引力，还提升了游客的整体体验感受。此外，图书馆还注重将文化活动与展览相结合，打造出一系列具有连贯性和系统性的文化旅游项目。这些项目通过精心策划和组织，将不同的文化活动和展览串联起来，形成了一个完整的文化体验链条。游客在参与这些项目的过程中，可以逐步深入了解某一领域或某一主题的文化内涵和学术价值，从而获得更加全面、深入的文化旅游体验。

（四）持续创新与优化

随着社会的不断发展和游客需求的日益多样化，图书馆在举办文化活动和展览方面也需不断创新与优化。一方面，图书馆应紧跟时代潮流和学术前沿，不断引入新的文化元素和展览主题，保持其文化活动的活力和吸引力；另一方面，图书馆还应注重提升服务质量和水平，优化活动流程和展览布局，为游客带来更加便捷、舒适的文化旅游体验。同时，图书馆还应加强与其他文化机构的合作与交流，共同策划和举办具有影响力的文化活动和展览。通过资源共享和优势互补，实现文化旅游资源的最大化利用和共同发展。这种合作模式不仅有助于提升图书馆的文化旅游品牌形象和影响力，还能为游客提供更加丰富多彩的文化旅游选择。

图书馆通过举办文化活动和展览等方式，不仅丰富了自身的服务内容，还拓展了文化旅游体验的深度和广度。在未来的发展中，图书馆应继续发挥其在文化旅游资源方面的潜力，不断创新与优化服务模式和管理机制，为游客带来更加优质、便捷的文化旅游体验。

四、数字化展示与互动体验

随着数字技术的飞速发展，图书馆作为文化旅游资源的潜力得到了前所未有的释放。通过数字化展示与互动体验，图书馆不仅打破了传统物理空间的限制，还为游客带来了更加丰富、多元、沉浸式的文化旅游体验。这种创新方式不仅提升了图书馆的文化吸引力，也进一步拓宽了文化旅游的边界。

（一）数字化展示：重构历史与文化的视觉盛宴

数字化展示技术，如虚拟现实（VR）、增强现实（AR）和3D打印等，为图书馆的文化旅游带来了革命性的变化。这些技术能够将珍贵的文献、艺术品及历史事件以生动逼真的形式呈现在游客面前，让他们仿佛穿越时空，亲历历史现场。在数字化展厅中，游客可以佩戴VR头盔，瞬间置身于古老的图书馆中，与古代学者共读经典；或者通过AR技术，让古籍中的插图和文字跃然纸上，活灵活现地讲述历史故事。此外，3D打印技术还可以将复杂的文物结构进行精准复制，让游客在触摸中感受历史的厚重与文化的魅力。

（二）互动体验：知识与文化的深度交融

互动体验是数字化展示的重要补充，它鼓励游客积极参与其中，通过动手操作、思考交流等方式，与文化资源进行深度互动。在图书馆的数字化互动体验区，游客可以通过触摸屏、体感设备等工具，与数字内容进行互动，探索文化的奥秘。例如，游客可以在互动地图上自由探索不同地域的文化特色，了解各地的风土人情；或者在数字博物馆中，通过角色扮演的方式，参与历史事件的重演，感受历史的波澜壮阔。这种互动体验不仅增加了文化旅游的趣味性和参与感，也让游客在轻松愉快的氛围中获得了知识的滋养和文化的熏陶。

（三）个性化服务：满足游客多元化需求

数字化技术还为图书馆提供了个性化服务的可能。通过大数据分析和人工智能技术，图书馆能够精准把握游客的兴趣爱好和需求，为他们提供定制化的文化旅游体验。游客在进入图书馆前，可以通过手机 APP 或网站预约感兴趣的数字化展示项目或互动体验活动；在游览过程中，系统会根据游客的偏好推荐相关的文化资源和活动；甚至可以根据游客的反馈和行为数据，不断优化和调整服务内容，提升整体体验效果。

（四）教育与科研的融合：文化旅游的深层价值

数字化展示与互动体验不仅丰富了图书馆的文化旅游内容，还为教育和科研提供了宝贵的资源和平台。图书馆可以依托其丰富的数字资源和先进的技术手段，开展形式多样的教育和科研活动，促进知识的传播与创新。例如，图书馆可以举办线上讲座、研讨会等活动，邀请专家学者与游客进行互动交流；或者建立数字学术平台，为科研人员提供便捷的文献检索和数据分析工具。这些举措不仅提升了图书馆的文化影响力，也为文化旅游注入了更多的教育意义和科研价值。

随着数字技术的不断进步和应用的不断拓展，图书馆作为文化旅游资源的潜力将得到进一步释放。未来，图书馆将继续探索数字化展示与互动体验的新模式、新应用，不断满足游客对文化旅游的新需求、新期待。同时，图书馆还将加强与其他文化旅游机构的合作与交流，共同推动文化旅游产业的创新发展。通过资源共享、优势互补等方式，实现文化旅游资源的深度融合与高效利用，为游客带来更加丰富多彩、优质高效的文化旅游体验。

数字化展示与互动体验为图书馆作为文化旅游资源的潜力开辟了新的道路。在未来的发展中，图书馆应紧跟时代步伐，不断创新进取，为文化旅游事业的繁荣与发展贡献更多的智慧和力量。

五、教育与学习功能的拓展

在文化旅游的广阔天地中，图书馆以其深厚的文化底蕴、丰富的知识资源和独特的学习环境，成为集教育、学习、休闲于一体的综合性文化旅游目的地。图书馆不仅是知识的宝库，更是终身学习的殿堂，其教育与学习功能的拓展，进一步彰显了其在文化旅游领域的独特价值。

（一）知识传播与终身学习的平台

图书馆作为知识传播的重要载体，承担着向公众普及科学文化知识、提升全民素质的重要使命。在文化旅游的背景下，图书馆通过优化馆藏资源、提升服务质量、创新服务模式，为游客提供了一个便捷、高效的知识获取平台。无论是专业学者还是普通游客，都能在这里找到适合自己的学习材料和阅读资源，实现知识的积累和更新。此外，图书馆还积极倡导终身学习的理念，鼓励人们在不同的人生阶段持续学习、不断进步。通过举办各类讲座、研讨会、培训班等活动，图书馆为游客提供了多元化的学习机会和交流平台，促进了知识的传播与共享，推动了学习型社会的建设。

（二）信息素养与批判性思维的培养

在信息爆炸的时代，信息素养和批判性思维成为衡量个人综合素质的重要指标。图书馆作为信息素养教育的重要基地，通过开设信息素养课程、提供信息检索指导、举办信息素养竞赛等方式，帮助游客掌握信息获取、筛选、评价和利用的能力，提升他们的信息素养水平。图书馆还注重培养游客的批判性思维。在图书馆的阅读和学习过程中，游客需要不断思考、分析、评价所接触到的信息和知识，形成自己的独立见解和判断能力。这种批判性思维的培养不仅有助于游客在学术研究中取得更好的成果，还能提升他们在日常生活中的决策能力和问题解决能力。

（三）文化传承与创新的阵地

图书馆作为文化遗产的守护者和传承者，通过收藏、整理、展示和传播各类文化遗产，为游客提供了一个了解历史、感受文化、传承文明的窗口。在文化旅游的过程中，游客可以通过参观图书馆的特藏室、阅读古籍文献、参与文化体验活动等方式，深入了解一个地方的历史文化脉络和民族精神内涵，增强文化自信和民族自豪感。图书馆还是文化创新的重要阵地。在保护和传承传统文化的基础上，图书馆还应积极推动文化创新和发展，鼓励游客参与文化创作和研究。通过举办文化创意大赛、设立文化创新基金等方式，图书馆为游客提供了展示才华、实现梦想的舞台，促进了文化产业的繁荣和发展。

（四）教育与学习环境的营造

图书馆在教育与学习功能的拓展中，还非常注重学习环境的营造。从物理环境到人文氛围，图书馆都力求为游客提供一个舒适、宁静、充满文化氛围的学习空间。在物理环境方面，图书馆通过合理的空间布局、舒适的座椅设施、充足的自然光线等设计元素，为游客营造了一个宜人的学习环境；在人文氛围方面，图书馆则通过举办文化沙龙、读书会等活动，吸引志同道合的人聚集在一起交流思想、分享心得，形成了浓厚的学术氛围和文化气息。这种良好的学习环境不仅有助于提升游客的学习效率和效果，还能激发他们的学习兴趣和创造力，让他们在轻松愉悦的氛围中享受学习的乐趣和成就感。

图书馆作为文化旅游目的地，在教育和学习方面展现出了独特的价值。通过拓展教育与学习功能，图书馆不仅为游客提供了丰富的知识资源和便捷的学习平台，还促进了信息素养和批判性思维的培养、文化传承与创新的发展以及良好学习环境的营造。这些功能的拓展不仅提升了图书馆作为文化旅游资源的吸引力，还为社会文化的繁荣和发展做出了积极的贡献。

第六节 图书馆与文化旅游融合发展的意义

一、促进文化传承与创新

在全球化与数字化的浪潮中，文化的传承与创新成为社会发展的重要议题。图书馆，作为知识与文化的聚集地，其与文化旅游的深度融合不仅为文化遗产的保护与传承提供了新的路径，更为文化的创新与发展注入了新的活力。

（一）文化遗产的守护与展示

图书馆中珍藏着大量的历史文献、古籍善本、艺术品等，这些宝贵的文化遗产是连接过去与未来的桥梁，是民族记忆与文化认同的重要载体。通过与文化旅游的融合，图书馆得以将这些珍贵的文化遗产以更加生动、直观的方式呈现给公众，使游客在游览中感受到文化的厚重与魅力。一方面，图书馆可以利用数字化技术，对文化遗产进行高精度扫描、复原与展示，打破物理空间的限制，让更多人能够跨越时空的界限，近距离接触和了解这些珍贵的文化瑰宝。另一方面，图书馆还可以举办各种主题展览、讲座、工作坊等活动，邀请专家学者与游客共同探讨文化遗产的价值与意义，增强公众对文化遗产的保护意识与传承责任感。

（二）文化认同的强化与拓展

文化旅游是一种基于文化认同的旅行方式，游客在游览过程中通过接触和体验不同的文化元素，加深了对自身文化的理解和认同，同时也拓宽了文化视野，促进了文化的交流与融合。图书馆作为文化的重要传承者，其与文化旅游的融合，有助于进一步强化游客的文化认同，并拓展其文化视野。

在图书馆的文化旅游体验中，游客可以通过阅读经典文献、欣赏艺术作品、参与文化活动等方式，深入了解一个地方的历史文化、风土人情和民族精神。这种深入的文化体验，不仅让游客对当地文化产生了浓厚的兴趣和热爱，也促进了他们对不同文化的尊重与理解，为构建多元共融的文化生态奠定了坚实的基础。

（三）文化创新的激发与引领

文化的传承与创新是相辅相成的。在保护和传承文化遗产的同时，我们也需要不断地进行文化创新，以适应时代发展的需要。图书馆与文化旅游的融合，为文化创新提供了丰富的资源和广阔的舞台。图书馆中的历史文献、古籍善本等文化资源，为文化创新提供了深厚的底蕴和灵感源泉。游客在游览过程中可以通过对这些文化资源的深入了解和思考，激发出新的创意和灵感，为文化创新贡献自己的力量。图书馆还可以利用自身的平台优势，举办各种文化创意大赛、设计展览等活动，为文化创新提供展示和交流的机会，引领文化创新的方向和潮流。

（四）文化旅游产业的升级与转型

随着人们文化需求的日益增长和旅游消费观念的转变，文化旅游产业正面临着升级与转型的迫切需求。图书馆与文化旅游的融合，为文化旅游产业的升级与转型指明了方向。通过与文化旅游的融合，图书馆可以将其丰富的文化资源转化为具有吸引力的旅游产品，如文化主题游、研学旅行等以满足游客对深度文化体验的需求。同时，图书馆还可以利用数字化技术，提升旅游产品的互动性和体验性，让游客在游览过程中获得更加丰富的文化体验和知识收获。这种基于文化资源的旅游产品创新，不仅提升了文化旅游产业的附加值和竞争力，也促进了文化旅游产业的可持续发展。

图书馆与文化旅游的融合对于促进文化传承与创新具有重要意义。它不仅能够守护和展示文化遗产，强化和拓展文化认同，还能够激发和引领文化创新，推动文化旅游产业的升级与转型。在未来的发展中，我们应继续深化图书馆与文化旅游的融合，为文化的传承与创新贡献更多的智慧和力量。

二、提升旅游品质与内涵

在文化旅游日益兴盛的今天，图书馆作为独特的文化资源宝库，正逐步成为丰富旅游内容、提升旅游品质的重要力量。其深厚的文化底蕴、丰富的知识资源和独特的文化氛围，为游客提供了超越传统观光体验的深度文化旅游选择。

（一）丰富旅游体验层次

图书馆作为文化旅游的新亮点，为游客提供了多元化的体验方式。传统的旅游往往侧重于自然景观和人文遗迹的观赏，而图书馆则以其独特的学术氛围、丰富的藏书资源和多样的文化活动，为游客带来了全新的文化体验。游客可以在图书馆内自由浏览各类书籍，参与学术讲座、文化沙龙等互动活动，深入了解一个地方的历史文化、风土人情和学术成果。这种深度参与和体验，不仅丰富了游客的旅游经历，还提升了他们的文化素养和审美水平。

（二）促进文化交流与融合

图书馆作为文化交流的重要平台，通过举办各类国际文化交流活动，促进了不同国家和地区之间的文化了解和融合。在文化旅游的背景下，图书馆可以邀请国内外知名学者、艺术家、文化名人等前来交流访问，举办展览、讲座、演出等活动，为游客提供与世界文化直接对话的机会。这种跨文化的交流与融合，不仅拓宽了游客的视野，还增强了他们的文化认同感和归属感，为文化旅游注入了新的活力和内涵。

（三）强化教育功能与文化传承

图书馆作为教育和文化传承的重要阵地，通过其丰富的教育资源和独特的学习环境，为游客提供了持续学习和自我提升的机会。在文化旅游中，图书馆可以针对不同年龄层和兴趣爱好的游客，设计多样化的教育课程和文化体验项目。例如，为青少年开设历史文化课程、艺术欣赏课程等；为成年人提供职业技能培训、心理健康讲座等。这些教育课程和文化体验项目不仅满足了游客的个性化需求，还促进了文化的传承和发展，为文化旅游赋予了更加深远的意义。

（四）提升旅游品质与服务质量

图书馆作为文化旅游资源的重要组成部分，其服务质量和管理水平直接影响游客的旅游体验。为了提升旅游品质，图书馆需要不断优化服务流程、完善服务设施、提升服务质量。例如，加强图书馆的环境建设，营造舒适、宁静的学习氛围；完善图书借阅、信息查询等服务功能，提高服务效率；加强工作人员的专业培训，提升他们的服务意识和能力。这些措施的实施将有效提升图书馆作为文化旅游资源的吸引力和竞争力，从而为游客提供更加优质、便捷的服务体验。

（五）推动文化旅游创新发展

随着时代的发展和社会的进步，文化旅游也在不断创新和发展。图书馆作为文化旅游的创新源泉之一，通过引入新技术、新理念和新模式，不断推动文化旅游的创新发展。例如，利用数字化技术将图书资源转化为电子资源，为游客带来更加便捷、高效的阅读体验；开发虚拟现实、增强现实等新型展示技术，为游客带来更加生动、直观的文化体验；与旅游企业合作开发文化旅游产品，实现资源共享和优势互补。这些创新举措将不断丰富文化旅游的内涵和外延，推动文化旅游向更高层次、更广领域发展。

图书馆作为文化旅游资源深度挖掘和有效利用的载体，对于丰富旅游内容、提升旅游品质具有重要意义。通过采取丰富旅游体验层次、促进文化交流与融合、强化教育功能与文化传承、提升旅游品质与服务质量以及推动文化旅游创新发展等措施，图书馆将与文化旅游实现更加紧密的融合发展，共同推动文化旅游事业的繁荣和发展。

三、拓展图书馆服务功能

在知识经济时代与文旅融合的大背景下，图书馆作为社会文化服务体系的重要组成部分，其服务功能的拓展成为一个重要的议题。与文化旅游的深度融合，不仅为图书馆带来了新的发展机遇，更极大地丰富了其服务内涵，满足了公众日益多元化的文化需求。

（一）文化体验空间的营造

图书馆与文化旅游的融合，首先体现在文化体验空间的营造上。传统的图书馆以书籍借阅和阅读为主要功能，而与文化旅游的结合则打破了这一界限，将图书馆打造成为集阅读、学习、休闲、交流于一体的综合性文化体验空间。

在这个空间里，游客不仅可以翻阅书籍，还能参与各类文化活动，如文化讲座、艺术展览、手工艺工作坊等，通过多感官的体验，深入了解文化的内涵与价值。同时，图书馆还可以根据地方特色，设计具有地域文化特色的阅读区域和主题空间，如古典园林式阅读区、民族风情体验区等，为游客带来独特的文化体验。

（二）教育资源的整合与共享

图书馆是知识的宝库，而文化旅游则为知识的传播与应用提供了广阔的舞台。两者融合后，图书馆能够更有效地整合教育资源，实现教育资源的共享与普及。一方面，图书馆可以与文化旅游机构合作，开发特色研学课程，将旅游线路与学习内容相结合，让学生在游学中增长知识、拓宽视野。另一方面，图书馆还可以利用数字化技术，将优质教育资源制作成在线课程或虚拟展览，让更多人能够跨越地域限制，享受到高质量的教育资源。这种教育资源的整合与共享，不仅丰富了图书馆的教育服务功能，也促进了教育公平与普及。

（三）信息服务平台的构建

在信息化时代，信息服务平台的建设对于图书馆的发展至关重要。与文化旅游的融合，为图书馆构建了一个集信息发布、资源导航、互动交流等功能于一体的综合信息服务平台。通过这个平台，图书馆可以实时发布文化活动信息、展览预告、新书推荐等内容，为游客提供便捷的信息服务。同时，游客也可以通过平台查询图书馆资源、预约活动、参与互动讨论等，实现与图书馆的即时沟通与联系。此外，信息服务平台还可以利用大数据分析技术，分析游客的兴趣偏好和行为习惯，为图书馆提供更加精准的服务决策支持。

（四）社区文化建设的推动

图书馆与文化旅游的融合，还促进了社区文化的建设与发展。图书馆作为社区的文化中心，通过举办各类文化活动，能够增强社区居民的文化认同感和归属感，推动社区文化的繁荣与发展。在与文化旅游的融合过程中，图书馆可以充分利用自身资源和优势，结合社区特点，设计具有针对性的文化服务项目，如举办社区文化节、邻里读书会、亲子阅读活动等，为社区居民提供多样化的文化体验和交流平台。这些活动不仅丰富了社区居民的文化生活，也促进了邻里之间的和谐共处和共同发展。

（五）文化创意产业的培育

文化创意产业是当前经济发展的重要引擎之一。图书馆与文化旅游的融合，为文化创意产业的培育提供了丰富的素材和灵感来源。图书馆中的历史文献、古籍善本、艺术作品等文化资源，是文化创意产业的重要素材库。通过与文化旅游的结合，这些文化资源得以被重新挖掘和利用，转化为具有市场价值的文化创意产品。例如将古籍中的故事改编成电影、动画或游戏；将传统手工艺与现代设计相结合，开发出具有民族特色的旅游纪念品等。这些文化创意产品的推出，不仅丰富了旅游市场的产品种类，也促进了文化产业的创新与发展。

图书馆与文化旅游的融合对于拓展其服务功能具有深远的意义。它不仅营造了独特的文化体验空间，整合与共享了教育资源，构建了综合信息服务平台，还推动了社区文化的建设与文化创意产业的培育。在未来的发展中，我们应继续深化图书馆与文化旅游的融合，不断创新服务模式和丰富服务内容，以满足公众日益多元化的文化需求。

四、推动地方经济社会发展

图书馆与文化旅游的深度融合，不仅为游客带来了丰富的文化体验和精神享受，更在促进地方经济繁荣、社会进步和文化传承方面发挥了重要作用。这种融合发展的模式，为地方经济社会发展注入了新的活力与动力。

（一）促进地方经济多元化发展

图书馆作为文化旅游的重要组成部分，其独特的文化魅力和知识资源吸引了大量游客前来参观学习。随着游客数量的增加，相关的旅游产业如住宿、餐饮、交通、购物等也得到了快速发展，形成了以图书馆为中心的文化旅游产业链。这不仅带动了地方经济的多元化发展，还促进了就业增长和居民收入提升。同时，图书馆与文化旅游的结合也催生了一系列文化创意产品和服务，如文化衍生品、特色纪念品等，进一步丰富了地方经济的内容，提升了地方经济的附加值。

（二）增强地方社会凝聚力与认同感

图书馆作为文化传承和知识传播的重要场所，承载着地方历史记忆和文化精髓。通过与文化旅游的融合，图书馆成为展示地方文化、增进社会交流的重要平台。游客在参观图书馆的过程中，不仅能够感受到地方文化的独特魅力，还能与当地居民进行深入的互动与交流，增进彼此的了解和友谊。这种跨文化的交流与融合，有助于增强地方社会的凝聚力和认同感，促进社会的和谐稳定与繁荣发展。

（三）推动地方文化传承与创新

图书馆作为文化遗产的守护者和传承者，通过收藏、整理、展示和传播各类文化遗产，为地方文化的传承与发展做出了重要贡献。与文化旅游的融合，更是为地方文化的传承与创新提供了广阔的空间和舞台。一方面，图书馆可以通过举办各类文化活动、展览和讲座等形式，向游客展示地方文化的独特魅力和深厚底蕴；另一方面，游客的参与和反馈也为地方文化的创新提供了源源不断的灵感和动力。这种双向的互动与交流，有助于推动地方文化的传承与创新，实现文化的可持续发展。

（四）提升地方城市形象与品牌影响力

图书馆作为城市的文化地标和精神象征，其独特的建筑风格和浓厚的文化氛围往往成为游客关注的焦点。与文化旅游的融合，更是将图书馆打造成为展示地方城市形象和提升品牌影响力的重要窗口。通过加强图书馆的环境建设、提升服务质量和管理水平等措施，可以吸引更多游客前来参观学习，提高地方城市的知名度和美誉度。同时，图书馆还可以与其他旅游景点和文化机构进行联动合作，共同打造具有地方特色的文化旅游线路和品牌产品，进一步提升地方城市的品牌形象和市场竞争力。

（五）促进地方教育与科研水平提升

图书馆作为教育和科研的重要基地，拥有丰富的图书资源和先进的信息技术设施。与文化旅游的融合，为地方教育和科研水平的提升提供了有力支持。一方面，图书馆可以为游客提供丰富的教育资源和更多的学习机会，促进全民素质和科学素养的提升；另一方面，图书馆还可以与当地的学校、科研机构和企业等建立紧密的合作关系，共同开展科研项目和人才培养工作，推动地方教育和科研事业的繁荣发展。这种教育与科研的深度融合，有助于培养更多高素质的人才和创新型的企业，为地方经济社会发展提供有力的人才保障和智力支持。

图书馆与文化旅游的融合发展对地方经济、社会、文化等多个方面产生了积极而深远的影响。它不仅促进了地方经济的多元化发展和社会的和谐稳定与繁荣发展，还推动了地方文化的传承与创新和教育与科研水平的提升，更提升了地方城市的形象与品牌影响力。因此，我们应该高度重视图书馆与文化旅游的融合发展工作，加大投入力度和政策支持力度，推动这一模式在更多地方得到广泛应用和推广。

五、增强文化自信与国际影响力

在全球化的浪潮中，文化作为国家软实力的核心要素，其传承与发展对于提升国家国际地位、增强民族凝聚力具有不可估量的价值。图书馆作为文化的守护者与传播者，与文化旅游的深度融合，不仅丰富了文化体验的内涵，更在提升国家文化软实力、增强文化自信方面发挥了重要作用。

（一）文化传承的深化与弘扬

图书馆是文化记忆的载体，收藏着丰富的历史文献、古籍善本、艺术作品等，是连接过去与未来的桥梁。与文化旅游的融合，使得这些珍贵的文化遗产得以以更加生动、直观的方式呈现给公众，从而深化了文化的传承与弘扬。

在旅游过程中，游客通过参观图书馆举办的展览、参与文化活动，不仅能够了解一个地区或国家的历史文化脉络，还能感受到文化的独特魅力和深厚底蕴。这种沉浸式的文化体验，有助于激发游客对文化的兴趣与热爱，进而促进文化的传承与发展。同时，图书馆还可以利用数字化技术，将文化资源转化为可在线访问的数字内容，打破地域限制，让全球范围内的读者都能共享到这份宝贵的文化遗产，进一步促进了文化的多样性和包容性。

（二）文化自信的树立与强化

文化自信是一个国家、一个民族对自身文化价值的充分肯定和积极践行。图书馆与文化旅游的融合，通过展示和传播优秀文化成果，有助于树立和强化公众的文化自信。在旅游过程中，游客通过亲身体验和感受文化的魅力，会对本国或本民族的文化产生更加深刻的认同感和自豪感。这种认同感和自豪感是文化自信的重要来源。同时，图书馆还可以举办文化交流活动，邀请不同国家和地区的文化学者、艺术家等进行交流与对话，促进文化的相互理解和尊重。这种跨文化的交流与融合，不仅拓宽了公众的文化视野，也增强了其文化自信，使其更加坚信自己文化的独特价值和生命力。

（三）国家文化软实力的提升

国家文化软实力是一个国家综合实力的重要组成部分，它体现了国家的文化影响力、感召力和凝聚力。图书馆与文化旅游的融合，通过提升文化体验的品质和深度，有助于提升国家的文化软实力。一方面，图书馆作为文化的重要展示窗口，通过举办高质量的展览、讲座等活动，吸引了大量国内外游客前来参观和交流。这些游客在享受文化盛宴的同时，也带走了对文化的深刻印象和积极评价，从而提升了国家的文化形象和知名度。另一方面，图书馆还可以利用自身的资源优势，推动文化产品的开发和推广。这些具有文化特色的旅游纪念品、文化创意产品等，不仅丰富了旅游市场的产品种类，也传播了国家的文化理念和价值观念，进一步提升了国家的文化软实力。

（四）国际文化交流的桥梁与纽带

在全球化的今天，国际文化交流日益频繁。图书馆与文化旅游的融合，为国际文化交流搭建了桥梁和纽带。通过图书馆的文化旅游项目，国内外游客可以更加便捷地了解和体验不同国家和地区的文化特色。这种跨文化的交流和体验，有助于增进各国人民之间的理解和友谊，促进世界的和平与发展。同时，图书馆还可以利用自身的国际影响力，举办国际性的文化论坛、研讨会等活动，邀请全球的文化学者、艺术家等共同参与讨论和交流。这些活动不仅推动了文化的创新与发展，也促进了国际文化交流的深入与广泛。

图书馆与文化旅游的融合在提升国家文化软实力、增强文化自信方面发挥了重要作用。它深化了文化的传承与弘扬，树立了公众的文化自信，提升了国家的文化软实力，并成为国际文化交流的桥梁与纽带。在未来的发展中，我们应继续深化图书馆与文化旅游的融合，不断创新服务模式和丰富服务内容，为提升国家文化软实力、增强文化自信贡献更大的力量。

第二章　图书馆作为文化展示平台的角色

第一节　馆藏资源的文化展示功能

一、历史文献的珍贵展示

在历史的长河中，文献作为知识与智慧的载体，承载着人类文明的记忆与传承。图书馆，作为这些历史文献的汇聚之地，不仅是知识的宝库，更是文化传承的重要阵地。它们以独特的方式向世人展示着历史文献的珍贵价值，以及在文化传承中不可替代的作用。

（一）历史文献：时间的低语，文明的印记

历史文献是前人智慧的结晶，它们以文字、图像、图表等多种形式记录着过去的点点滴滴。从古老的甲骨文、竹简、帛书，到后来的纸质书籍、电子文献，每一种载体都承载着特定时代的信息与思想。这些文献不仅是历史的见证者，更是文化的传承者。它们跨越时空的界限，让我们得以窥见古代社会的风貌，理解不同文明的兴衰更替，感受人类智慧的博大精深。

在图书馆中，这些历史文献被精心收藏、整理与保护。它们被安置在恒温恒湿的环境中，远离尘世的喧嚣与侵扰，静静地诉说着过去的故事。每一卷古籍、每一册手稿、每一份档案，都是时间的低语，是文明的印记，它们共同构成了图书馆独特的文化氛围和历史底蕴。

（二）独特价值：珍稀性、研究性与教育性

历史文献在图书馆中的独特价值体现在其珍稀性上。许多古籍善本、手稿孤本等，因年代久远、数量稀少而显得尤为珍贵。这些文献往往具有不可

替代的学术价值和历史意义，是研究特定历史时期、文化现象、社会变迁的重要资料。历史文献还具有重要的研究性价值。它们为学者提供了丰富的原始资料和第一手证据，有助于推动相关领域的学术研究和发展。通过对这些文献的深入解读和分析，学者可以揭示历史的真相、还原历史的原貌、探索历史的规律。

历史文献还具有显著的教育性价值。它们是传承历史文化、弘扬民族精神的重要载体。通过引导学生和公众阅读这些文献，可以激发他们的爱国情感和文化自信，培养他们的历史意识和人文素养。

（三）文化传承：图书馆的使命与担当

图书馆作为文化传承的重要机构，承担着保护历史文献、传承文化遗产的神圣使命。它们通过收集、整理、保存和展示历史文献，为后人留下了一笔宝贵的文化遗产。这些遗产不仅记录了人类文明的发展历程和成就，更蕴含着丰富的智慧和精神财富。为了更好地履行这一使命，图书馆不断加强自身的建设和发展。它们积极采用先进的技术手段和方法，提高历史文献的保护水平和管理效率；同时，还注重开展丰富多彩的文化活动和教育项目，吸引更多的读者走进图书馆、了解历史文献、感受文化的魅力。

在这个过程中，图书馆还积极与社会各界建立广泛的联系和合作。图书馆通过与政府机构、学术机构、文化机构等进行密切合作，共同推动历史文献的保护和传承工作；同时，还注重与公众进行互动和交流，听取他们的意见和建议，不断完善自身的服务和功能。

（四）图书馆在文化传承中的新角色

随着时代的发展和社会的进步，图书馆在文化传承中的角色也在不断发生变化。在数字化、网络化、智能化的背景下，图书馆止逐步向数字化图书馆、智慧图书馆转型。这种转型不仅提高了图书馆的服务效率和管理水平，也为历史文献的传承和传播提供了新的途径和方式。未来，图书馆将继续发挥其在文化传承中的重要作用。它们将继续加强历史文献的收集、整理和保护工作；同时，还将充分利用数字化技术手段，将历史文献转化为数字资源，实现资源共享和远程访问。此外，图书馆还将不断创新服务模式和丰富服务内容，为读者带来更加便捷、高效、个性化的服务体验。

历史文献是图书馆中最为珍贵的宝藏之一。它们以独特的方式记录着人类文明的历程和成就，承载着丰富的智慧和精神财富。图书馆作为这些历史文献的守护者和传承者，将继续发挥其独特的作用和价值，为文化传承和发展贡献自己的力量。

二、地域文化的深度挖掘

在多元文化交织的现代社会，地域文化作为地方身份的独特标识，其传承与发展对于维护文化多样性、增强社会凝聚力具有重要意义。图书馆作为知识与文化的宝库，其丰富的馆藏资源不仅是学术研究的基石，更是展现地方特色文化、增强地域文化认同感的重要窗口。

（一）馆藏资源的精选与整理

图书馆在展现地方特色文化时，首先需对馆藏资源进行精心筛选与整理。这包括但不限于地方历史文献、民俗资料、艺术作品、口述历史等，这些资源蕴含着丰富的地域文化信息，是地域文化研究与传播的基础。

通过专业人员的鉴定与分类，图书馆能够将散落于各处的文化资源系统化、条理化，形成具有地方特色的馆藏体系。这一过程不仅是对文化遗产的抢救与保护，更是对地域文化深度挖掘的初步尝试。这些精选的馆藏资源，如同一个个生动的文化符号，讲述着地方的历史变迁、风土人情和人文精神。

（二）特色展览的策划与呈现

在精选与整理馆藏资源的基础上，图书馆可进一步策划具有地方特色的展览，以直观、生动的形式展现地域文化的魅力。这些展览可以是围绕某一历史时期、文化主题或民俗活动展开的，通过实物展示、图文解说、多媒体互动等手段，让参观者能够全方位、多角度地感受地域文化的独特韵味。展览的策划应注重创意与深度并重，既要展现地域文化的外在表现形式，又要深入挖掘其内在的文化内涵和精神价值。同时，展览的呈现方式也应灵活多样，以适应不同年龄段和兴趣爱好的参观者需求。通过特色展览的举办，图书馆不仅能够吸引更多的公众走进图书馆、了解地域文化，还能够激发公众对地方文化的兴趣与热爱，从而增强地域文化认同感。

（三）文化活动的组织与实施

除了展览之外，图书馆还可以通过组织丰富多彩的文化活动进一步挖掘和展示地域文化。这些活动包括文化讲座、读书会、手工艺品制作体验、地方戏曲表演等，旨在通过多种形式的文化互动与交流，促进地域文化的传承与发展。文化活动的组织应注重参与性与互动性，鼓励公众积极参与其中，亲身体验地域文化的魅力。通过专家的讲解、学者的研讨、艺术家的表演及公众的参与，形成一个多元化的文化交流平台。在这个平台上，不同背景、不同领域的人们可以共同探讨地域文化的内涵与价值，促进文化的交流与融合。同时，这些活动也能够为地方文化产业的发展提供新的思路和动力，推动地域文化的创新与发展。

（四）数字化资源的开发与利用

在信息化时代，数字化资源的开发与利用成为图书馆展现地域文化的重要途径。图书馆可以利用先进的数字化技术，将馆藏资源中的地方特色文化内容进行数字化处理与整合，形成具有地方特色的数字资源库。这些数字资源库不仅可以通过图书馆网站、移动应用平台等向公众开放访问，还可以与其他文化机构、教育机构等进行资源共享与合作。

数字化资源的开发与利用不仅扩大了地域文化的传播范围与影响力，还使得公众能够随时随地获取到丰富的地域文化知识。通过数字化资源的浏览、搜索、下载等功能，公众可以更加便捷地了解地方的历史文化、风土人情和人文精神。同时，数字化资源也为学术研究提供了丰富的素材与数据支持，推动了地域文化研究的深入发展。

图书馆通过馆藏资源的精选与整理、特色展览的策划与呈现、文化活动的组织与实施以及数字化资源的开发与利用等多种方式，深入挖掘并展现了地方特色文化的独特魅力。这些举措不仅增强了公众对地域文化的认同感与归属感，也为地域文化的传承与发展注入了新的活力与动力。在未来的发展中，图书馆应继续发挥其在地域文化展示与传播中的独特作用，为构建多元共生的文化生态贡献力量。

三、多元文化的共存与展示

在全球化日益加快的今天，文化的多样性成为人类社会发展的重要特征之一。图书馆，作为知识的殿堂和文化的交流平台，在促进不同文化间的共存与展示方面发挥着不可替代的作用。它以其丰富的馆藏资源和开放包容的环境，为各种文化的交流与融合提供了肥沃的土壤。

（一）馆藏资源的多元性：文化的万花筒

图书馆的馆藏资源是其作为文化交流平台的基础。这些资源不仅涵盖了古今中外的各类书籍、期刊、报纸等纸质文献，还包括电子图书、数据库、多媒体资料等数字化资源。这些资源以其内容的广泛性和多样性，构成了一个色彩斑斓的文化万花筒。

在图书馆的馆藏中，可以看到来自不同国家和地区、不同民族和种族的文化遗产。这些文化遗产以文字、图像、音频、视频等多种形式呈现，展现了各自独特的文化风貌和历史传承。无论是东方的儒家经典、佛教典籍，还是西方的古希腊哲学、文艺复兴艺术，都能在图书馆的馆藏中找到它们的身影。这种多元性的馆藏资源，为读者提供了一个跨越时空、跨越国界的文化探索之旅。

（二）开放包容的环境：文化的自由交流

图书馆不仅是知识的宝库，更是一个开放包容的文化交流空间。在这里，不同文化背景、不同思想观念的人们可以自由地阅读、学习和交流。图书馆以其平等、公正、自由的原则，为每个人提供了展示自己文化、了解他人文化的机会。在图书馆的阅读区域、研讨室、展览厅等场所，经常可以看到各种形式的文化交流活动。这些活动有的由图书馆主办，有的则由读者自发组织。它们或围绕某个特定的文化主题展开深入讨论，或邀请专家学者进行专题讲座和学术报告，或举办文化展览和艺术表演等活动。这些活动不仅丰富了读者的文化生活，也促进了不同文化之间的交流和融合。

（三）服务创新：提升文化展示效果

为了更好地促进不同文化间的共存与展示，图书馆不断地在服务上进行创新。图书馆利用现代科技手段，提升馆藏资源的数字化水平和可访问性；

同时，还通过举办各种文化活动和项目，增强读者的文化体验和参与感。在数字化方面，图书馆建立了完善的数字资源库和在线服务平台。读者可以通过互联网访问图书馆的电子图书、数据库和多媒体资源，实现远程学习和研究。此外，图书馆还利用社交媒体、移动应用等新媒体工具，与读者进行实时互动和交流，以扩大文化传播的广度和深度。

在文化活动方面，图书馆注重策划和组织具有创意和吸引力的项目。图书馆结合馆藏特色和读者需求，设计了一系列丰富多彩的文化活动。这些活动既有学术性强的讲座和研讨会，也有趣味性强的文化展览和互动体验活动。通过这些活动，图书馆不仅展示了不同文化的独特魅力，也激发了读者对文化的兴趣和热爱。

（四）教育与启迪：培养跨文化意识

图书馆在促进不同文化间的共存与展示的同时，还承担着教育和启迪读者的重任。通过提供丰富的文化资源和开展各种文化活动，图书馆可以帮助读者了解不同文化的历史背景、价值观念和社会习俗等方面的知识。这些知识不仅有助于读者拓宽视野、增长见识，也有助于他们培养跨文化意识和跨文化交际能力。在图书馆的教育过程中，注重培养读者的批判性思维和独立思考能力，鼓励读者在阅读和学习过程中积极思考、勇于质疑，提出自己的见解和观点。这种教育方式不仅有助于读者更好地理解和接受不同文化之间的差异和多样性，也有助于他们更好地融入全球化时代的社会生活。

作为文化交流平台，图书馆在促进不同文化间的共存与展示方面发挥着不可替代的作用。其以其丰富的馆藏资源和开放包容的环境为各种文化的交流与融合提供了肥沃的土壤；同时，通过不断创新服务方式和提升服务质量增强文化展示效果和教育效果；最终帮助读者培养跨文化意识和跨文化交际能力，以适应全球化时代的社会发展需求。

四、珍贵艺术品与文物的展示

在浩瀚的图书馆藏中，除了浩如烟海的书籍文献外，还珍藏着诸多艺术品与文物，它们如同璀璨的明珠，镶嵌在文化的长河中，以其独特的魅力吸引着无数求知若渴的目光。这些艺术品与文物不仅是历史的见证，更是文化的传承，它们在图书馆的展示中焕发出别样的光彩，成为连接过去与未来的桥梁。

（一）艺术品的多元呈现

图书馆中的艺术品种类繁多，涵盖了绘画、雕塑、书法、摄影等多个领域。这些艺术品以其精湛的技艺、独特的风格和深刻的文化内涵，展现了人类创造力的无限可能。绘画作品以其色彩与线条的交织，勾勒出一个个生动的场景与人物形象，让观众在视觉的盛宴中感受艺术的魅力。从古典的油画到现代的水墨画，每一种风格都承载着不同的文化精神与审美追求。雕塑作品则以立体的形态展现了人类对于形态与空间的探索，它们或庄严凝重，或灵动飘逸，无不透露出艺术家的匠心独运。书法与摄影作为独特的艺术形式，分别以笔墨与光影为媒介，捕捉并传达了文字之美与自然之韵，让观众在静谧中领略到文化的深邃与广阔。

（二）文物的历史回响

与艺术品相伴的，是图书馆中那些承载着厚重历史的文物。这些文物或许是一枚古老的印章，或许是一件精美的陶瓷，它们跨越时空的界限，静静地诉说着过往的故事。文物的价值不仅仅在于其物质形态的珍贵，更在于它们所蕴含的历史信息与文化意义。通过文物的展示，观众可以直观地感受到历史的厚重与文化的传承。这些文物见证了朝代的更迭、民族的融合与文化的交流，它们如同一部部无声的史书，记录着人类文明的辉煌与沧桑。

（三）文化展示的独特魅力

图书馆作为文化展示的重要场所，其独特的环境与氛围为艺术品与文物的展示提供了得天独厚的条件。在这里，艺术与知识相互交融，历史与现实相互对话，营造出一种独特而深邃的文化氛围。

首先，图书馆的宁静与庄重为观众欣赏艺术品提供了良好的心境。观众在静谧的环境中驻足观赏，能够更加专注于作品本身，感受其内在的美与力量。其次，图书馆丰富的学术资源为文物的解读提供了有力的支持。观众可以通过查阅相关书籍、文献，深入了解文物的历史背景与文化内涵，从而实现对文物的全面认知与理解。最后，图书馆的文化活动与交流平台也为艺术品与文物的展示增加了互动性与趣味性。通过举办讲座、研讨会、工作坊等活动，图书馆不仅能够促进观众与艺术家、学者之间的交流与互动，还能够激发观众对文化艺术的兴趣与热爱。

（四）文化传承与教育功能

图书馆中艺术品与文物的展示不仅具有审美价值，更承载着文化传承与教育的重要使命。图书馆通过展示这些珍贵的文化遗产，向公众传递了丰富的历史文化知识与价值观念，增强了公众对民族文化的认同感与自豪感。图书馆还肩负着培养青少年文化素养与审美能力的重任。图书馆通过组织青少年参观展览、参与文化活动等方式，引导他们接触并了解优秀的文化艺术作品与文化遗产，激发他们对文化艺术的兴趣与热爱，为他们的全面发展奠定坚实的基础。

图书馆中收藏的艺术品与文物是文化的瑰宝与历史的见证。它们在图书馆的展示中焕发出独特的魅力与光彩，成为连接过去与未来的桥梁。通过艺术品与文物的展示与传播，图书馆不仅丰富了公众的文化生活与精神世界，更促进了文化的传承与发展。在未来的发展中，图书馆应继续发挥其在文化展示中的独特作用，为构建更加多元、包容、和谐的文化生态贡献力量。

五、教育资源的整合与展示

在知识爆炸的时代，教育资源的丰富性与可及性成为衡量一个国家或地区教育发展水平的重要指标。图书馆，作为知识的宝库和学习的殿堂，通过对教育资源的有效整合与精心展示，不仅为公众提供了广阔的学习空间，还极大地促进了全民教育水平的提升。

（一）教育资源的全面整合：构建学习生态系统

图书馆在整合教育资源方面展现出强大的综合能力和系统思维。图书馆不仅关注传统纸质文献的收集与整理，还紧跟时代步伐，积极引入电子图书、数据库、在线教育平台等数字化资源。这些资源涵盖了从基础教育到高等教育、从专业技能到休闲娱乐的广泛领域，形成了一个完整而多元的学习生态系统。

在这个系统中，图书馆通过科学的分类与编目，使得各类教育资源得以有序排列和高效检索。同时，图书馆还利用先进的技术手段，如大数据分析、人工智能推荐等，为读者提供个性化的学习路径和资源推送服务。这种全面而精准的整合方式，极大地提高了教育资源的利用率和读者的学习体验。

（二）展示形式的多样化：激发学习兴趣与热情

图书馆在展示教育资源时，注重形式的多样化和创新性。图书馆不仅通过传统的书架陈列和展览板报等方式展示纸质文献和图片资料，还充分利用多媒体技术和虚拟现实技术，打造沉浸式的学习体验空间。在多媒体展示区，读者可以观看教育视频、聆听专题讲座、参与在线互动等；在虚拟现实体验区，读者则可以身临其境地探索科学奥秘、感受历史变迁、欣赏艺术之美。这些生动有趣的展示形式不仅激发了读者的学习兴趣和热情，还增强了他们的学习动力和参与感。

（三）学习空间的灵活布局：满足不同学习需求

图书馆在布局学习空间时充分考虑了读者的多样化需求。它们设置了不同类型的阅读区域和学习角落，如静谧的阅读室、明亮的自习室、小组讨论区、创新实验室等。这些区域不仅提供了舒适的学习环境和完善的设施设备，还通过灵活的布局和个性化的装饰风格营造出浓厚的学习氛围和文化气息。此外，图书馆还注重与社区、学校、企业等机构的合作与交流，共同打造开放共享的学习平台。图书馆通过举办讲座、研讨会、工作坊等活动，邀请专家学者和业界精英与读者面对面交流分享知识和经验；同时，也鼓励读者之间的互动与合作，共同探索学习的乐趣和价值。

（四）教育服务的个性化与智能化：提升学习效率与质量

图书馆在教育服务方面不断追求个性化和智能化的发展。图书馆通过建立读者档案和学习行为分析系统，可以深入了解读者的学习需求和兴趣偏好；同时，利用智能推荐算法和人工智能技术可以为读者提供个性化的学习资源和服务建议。这些个性化服务不仅可以帮助读者快速找到适合自己的学习资源和路径，还可以通过定期的学习评估和反馈机制帮助读者及时调整学习策略和方法。此外，图书馆还提供了在线辅导、远程教学等智能化服务形式，使得读者可以在任何时间、任何地点进行高效的学习和交流。

（五）社会责任的担当：推动全民教育普及与提升

图书馆作为公共文化服务机构，在推动全民教育普及与提升方面肩负着重要的社会责任。图书馆通过举办各类公益活动和文化项目，如阅读推广、科普教育、技能培训等，积极履行社会责任并回馈社会。这些活动不仅丰富了公众的文化生活和精神世界，还提高了他们的文化素养和综合能力。同时，图书馆还注重与弱势群体的联系和帮扶工作，通过提供特殊教育资源和服务设施等方式帮助他们克服学习障碍并融入社会大家庭。

图书馆通过教育资源的全面整合与多样化展示、学习空间的灵活布局与个性化服务及社会责任的积极担当等举措，为公众提供了广阔的学习空间和丰富的教育资源，促进了全民教育水平的提升和社会文明的进步。

第二节　特色展览与主题活动的策划

一、主题策划的多样性与创新性

在快速变迁的时代背景下，图书馆作为知识与文化的集散地，其展览与主题活动的策划不仅需紧跟时代脉搏，还需展现独特的文化视角与创新精神。通过精心策划的多样化展览与主题活动，图书馆不仅能够满足公众日益增长的文化需求，还能在文化传承与创新中发挥重要作用。

（一）紧跟时代热点，激发公众兴趣

图书馆在策划展览与主题活动时，应敏锐捕捉社会热点与公众关注的焦点，以此为基础设计展览主题与内容。例如，在环境保护成为全球共识的今天，图书馆可以策划一场以"绿色生活，共筑美好地球"为主题的展览，通过展示环保理念、绿色科技、可持续发展案例等，引导公众关注环境问题，激发其参与环保行动的热情。这样的展览不仅具有时代意义，还能有效提升公众的环境保护意识。

（二）融合文化趋势，展现多元风采

随着全球化的深入发展，文化交流与融合成为不可阻挡的趋势。图书馆在策划展览与主题活动时，应充分融合多元文化元素，展现世界文化的多样性与丰富性。比如，可以策划一场"世界文化遗产巡礼"展览，通过展示不同国家和地区的文化遗产，让观众在领略异国风情的同时，增进对世界文化

的理解和尊重。此外，图书馆还可以结合当下流行的文化现象，如数字艺术、虚拟现实等，策划相关主题活动，为公众带来全新的文化体验。

（三）创新展览形式，提升互动体验

传统的展览形式往往以静态展示为主，难以充分激发观众的兴趣与参与度。因此，图书馆在策划展览时应注重创新展览形式，提升观众的互动体验。例如，可以采用数字化展览技术，如虚拟现实（VR）、增强现实（AR）等，让观众身临其境地感受展览内容；或者设置互动体验区，让观众通过动手操作、亲身体验等方式，深入了解展览主题。这样的创新展览形式不仅能够吸引更多观众参与，还能加深他们对展览内容的理解与记忆。

（四）深化主题内涵，促进文化思考

展览与主题活动的策划不应仅停留于表面形式的创新，更应注重深化主题内涵，引导公众进行文化思考。图书馆可以通过邀请专家学者举办讲座、研讨会等形式，对展览主题进行深入解读与探讨；或者设置"思考角""留言墙"等区域，鼓励观众发表自己的见解与感受。通过这样的方式，图书馆不仅能够为公众提供丰富的文化信息，还能激发他们的文化思考能力，促进文化的传承与创新。

（五）加强跨界合作，拓宽文化视野

在策划展览与主题活动时，图书馆还应积极寻求与其他文化机构、企业、高校等的跨界合作。通过跨界合作，图书馆可以引入更多元化的资源与视角，丰富展览与活动的内容与形式；同时，还能借助合作方的力量，扩大展览与活动的影响力与覆盖面。例如，图书馆可以与博物馆合作举办联合展览，共同挖掘与展示文化遗产；或者与知名企业合作，举办创意文化活动，为公众带来新颖的文化体验。这样的跨界合作不仅能够拓宽图书馆的文化视野，还能为公众提供更加丰富多彩的文化生活。

图书馆在策划展览与主题活动时，应紧跟时代热点、融合文化趋势、创新展览形式、深化主题内涵并加强跨界合作。通过这些努力，图书馆不仅能够为公众提供高质量的文化服务，还能在文化传承与创新中发挥更加积极的作用。

二、展览内容的深度与广度

在图书馆的文化传播与教育服务体系中，展览作为直观、生动的信息传递方式，扮演着举足轻重的角色。一个成功的展览，不仅需要精心策划的主题与布局，更需兼顾内容的深度与广度，以满足不同背景、不同兴趣层次读者的多样化需求。

（一）深度挖掘：探寻文化内核与思想精髓

展览内容的深度体现在对展示对象内在价值的深入挖掘与呈现上。图书馆在策划特色展览时，应致力于揭示展品背后的历史文化背景、艺术审美价值或科学探索意义，引导观众超越表面的视觉感受，深入体会其中的思想精髓与文化内涵。

具体而言，图书馆可以邀请相关领域的专家学者参与展览策划，通过他们的专业视角和深入研究，增强展览的学术性与权威性。同时，利用图文、视频、音频等多媒体手段，以及虚拟现实、增强现实等现代科技，多维度、全方位地展现展品的独特魅力与深层意义。这样的展览，不仅能够满足专业研究者的需求，也能激发普通观众对知识的渴望与探索。

（二）广度拓展：跨越时空界限，拥抱多元文化

展览内容的广度则要求展览在主题选择上具有广泛性和包容性，能够跨越时间的长河与地域的界限，展现人类文明的多样性与丰富性。图书馆应充分利用自身丰富的馆藏资源，结合社会热点与公众兴趣，策划出既具有时代感又富有教育意义的主题展览。例如，可以策划"世界文化遗产巡礼"展览，通过展示不同国家和地区的文化遗产，让观众在有限的空间内感受到全球文化的多样性与独特魅力；也可以举办"科技改变生活"展览，通过展示科技创新成果及其应用实例，激发公众对科学技术的兴趣与关注。此外，图书馆还可以根据特定节日、纪念日等时机，策划相关主题展览，如"春节文化展""国际读书日书展"等，以丰富多样的展览内容满足读者的不同需求。

（三）互动体验：增强参与感，深化理解

在展览内容的呈现方式上，图书馆应注重增强观众的参与感与体验感。通过设计互动环节、设置体验区等方式，让观众在观展过程中不仅能够被动

接受信息，还能主动参与其中，通过亲身体验加深对展览内容的理解与记忆。例如，在"科技改变生活"展览中，可以设置虚拟现实体验区，让观众佩戴VR设备亲身体验未来的科技生活场景；在"世界文化遗产巡礼"展览中，则可以设置互动问答环节或手工制作区，让观众在参与中了解文化遗产的保护与传承知识。这些互动体验环节不仅增加了展览的趣味性和吸引力，还促进了观众与展览内容之间的深度互动与交流。

（四）持续更新：保持展览的新鲜感与活力

为了满足读者不断变化的需求与期待，图书馆应定期对展览内容进行更新与调整。这包括更换展览主题、补充新展品、优化展览布局等方面的工作。通过持续更新展览内容，图书馆可以保持展览的新鲜感与活力，吸引更多读者前来参观学习。同时，图书馆还可以利用社交媒体、官方网站等渠道发布展览信息、预告新展内容、收集观众反馈等，与读者建立更加紧密的联系与互动。这种线上线下相结合的方式不仅扩大了展览的影响力与覆盖面，还提高了读者的参与度与满意度。

图书馆在策划特色展览与主题活动时，应始终秉持深度与广度并重的原则，通过深入挖掘展品内涵、广泛拓展展览主题、增强观众参与感及持续更新展览内容等方式，不断提升展览的品质与效果，为读者带来更加丰富多彩的文化盛宴与教育体验。

三、合作资源的整合与利用

在全球化与文化交流日益频繁的今天，图书馆作为文化传承与创新的重要阵地，其展览与活动的策划不再局限于自身资源，而是积极寻求与其他文化机构的深度合作，共同打造高质量的文化盛宴。这种合作模式不仅丰富了展览与活动的内容与形式，还促进了不同文化之间的交流与融合，为公众带来了更加多元、深入的文化体验。

（一）构建合作网络，拓宽资源渠道

图书馆首先致力于构建一个广泛而深入的合作网络，包括博物馆、艺术馆、档案馆、研究机构、高校、文化企业等多元主体。通过签署合作协议、建立常态化的沟通机制，图书馆能够及时了解各合作方的资源优势与项目需

求，为共同策划展览与活动奠定坚实基础。这种合作网络的构建，使得图书馆能够跨越行业界限，整合各类文化资源，为公众呈现更加丰富多彩的文化内容。

（二）共享文化资源，实现优势互补

在合作过程中，图书馆与各文化机构充分发挥各自优势，实现资源共享与优势互补。图书馆拥有丰富的文献资源与读者基础，可以为展览与活动提供学术支撑与观众引流；而博物馆、艺术馆等机构则拥有珍贵的艺术品与文物资源，能够为展览增添独特的文化魅力。通过资源共享，图书馆与各文化机构能够共同策划出既有深度又具广度的展览与活动，以满足公众多样化的文化需求。

（三）联合策划项目，打造文化精品

为了进一步提升展览与活动的质量，图书馆与各文化机构还联合策划了一系列具有创新性与影响力的文化项目。这些项目往往围绕某一特定主题或文化现象展开，通过深入挖掘其历史背景、文化内涵与艺术价值，为公众呈现出一场场精彩纷呈的文化盛宴。在策划过程中，图书馆与各文化机构紧密协作，共同确定展览主题、内容布局、展示形式及宣传推广策略等关键环节，确保项目的高质量与高水准。

（四）强化文化交流，促进文化融合

合作不仅限于资源共享与项目策划，更在于文化交流与融合。图书馆与各文化机构通过定期举办学术研讨会、艺术家交流会等活动，可以促进彼此之间的深入交流与相互学习。这种交流不仅有助于其拓宽视野、激发灵感，还能够促进不同文化之间的融合与创新。在展览与活动的策划中，图书馆与各文化机构积极融入多元文化元素，展现世界文化的多样性与丰富性，为公众提供了更加开放、包容的文化氛围。

（五）创新合作模式，拓展合作空间

随着科技的不断发展与社会的快速变迁，图书馆与各文化机构的合作模式也在不断创新与拓展。除了传统的线下合作外，双方还积极探索线上合作的新模式，如共同开发数字展览、在线课程、虚拟研学项目等。这些线上合

作项目不仅打破了时间与空间的限制，使得公众能够随时随地参与文化活动，还通过数字化技术为展览与活动增添了更多互动性与趣味性元素，提升了公众的文化体验与参与度。

（六）注重合作成效，持续优化合作机制

为了确保合作成效的最大化，图书馆与各文化机构还注重对合作机制的不断优化与完善。通过定期评估合作项目的实施效果、收集公众反馈意见等方式，双方能够及时发现合作中存在的问题与不足，并采取相应的改进措施。同时，图书馆还积极引入外部专家与顾问团队，为合作项目的策划与实施提供专业指导与建议，确保合作项目的持续创新与高质量发展。

图书馆通过与其他文化机构的深度合作，实现了资源的有效整合与利用，共同策划出了高质量、有影响力的展览与活动。这种合作模式不仅丰富了图书馆的文化内涵与外延，还促进了文化的传承与创新，为公众带来了更加多元、深入的文化体验。在未来的发展中，图书馆将继续深化与各文化机构的合作关系，探索更多创新合作模式与空间，共同推动文化的繁荣与发展。

四、宣传推广策略的制定

（一）线上宣传：构建数字化传播网络

线上宣传作为现代信息传播的核心手段，图书馆需精心构建数字化传播网络，以覆盖更广泛的受众群体。通过社交媒体平台的日常运营，图书馆可以发布展览与活动的预告、亮点解析、幕后故事等内容，利用图文、视频、直播等多种形式，增强内容的吸引力和互动性。同时，官方网站与移动APP作为官方信息的权威发布渠道，应提供详尽的展览信息、预约参观服务及在线导览功能，以满足观众的个性化需求。此外，图书馆与主流媒体及文化类网站的深度合作，通过新闻稿、专题报道等形式，可进一步扩大展览与活动的社会影响力。

（二）线下宣传：营造沉浸式体验环境

线下宣传直观性和体验性强的特点，依然是吸引观众的重要方式。图书馆应巧妙利用空间布局，设计创意海报与横幅，放置于显眼位置，以视觉冲

击力吸引过往行人的注意。同时，在图书馆内部或周边区域设置互动体验区，让观众在参与中感受展览与活动的魅力。此外，图书馆与学校、社区等机构的合作，通过举办讲座、工作坊等活动，可以有效提升公众对展览与活动的认知度和参与度。

（三）跨界合作：拓宽宣传视野与边界

跨界合作是图书馆宣传推广的创新策略，通过与不同领域的品牌、机构或个人合作，可以打破传统界限，拓宽宣传视野。品牌联名合作不仅能为展览与活动增添独特元素，还能借助品牌的广泛影响力吸引更多的潜在观众。跨界活动则通过不同领域的融合与碰撞，为观众带来全新的观展体验。同时，邀请知名人士作为嘉宾或代言人，利用他们的社会影响力和粉丝基础，可以进一步提升展览与活动的知名度和吸引力。

图书馆在宣传推广展览与活动时，应充分利用线上线下多种渠道，构建全方位、立体化的宣传体系。图书馆通过精准有效的传播策略、创意十足的宣传内容及跨界合作的创新模式，可以不断提升展览与活动的社会影响力和公众参与度，为公众带来更加丰富多彩的文化盛宴与教育体验。

五、观众参与度的提升

在展览与主题活动的策划与执行过程中，提升观众参与度是增强展览效果、深化文化传播的关键环节。通过精心设计的互动环节、细致的问卷调查及多样化的参与渠道，图书馆能够有效激发观众的兴趣与热情，使展览不仅仅是知识的展示，更成为一场生动的文化交流与体验之旅。

（一）创新互动环节，增强参与体验

互动性是提升观众参与度的核心要素。图书馆应充分利用现代科技手段，结合展览主题与内容，设计一系列新颖、有趣的互动环节。例如，在科技展览中设置虚拟现实体验区，让观众通过 VR 眼镜身临其境地探索宇宙奥秘或历史场景；在艺术展览中引入 AR 技术，使观众能够通过手机扫描展品获取更多背景信息或参与互动游戏。此外，还可以设置互动问答、手工制作、角色扮演等多样化的互动活动，让观众在参与中深入了解展览内容，感受文化的魅力。

（二）问卷调查与反馈机制，了解观众需求

为了更准确地把握观众的兴趣点与需求，图书馆应定期开展问卷调查，收集观众对展览与活动的反馈意见。问卷设计应涵盖展览内容的吸引力、展示形式的创新性、互动环节的趣味性及整体服务质量等多个方面，确保全面而深入地了解观众的真实感受。同时，建立高效的反馈机制，对收集到的意见与建议进行及时整理与分析，可以为后续的展览与活动策划提供有力支持。通过不断优化展览内容与形式，图书馆能够更好地满足观众需求，提升他们的参与满意度。

（三）多样化的参与渠道，拓宽参与路径

除了现场参与外，图书馆还应积极拓展多样化的参与渠道，为观众提供更加便捷、灵活的参与方式。例如，开发线上展览平台，让观众能够通过互联网随时随地浏览展览内容；利用社交媒体平台发布展览信息与互动话题，吸引更多潜在观众关注与参与；举办线上讲座、研讨会等线上活动，为观众提供与专家学者面对面交流的机会。此外，还可以与教育机构、社区组织等合作，将展览内容引入校园、社区等更广泛的社会领域，让更多人能够参与文化活动。

（四）注重观众体验，营造良好氛围

提升观众参与度还需注重观众的整体体验。图书馆应从展览布局、环境设计、导览服务等多个方面入手，为观众营造一个舒适、温馨、富有文化氛围的参观环境。例如，合理规划展览路线与空间布局，确保观众能够顺畅地浏览展览内容；设置清晰的导览标识与说明文字，帮助观众快速了解展览信息；提供贴心的导览服务与志愿者引导，解答观众疑问并提供个性化建议。同时，通过音乐、灯光等元素的巧妙运用，营造出与展览主题相契合的氛围感，使观众在参观过程中获得更加深刻的情感体验。

（五）持续宣传与推广，扩大影响力

为了吸引更多观众参与展览与活动，图书馆还需加强宣传与推广工作。通过多种渠道和方式发布展览信息，如官方网站、社交媒体、宣传海报、新闻稿等，可以扩大展览的知名度和影响力。同时，与媒体、合作伙伴等建立紧密的合作关系，共同推广展览内容与亮点。此外，还可以利用热点事件或

节日庆典等契机，策划相关主题活动或展览延伸项目，以吸引更多观众关注与参与。通过持续有效的宣传与推广，图书馆能够不断扩大展览与活动的影响力和范围，吸引更多观众加入文化交流的行列。

提升观众参与度是增强展览效果、深化文化传播的重要途径。图书馆应通过创新互动环节、建立问卷调查与反馈机制、拓宽参与渠道、注重观众体验以及加强宣传与推广等多种方式，不断优化展览与活动的策划与执行过程，为观众带来更加丰富、深入、便捷的文化体验。

第三节　数字化展示技术的应用

一、数字资源库的建设与共享

在数字化浪潮的推动下，图书馆作为知识传播与文化传承的重要机构，正经历着深刻的变革。数字资源库的建设与共享，不仅是图书馆适应时代发展需求的必然选择，也是提升服务效能、拓宽知识传播边界的关键举措。

（一）资源收集与整合：构建多元化知识宝库

数字资源库的建设始于广泛而深入的资源收集与整合工作。图书馆应充分利用自身馆藏优势，结合用户需求分析，制定科学合理的资源采集计划。这包括但不限于纸质文献的数字化转换、电子出版物的直接收录、网络资源的筛选与整合等。通过多途径、多类型的资源采集，图书馆能够构建一个涵盖图书、期刊、论文、音视频资料、数据库等多种形式的多元化知识宝库。

在资源整合方面，图书馆需采用先进的分类与索引技术，对收集到的数字资源进行科学分类、合理编排，确保用户能够方便快捷地检索到所需信息。同时，还应注重资源的关联性挖掘，通过元数据标引、知识图谱构建等手段，揭示资源之间的内在联系，为用户提供更为丰富、深入的知识服务。

（二）数字化处理：传统资源焕发新生

数字化处理是数字资源库建设中的关键环节。对于纸质文献等传统资源，图书馆需采用专业的扫描设备、OCR 识别技术等手段，将其转化为可编辑、可检索的数字格式。这一过程中，需注重图像质量的优化、文本内容的准确性校验等细节问题，确保数字化资源的质量与可用性。此外，对于音频、视频等非文本资源，图书馆也需进行相应的数字化处理。这包括音频的采样、编码、降噪处理，视频的压缩、格式转换、字幕添加等。通过数字化处理，这些原本难以共享与保存的非文本资源得以在网络平台上广泛传播与利用。

（三）平台搭建：打造便捷访问门户

平台搭建是数字资源库实现资源共享的基础。图书馆应构建统一的数字资源服务平台，将各类数字资源集成于一个统一的界面中，为用户提供一站式访问服务。该平台应具备强大的检索功能、友好的用户界面、良好的兼容性及可扩展性等特点，以满足不同用户的多样化需求。

在平台建设中，图书馆还需注重移动端的适配与优化。随着智能手机的普及与移动互联网的发展，越来越多的用户倾向于通过手机等移动设备访问数字资源。因此，图书馆应开发或引入适用于移动设备的APP、小程序等应用，为用户带来更加便捷、高效的访问体验。

（四）资源共享机制：打破壁垒，促进知识流通

资源共享是数字资源库建设的最终目标。图书馆应积极参与国内外数字资源共建共享项目，与其他图书馆、研究机构、文化机构等建立合作关系，共同构建开放、协同的数字资源生态系统。通过制定统一的共享标准、协议与规范，可以打破信息孤岛与资源壁垒，实现数字资源的跨机构、跨地域、跨行业共享。同时，图书馆还应关注知识产权保护问题。在推动资源共享的过程中，应严格遵守相关法律法规及版权政策要求，确保数字资源的合法使用与传播。通过技术手段如数字水印、访问控制等保护版权人合法权益；通过合理授权、合作协议等方式明确资源使用范围与条件；通过用户教育与引导提升公众版权意识与道德水平。

（五）安全保障：守护数字资源安全防线

安全保障是数字资源库建设与共享不可或缺的一环。图书馆应采取多种措施确保数字资源的安全性与稳定性。这包括建设高可用性的数据存储中心与备份系统；采用先进的加密技术保护数据传输与存储过程中的安全；建立完善的安全监测与应急响应机制，及时发现并应对潜在的安全威胁；加强网络安全防护能力，抵御黑客攻击与网络病毒等风险。

此外，图书馆还应注重数字资源的长期保存与可持续利用问题。通过制定科学合理的数字资源保存策略与计划，采用先进的数据存储与管理技术，建立完善的数字资源评估与淘汰机制等措施，确保数字资源的长期可访问性与可用性。

二、虚拟现实与增强现实技术的应用

随着数字化技术的飞速发展，虚拟现实（VR）与增强现实（AR）作为前沿的展示手段，正逐步渗透图书馆的文化展示领域，为传统阅读与文化传播带来了革命性的变革。这两项技术以其独特的沉浸式体验、交互性强及信息呈现方式的多样性，为图书馆的文化展示开辟了新的可能性，展现了广阔的应用前景。

（一）沉浸式体验：重构文化认知

虚拟现实技术通过模拟真实或虚构的环境，使用户能够身临其境地体验不同的文化场景。在图书馆的文化展示中，VR技术可以创建出古代文明的复原场景、历史事件的现场重现或是遥远地域的自然风光等，让观众仿佛穿越时空，亲身体验那些难以触及的文化遗产。这种沉浸式的体验方式极大地丰富了观众的感知维度，使得文化信息的传递更加直观、生动，有助于加深观众对文化的理解和认知。

（二）交互性增强：促进文化探索

增强现实技术则将虚拟信息叠加到现实世界中，通过智能手机、平板电脑等设备即可实现。在图书馆的文化展示中，AR技术可以赋予实体展品新的生命力。观众只需通过设备扫描展品上的特定标记，即可触发与之相关的虚拟信息展示，如文字说明、动画演示、语音解说等。这种交互性的增强不仅使展览内容更加丰富多样，还鼓励观众主动探索、发现更多信息，从而更深入地了解展品背后的文化内涵。

（三）个性化展示：满足多元需求

虚拟现实与增强现实技术还具备高度的个性化定制能力。图书馆可以根据不同观众的兴趣、年龄、知识水平等因素，为他们量身定制专属的文化展示内容。例如，对于儿童观众，可以设计趣味性强、色彩鲜艳的 VR 故事体验；对于学者或研究人员，则可以提供详细的数据分析、文献链接等深度内容。这种个性化的展示方式不仅提高了观众的参与度和满意度，还促进了文化知识的精准传播与普及。

（四）拓展展示空间：打破物理限制

传统图书馆的展示空间有限，往往难以容纳大量的展品或同时满足众多观众的参观需求。而虚拟现实与增强现实技术则能够打破这一物理限制，通过构建虚拟展厅或增强现实导览系统等方式，将展览内容无限拓展至网络空间。观众无须亲临现场，只需通过互联网即可享受高质量的文化展示服务。这不仅降低了文化传播的门槛和成本，还使得文化资源的共享与利用变得更加便捷高效。

（五）促进文化传承与创新

虚拟现实与增强现实技术在图书馆文化展示中的应用，不仅是对传统文化传播方式的创新，更是对文化传承的积极推动。通过数字化手段保存和再现文化遗产，可以有效避免其因自然磨损、人为破坏等原因而消失的风险。同时，这些技术还鼓励创作者利用传统文化元素进行再创作，推动文化的创新与发展。在虚拟与现实的交融中，传统文化得以焕发新的生机与活力，为现代社会注入更多文化滋养与灵感。

（六）面临的挑战与应对策略

尽管虚拟现实与增强现实技术在图书馆文化展示中展现出巨大的潜力，但其发展也面临着一些挑战，如技术成本高、内容制作难度大、用户体验需持续优化等问题。为了应对这些挑战，图书馆可以采取以下策略：一是加强技术研发与人才培养，提升技术应用的成熟度与普及率；二是加强跨领域合作与交流，共同推动文化展示内容的创新与丰富；三是注重用户体验的反馈与改进，不断提升服务质量与满意度。通过这些努力，虚拟现实与增强现实技术将在图书馆文化展示中发挥更加重要的作用，为文化传承与创新贡献更大的力量。

三、多媒体展示手段的创新

在数字化时代，多媒体技术以其独特的交互性、沉浸感与表现力，成为提升文化展示效果的关键力量。图书馆、博物馆、艺术馆等文化机构纷纷探索多媒体技术的创新应用，通过互动触摸屏、全息投影等前沿技术，为观众带来前所未有的观展体验，让文化遗产与艺术作品焕发出新的生命力。

（一）互动触摸屏：构建知识与艺术的互动桥梁

互动触摸屏技术以其直观、便捷的操作方式，成为文化展示中不可或缺的互动工具。在展览现场，通过设置大型互动触摸屏，观众可以自主浏览展览信息、观看高清图片、视频资料，甚至参与互动游戏与问答挑战。这种"即点即看"的交互模式，不仅打破了传统展板与说明牌的局限性，还极大地提升了观众的参与感与兴趣度。

互动触摸屏的应用还体现在个性化展示上。通过收集观众的浏览数据与兴趣偏好，系统能够智能推荐相关展览内容或文化活动，为观众提供定制化的观展体验。同时，观众还可以在触摸屏上留下自己的评论、反馈或创意作品，与其他参观者共享观点与灵感，形成积极的互动与交流氛围。

（二）全息投影：打造沉浸式的观展体验

全息投影技术作为多媒体展示中的佼佼者，以其三维立体的视觉效果和逼真的场景再现能力，为观众带来了前所未有的沉浸式体验。在文化展示中，全息投影技术可以将历史人物、文物古迹、艺术作品等以全息影像的形式呈现在观众面前，仿佛穿越时空般的与这些文化遗产进行面对面的交流。全息投影的应用不局限于静态展示，还可以与互动技术相结合，创造出更加生动的展示效果。例如，在博物馆的历史展览中，观众可以通过手势控制全息影像的旋转、缩放与移动，近距离观察文物的细节特征；在艺术馆的现代艺术展览中，全息投影技术则可以模拟出艺术家的创作过程与灵感来源，让观众更深入地理解作品的内涵与意义。

（三）虚拟现实与增强现实：拓展展示边界的无限可能

虚拟现实（VR）与增强现实（AR）技术的兴起，更是为文化展示带来了前所未有的变革。VR技术通过模拟出三维环境，让观众仿佛置身于展览现场或历史场景中，实现全方位的感知与体验。在 VR 展览中，观众可以自由地探索展览空间、观察展品细节、参与互动体验，仿佛亲身参与到历史的进程与艺术的创作中。而 AR 技术则通过在现实世界中叠加数字信息，为观众提供更加丰富的视觉体验与互动方式。在 AR 导览系统中，观众只需通过手机或平板电脑等设备扫描展品上的二维码或特定标记，即可获得展品的详细介绍、历史背景、相关故事等附加信息。同时，AR 技术还可以将虚拟元素与现实场景相融合，创造出更加生动有趣的展示效果。例如，在博物馆的考古展览中，AR 技术可以将古代城市、建筑或墓葬等场景以三维模型的形式叠加在展厅中，让观众在现实中感受到历史的厚重与文化的魅力。

（四）智能导览系统：优化观展流程与体验

随着人工智能技术的不断发展，智能导览系统也在文化展示中发挥着越来越重要的作用。智能导览系统通过语音识别、自然语言处理等技术，实现了与观众的智能交互并提供个性化服务。观众只需通过语音指令或手机 APP 等方式输入需求，系统即可快速响应并提供相应的展览信息、导览路线、语音讲解等服务。智能导览系统不仅提升了观展的便捷性与效率，还通过数据分析与挖掘技术为文化机构提供了宝贵的观众行为数据与反馈意见。这些数据有助于文化机构更好地了解观众需求与兴趣偏好，优化展览内容与布局设计，提升整体展示效果与服务质量。

多媒体技术在文化展示中的应用与创新不仅丰富了展示手段与形式，还极大地提升了观众的参与感与体验感。随着技术的不断进步与应用的深入拓展，我们有理由相信多媒体展示手段将在文化领域发挥更加重要的作用。

四、数字平台与社交媒体的整合

在当今数字化时代，数字平台与社交媒体的兴起为图书馆的文化展示带来了前所未有的机遇。通过深度融合这些平台，图书馆能够跨越传统界限，将丰富的文化资源以更加生动、便捷的方式呈现给广大公众，从而极大地扩大其文化影响力。

（一）构建多元化数字平台，实现资源共享

图书馆应积极构建或优化自身的数字平台，如官方网站、移动应用、在

线数据库等，以提供一站式、全天候的文化服务。这些平台不仅应包含馆藏资源的数字化展示，还应整合学术资源、文化活动信息、在线教育课程等多种内容，满足不同用户群体的多元化需求。通过数字化手段，图书馆打破了物理空间的限制，使得珍贵的文化资源得以跨越地域界限，实现全球范围内的共享与交流。

（二）利用社交媒体，增强互动与传播力

社交媒体以其广泛的用户基础和强大的传播能力，成为图书馆推广文化展示的重要渠道。图书馆应在微博、微信、抖音、Instagram 等主流社交媒体平台上开设官方账号，定期发布展览预告、活动信息、文化资讯等内容，吸引用户关注与参与。同时，通过社交媒体的互动功能，如评论、点赞、分享等，图书馆可以及时了解用户反馈，调整展示策略，增强与用户的连接与互动。此外，图书馆还可以利用社交媒体的数据分析工具，精准定位目标受众，制定更加有效的传播策略，提升文化展示的传播力和影响力。

（三）创新内容形式，提升用户体验

在数字平台与社交媒体的整合过程中，图书馆应注重内容形式的创新，以提升用户体验。这包括采用高清图片、视频、音频等多媒体形式展示文化资源，制作生动有趣的文化解读视频、互动问答、在线讲座等内容，以及利用虚拟现实（VR）、增强现实（AR）等前沿技术打造沉浸式文化体验等。通过不断创新内容形式，图书馆能够吸引更多用户的关注与兴趣，使他们在享受文化盛宴的同时，也能感受到科技带来的便利与乐趣。

（四）强化品牌建设，塑造独特形象

在数字化时代，品牌建设对于图书馆来说至关重要。通过整合数字平台与社交媒体资源，图书馆可以塑造出独特的品牌形象和文化氛围。这包括设计具有辨识度的视觉识别系统、制定统一的品牌传播策略、打造具有影响力的文化 IP 等。同时，图书馆还应注重与用户的情感连接与价值共鸣，通过讲述文化故事、传递人文精神等方式，增强用户对品牌的认同感和归属感。一个具有鲜明品牌形象和文化特色的图书馆，不仅能够吸引更多用户的关注与参与，还能够在激烈的市场竞争中脱颖而出，成为文化传播的重要力量。

（五）加强合作与交流，拓展传播渠道

在数字化展示技术的应用过程中，图书馆还应积极寻求与其他机构、组织的合作与交流。这包括与博物馆、艺术馆、教育机构等建立合作关系，共同策划与推广文化展览与活动；与科技公司、互联网企业等开展技术合作，引入先进的数字化展示技术与解决方案；与国际图书馆协会、文化组织等建立联系，参与国际文化交流与合作等。通过加强合作与交流，图书馆能够不断拓展自身的传播渠道与影响范围，为文化传播事业贡献更多的力量与智慧。

数字平台与社交媒体的整合为图书馆的文化展示带来了前所未有的机遇与挑战。通过构建多元化数字平台、利用社交媒体增强互动与传播力、创新内容形式提升用户体验、强化品牌建设塑造独特形象及加强合作与交流拓展传播渠道等措施的实施，图书馆能够充分发挥数字化展示技术的优势与潜力，将丰富的文化资源以更加生动、便捷的方式呈现给广大公众，从而进一步拓宽文化传播的边界与扩大影响力。

五、数字化保护与修复技术

在时间的长河中，珍贵文献与艺术品作为人类文明的瑰宝，承载着丰富的历史信息与文化价值。然而，这些宝贵的遗产往往面临着自然侵蚀、人为破坏及不可抗拒的灾难性事件等威胁。数字化技术的快速发展为文化遗产的保护与修复开辟了新的途径，成为守护这些无价之宝的重要力量。

（一）数字化采集与记录：建立精准的数字档案

数字化采集与记录是数字化保护与修复的第一步。通过高精度扫描、摄影测量、三维建模等先进技术，可以实现对珍贵文献、艺术品等文化遗产的全面、细致、无损的数字化采集。这一过程不仅保留了文化遗产的物理形态与细节特征，还为其建立了精准的数字档案，为后续的保护、研究与展示提供了可靠的数据基础。

在数字化采集过程中，注重数据的质量与完整性至关重要。高清晰度的图像、精确的尺寸数据、丰富的色彩信息及必要的光谱分析数据等，都是构

建完整数字档案不可或缺的元素。此外，通过元数据标引与知识图谱构建，可以进一步揭示数字档案之间的内在联系，形成系统化的知识库，为文化遗产的深入研究与利用提供有力支持。

（二）数字化仿真与复原：重现历史风貌

数字化仿真与复原技术是数字化保护与修复的又一重要手段。通过对文化遗产的数字档案进行深入分析，利用计算机图形学、虚拟现实等技术，可以高精度地复原文化遗产的历史原貌或受损前的状态。这种技术不仅让公众有机会目睹那些已经消失或难以亲眼见到的文化遗产，还为文物修复工作提供了重要的参考依据。在数字化仿真与复原过程中，注重历史信息的准确性与艺术效果的呈现是关键。一方面，需要深入挖掘历史文献、考古资料等相关信息，确保复原结果的历史真实性；另一方面，还需运用艺术创作的手法，将文化遗产的独特魅力与审美价值完美呈现。

（三）数字化监测与预警：预防灾害性破坏

数字化监测与预警系统为文化遗产的保护提供了实时、高效的技术支持。通过部署传感器网络、集成数据分析与智能算法等技术手段，可以实现对文化遗产环境参数的实时监测与数据分析。一旦发现异常情况或潜在风险，系统将立即发出预警信号，为及时采取保护措施提供有力支持。数字化监测与预警系统的应用范围广泛，包括温湿度控制、光照强度监测、震动与位移监测等多个方面。通过持续的数据收集与分析，可以掌握文化遗产的保存状态与环境变化规律，为制定科学合理的保护方案提供科学依据。

（四）数字化修复与增强：科技赋能传统修复技艺

数字化修复与增强技术为传统修复技艺注入了新的活力。在传统修复过程中往往需要依赖修复师的经验与技艺，而数字化技术则可以为这一过程提供更加精准、高效的辅助。例如，通过数字化仿真技术模拟修复方案的效果，为修复师提供直观的参考；通过三维扫描与建模技术精确测量文物的尺寸与形状，为修复材料的制作提供精确数据；通过虚拟现实技术模拟修复过程，提升修复师的操作技能与效率。此外，数字化技术还可以为修复后的文化遗产增添新的展示方式。例如，利用全息投影技术将修复后的文物以三维立体的形式呈现在观众面前，让观众能够全方位、多角度地欣赏文物的美丽与魅力；通过数字孪生技术构建文物的虚拟模型，实现文物在不同时间与空间中的穿越与再现。

数字化保护与修复技术在守护文化遗产方面发挥着重要作用。通过数字化采集与记录、仿真与复原、监测与预警以及修复与增强等技术的综合应用，我们可以为珍贵文献、艺术品等文化遗产提供更加全面、深入、高效的保护与支持，让它们得以跨越时空的限制，继续传承与发扬人类文明的璀璨光辉。

第四节 读者参与与文化互动体验

一、读者导览与解说服务

在图书馆这一知识与文化的殿堂中，专业的导览与解说服务不仅是连接读者与馆藏资源的桥梁，更是提升读者参观体验、促进文化深度互动的重要手段。通过精心设计的导览流程、个性化的解说内容及多元化的互动方式，图书馆能够营造出一种沉浸式的文化氛围，让读者在探索知识的同时，享受到一场场精彩的文化盛宴。

（一）构建全面而细致的导览体系

一个完善的导览体系是提供专业导览服务的基础。图书馆应首先绘制详尽的导览地图，明确标注各楼层的功能区分布、特色馆藏位置及重要服务设施，如自助借还机、电子阅览室等。同时，利用数字化技术，开发在线导览系统，通过虚拟现实（VR）或增强现实（AR）技术，让读者在到达图书馆之前就能对整体布局有初步了解。此外，设置清晰的指示标识和导向系统，如地面引导线、楼层索引牌等，确保读者能够轻松找到目的地。

（二）打造个性化解说内容

解说内容的个性化与深度是提升读者体验的关键。图书馆应根据不同读者的兴趣和需求，设计多样化的解说内容。对于初次到访的读者，可以提供基础版的导览解说，介绍图书馆的历史沿革、基本服务及规章制度；而对于专业学者或特定兴趣爱好者，则可以提供定制化的深度解说，如特定领域的馆藏资源介绍、学术研究成果展示等。解说内容应注重文化内涵的挖掘与传递，通过生动的故事讲述、历史背景介绍等方式，激发读者的兴趣与共鸣。

（三）采用多元化的互动方式

互动性是提升读者参与度和体验感的重要因素。图书馆应积极探索多元化的互动方式，以增强导览与解说服务的吸引力。例如，设置互动展览区，利用触摸屏、虚拟现实头盔等设备，让读者能够亲手操作、亲身体验；举办专题讲座、研讨会等活动，邀请专家学者与读者面对面交流；开展读书会、文化沙龙等社群活动，促进读者之间的思想碰撞与情感交流。此外，还可以利用社交媒体平台，建立线上互动社区，定期发布导览信息、解说视频等内容，吸引更多读者关注和参与。

（四）培养专业导览团队

一支专业的导览团队是提供优质服务的核心力量。图书馆应重视导览人员的选拔与培训，确保他们具备扎实的专业知识、良好的沟通能力和服务意识。导览人员不仅要熟悉图书馆的馆藏资源和服务设施，还要能够根据不同读者的需求，提供个性化的导览建议和解说服务。同时，图书馆还应鼓励导览人员参与学术交流、专业培训等活动，不断提升自身的专业素养和服务水平。

（五）持续优化服务流程与反馈机制

为了不断提升读者导览与解说服务的质量，图书馆应建立完善的服务流程与反馈机制。在服务流程方面，应注重细节管理，确保每一个环节都能顺畅衔接、高效运行。在反馈机制方面，应设立专门的意见箱、在线调查问卷等渠道，收集读者的意见和建议，及时发现问题并采取措施加以改进。此外，图书馆还应定期对导览与解说服务进行评估和总结，提炼成功经验，分析不足之处，为未来的服务优化提供有力支撑。

图书馆在提供读者导览与解说服务时，应构建全面而细致的导览体系、打造个性化解说内容、采用多元化的互动方式、培养专业导览团队以及持续优化服务流程与反馈机制。通过这些措施的实施，图书馆能够显著提升读者的参观体验和文化互动感，进一步发挥其在文化传播与知识普及中的重要作用。

二、互动体验区的设置

在当今文化多元化与体验经济兴起的背景下，设置互动体验区已成为提升文化场所吸引力、促进读者深度参与与文化互动的关键举措。通过精心设计的互动环节与体验项目，读者不仅能够获得知识，更能在情感上产生共鸣，深刻感受到文化的独特魅力与深厚底蕴。

（一）情景模拟：穿越时空的文化之旅

互动体验区的首要任务在于营造一种沉浸式的文化氛围，让读者仿佛置身于历史的长河或特定的文化情境中。为此，可以运用虚拟现实（VR）、增强现实（AR）等前沿技术，打造一系列情景模拟体验项目。例如，在历史博物馆中，读者可以佩戴VR头盔，瞬间穿越到古代战场，感受金戈铁马、烽火连天的历史场景；在艺术展览中，AR技术则能让名画中的场景"活"起来，让读者与画中人物互动，体验艺术的无限想象。

情景模拟不仅有视觉与听觉的沉浸，更应注重触觉、嗅觉等多感官的联动。通过模拟古代市场的喧嚣、宫廷的奢华、自然的宁静等不同环境氛围，让读者在全方位的感受中加深对文化的理解与认同。

（二）互动装置：激发创造力的艺术探索

互动装置艺术以其独特的创意与互动性，成为互动体验区中的一大亮点。这些装置往往集科技、艺术与教育于一体，鼓励读者动手操作、动脑思考，在互动中发现文化的乐趣与奥秘。例如，可以设置一个基于光影互动的艺术装置，让读者通过身体动作控制光影的变化，创作出独一无二的艺术作品；或者设计一款结合传统工艺与现代技术的互动游戏，让读者在玩耍中了解传统文化的精髓与传承价值。互动装置的设置应注重趣味性与教育性的平衡，既要吸引读者的注意力，激发他们的好奇心与探索欲，又要融入丰富的文化内涵与教育意义，让读者在轻松愉快的氛围中收获知识与灵感。

（三）角色扮演：沉浸式的文化体验

角色扮演是一种古老而有效的文化传播方式。在互动体验区中，可以设计一系列以文化为主题的角色扮演活动，让读者通过扮演特定的历史人物、文化使者等角色，深入体验文化的内涵与魅力。例如，在民俗博物馆中，可以设立"传统节庆体验区"，让读者穿上传统服饰，参与模拟的节庆活动，如包粽子、制作灯笼等，感受传统节日的喜庆与热闹；在戏曲表演区，则可以提供戏服与道具，让读者尝试扮演戏曲角色，体验戏曲艺术的魅力与韵味。

角色扮演活动不仅能够增强读者的参与感与代入感，还能让他们在角色扮演的过程中深入理解文化的精髓与价值。通过亲身体验与感受，读者对文化的认知将不再停留在表面，而是深入骨髓之中，成为他们精神世界的一部分。

（四）创意工坊：动手实践的文化传承

创意工坊是互动体验区中不可或缺的一部分。在这里，读者可以亲手制作具有文化特色的手工艺品、参与传统技艺的传承与学习。通过动手实践，读者不仅能够掌握一门技艺、完成一件作品，更能在过程中体会到文化的传承与创新的力量。例如，在陶艺工坊中，读者可以学习拉坯、上釉等陶艺制作技艺，亲手制作一件属于自己的陶艺作品；在书法体验区，则可以学习书法的基本笔画与章法布局，感受书法艺术的独特韵味与魅力。创意工坊的设置应注重实践与教育的结合。通过专业导师的指导与示范，让读者在动手实践的过程中学习到传统文化的精髓与技艺；同时，鼓励读者发挥创意与想象力，将传统文化与现代元素相结合，创作出具有时代特色的文化作品。

互动体验区的设置是提升文化场所吸引力、促进读者深度参与与文化互动的重要手段。通过情景模拟、互动装置、角色扮演及创意工坊等多种形式的互动体验项目，读者能够在轻松愉快的氛围中感受到文化的独特魅力与深厚底蕴，从而更加热爱并传承我们的优秀文化。

三、读者创意与作品的展示

在图书馆这一知识的海洋中，读者的创意与作品如同繁星点点，为文化的天空增添了无限光彩。为了激发读者的创作热情，促进文化互动与共享，图书馆应积极构建多元化、包容性的展示平台，让每一位读者的创意都能得到应有的认可与展现。

（一）设立创意工作坊，激发创作灵感

图书馆应定期举办创意工作坊，邀请艺术家、作家、设计师等各界创意人士作为导师，与读者面对面交流，分享创作经验，激发创作灵感。工作坊内容可涵盖文学创作、艺术创作、数字媒体设计等多个领域，满足不同读者的兴趣与需求。通过实践操作、小组讨论等形式，让读者在轻松愉快的氛围中，将内心的想法转化为具体的作品。

（二）搭建线上展示平台，拓宽展示渠道

随着互联网的普及，线上展示平台成为不可或缺的一部分。图书馆应充分利用自身网站、社交媒体等线上资源，搭建专门的读者作品展示区。读者可以通过上传图片、视频、音频等形式，展示自己的创作成果。同时，图书馆还可以设置投票、评论等互动功能，让读者之间能够相互欣赏、交流心得，形成积极向上的创作氛围。线上展示平台不仅打破了地域限制，让更多人有机会看到并了解读者的作品，还使图书馆与读者之间建立了更加紧密的联系。

（三）举办作品展览，增强仪式感与荣誉感

除了线上展示外，图书馆还应定期举办线下作品展览，为读者的创意作品提供实体展示的空间。展览可以围绕特定主题展开，如"青年艺术家作品展""读者原创文学大赛获奖作品展"等，通过精心设计的展览布局和专业的策展团队，将读者的作品以最佳状态呈现给公众。展览期间，图书馆可以邀请行业专家、知名人士进行点评与颁奖，增强读者的仪式感与荣誉感。同时，展览也为读者提供了与观众面对面交流的机会，让他们能够直接听到观众的反馈与建议，从而进一步完善创作。

（四）开展创作竞赛，激发创作热情

为了更好地激发读者的创作热情，图书馆可以联合相关机构或企业举办各类创作竞赛。竞赛主题应紧贴时代脉搏，关注社会热点，鼓励读者用创意与才华去表达自己的想法与观点。竞赛形式可以多样化，如征文比赛、摄影大赛、短视频创作等，以满足不同读者的创作需求。通过设立丰厚的奖品与证书，可以吸引更多读者参与其中。同时，图书馆还可以为获奖作品提供额外的展示机会，如推荐发表、出版成书等，让优秀作品能够走向更广阔的舞台。

（五）构建读者社群，促进文化互动与交流

　　为了加强读者之间的联系与互动，图书馆可以构建读者社群，如微信群、QQ 群、论坛等，为读者提供一个自由交流、分享创作的平台。社群内可以定期举办线上研讨会、创作分享会等活动，让读者能够相互学习、共同进步。同时，社群也是图书馆发布创作活动信息、收集读者反馈的重要渠道。通过社群的建设与管理，图书馆能够更好地了解读者的需求与期望，为提供更加精准、贴心的服务奠定基础。

　　图书馆在鼓励读者参与创作并为其作品提供展示平台方面，应立足于激发创作灵感、拓宽展示渠道、增强仪式感与荣誉感、开展创作竞赛以及构建读者社群等多个维度。通过这些措施的实施，不仅能够为读者提供一个展示自我、交流互动的平台，还能够进一步丰富图书馆的文化内涵，推动文化的传承与创新。

四、文化沙龙与讲座的举办

　　在图书馆这一知识的殿堂与文化的绿洲中，举办文化沙龙与讲座不仅是传递知识与智慧的重要方式，更是促进读者之间文化交流与思想碰撞的宝贵平台。通过这些活动，读者可以跨越年龄、职业、背景的界限，共同探索文化的深度与广度，享受思想激荡带来的乐趣与启迪。

（一）多元主题，激发探索欲望

　　文化沙龙与讲座的主题选择至关重要，它们应涵盖广泛的文化领域，从古典文学到现代艺术，从历史哲学到科技创新，无一不成为激发读者探索欲望的源泉。图书馆应根据读者的兴趣与需求，精心策划一系列多元化、有深度的主题，确保每次活动都能吸引不同背景、不同兴趣的读者参与。同时，邀请领域内的专家学者、知名作家、艺术家等作为主讲嘉宾，以他们的专业视角与独特见解，为读者带来一场场精彩纷呈的文化盛宴。

（二）互动环节，促进深度交流

　　文化沙龙与讲座不仅仅是单向的知识传授，更应是双向或多向的思想交流。因此，在活动设计中，应充分融入互动环节，鼓励读者与嘉宾、读者与读者之间展开深入的对话与讨论。这些互动环节可以包括现场提问、小组讨

论、观点分享等多种形式，旨在营造一个开放、包容、自由的交流氛围。通过互动，读者不仅能够获得来自嘉宾的专业解答与指导，还能在与其他读者的交流中拓宽视野、深化思考，共同构建一个丰富多彩的文化交流网络。

（三）线上线下融合，拓宽参与渠道

随着互联网的快速发展，线上平台已成为文化传播与交流的新阵地。图书馆在举办文化沙龙与讲座时，应积极探索线上线下融合的新模式，拓宽读者的参与渠道。一方面，通过图书馆官方网站、社交媒体等线上平台发布活动信息、直播活动现场、收集读者反馈等，让无法亲临现场的读者也能享受到文化的滋养；另一方面，线下活动则应注重现场体验与氛围营造，通过精心布置的活动场地、周到的服务安排等，为到场读者提供一个舒适、愉悦的交流环境。线上线下相融合的模式，不仅能够扩大活动的受众范围与影响力，还能让更多读者跨越地域限制，共同参与文化交流活动。

（四）持续反馈，优化活动质量

为了不断提升文化沙龙与讲座的举办质量，图书馆应建立健全的活动反馈机制。每次活动结束后，可以通过问卷调查、访谈等方式收集读者的意见与建议，了解他们对活动主题、嘉宾表现、互动环节等方面的满意度与改进意见。同时，图书馆还应定期对活动进行总结与评估，分析活动的亮点与不足之处，为后续的活动策划提供参考与借鉴。通过持续反馈与不断优化，图书馆能够确保文化沙龙与讲座始终保持高水平的举办质量，为读者带来更加优质的文化交流体验。

（五）培育社群，强化文化认同

文化沙龙与讲座的举办不仅在于单次活动的成功，更在于长期文化社群的培育与构建。图书馆应充分以这些活动作为契机，鼓励读者之间建立联系、形成社群。通过组织定期的聚会、交流会等活动，加强读者之间的沟通与联系；同时，还可以利用线上平台建立读者社群，方便他们随时随地进行交流与分享。在这个过程中，读者将逐渐形成一个具有共同文化兴趣与价值观的社群，共同推动文化的传承与发展。这种文化社群的培育与强化，不仅有助于提升读者的文化认同感与归属感，还将为图书馆的文化传播与交流事业注入源源不断的活力与动力。

五、反馈机制的建立与完善

在图书馆致力于提升文化展示与互动体验的过程中，建立一套高效、全面的读者反馈机制至关重要。这一机制不仅是图书馆了解读者需求、评估服务质量的重要窗口，更是推动服务持续改进、增强读者参与感与满意度的关键途径。

（一）多元化反馈渠道的铺设

为了确保读者能够便捷地表达意见与建议，图书馆应铺设多元化的反馈渠道。除了传统的意见箱、留言簿外，还应充分利用现代信息技术，如设立在线反馈表单、开通电子邮箱、建立社交媒体客服账号等，让读者能够随时随地提交反馈。同时，图书馆还可以定期举办读者座谈会、问卷调查等活动，面对面收集读者的真实想法和感受。

（二）反馈信息的及时响应与处理

对于读者提交的每一条反馈，图书馆都应给予足够的重视和及时的响应。例如，建立专门的反馈处理团队，负责收集、整理、分析反馈信息，并制定相应的改进措施。对于合理且可行的建议，应立即着手实施；对于暂时无法解决的问题，应向读者做出解释说明，并承诺将持续关注并努力改进。通过及时的反馈处理，让读者感受到他们的声音被重视，从而增强对图书馆的信任感和归属感。

（三）反馈结果的透明化展示

为了让读者更好地了解反馈机制的运行情况及其成效，图书馆应将反馈结果的处理过程与结果进行透明化展示。例如，在图书馆网站或社交媒体平台上定期发布反馈处理报告，详细说明哪些建议被采纳并实施了哪些改进措施；同时，对于未被采纳的建议，也应给出合理解释。此外，图书馆还可以开展"读者之星""最佳反馈奖"等评选活动，表彰积极参与反馈并提出建设性意见的读者，以此激励更多读者加入反馈行列。

（四）反馈机制的持续优化与创新

反馈机制并非一成不变，而应随着读者需求和服务环境的变化而不断优化与创新。图书馆应定期评估反馈机制的有效性，收集读者对反馈渠道的满意度调查结果，并根据评估结果对反馈机制进行相应调整。例如，针对读者反馈较多的渠道进行优化升级，提高反馈处理的效率和质量；或者根据读者需求的变化，新增反馈渠道或改进反馈方式。同时，图书馆还应积极探索新技术、新方法在反馈机制中的应用，如利用大数据分析技术挖掘读者潜在需求、利用人工智能技术提升反馈处理的智能化水平等，以不断提升反馈机制的效能和读者的满意度。

（五）构建读者参与的文化氛围

反馈机制的建立与完善不仅仅是技术层面的工作，更是构建读者参与文化氛围的重要举措。图书馆应通过宣传、教育等方式，引导读者树立主人翁意识，并积极参与图书馆的建设与发展。例如，在图书馆内设置宣传展板、播放宣传片等方式介绍反馈机制的重要性和作用；通过举办读者培训会、工作坊等活动提升读者的反馈意识和能力；同时，在图书馆的各项决策和规划过程中充分听取读者意见和建议，让读者成为图书馆发展的重要参与者和推动者。通过构建读者参与的文化氛围，图书馆能够更加准确地把握读者需求和服务方向，为读者带来更加贴心、优质的服务体验。

第五节　展示效果评估与反馈机制

一、评估指标体系的构建

在评估文化展示效果的过程中，构建一个科学合理的评估指标体系是至关重要的。这一体系不仅需要能够全面、客观地反映展示活动的实际成效，还需具备可操作性和可比性，以便为后续的优化与改进提供有力支撑。

（一）内容质量与创新性

内容质量是文化展示效果评估的核心。评估指标体系应首先关注展示内容是否准确、全面、深入地传达了文化的精髓与特色。这要求内容策划者具备深厚的文化素养与敏锐的洞察力，能够精准把握文化的核心要素，并通过生动的形式将其呈现出来。同时，创新性也是不可忽视的评估要素。在尊重传统的基础上，展示内容应勇于尝试新的表现手法、技术手段或视角转换，以吸引更多观众的关注与兴趣，提升展示活动的吸引力和影响力。

（二）观众体验与满意度

观众是文化展示活动的直接参与者与反馈者，他们的体验与满意度是衡量展示效果的重要标准。评估指标体系应包含对观众体验的全面考量，如观展流程的顺畅性、展览环境的舒适度、导览服务的专业性等。此外，通过问卷调查、访谈等方式收集观众对展示内容的理解程度、兴趣点、意见与建议等，也是评估观众满意度的重要途径。这些信息有助于了解观众的真实需求与期待，为展示活动的持续优化指明方向。

（三）传播效果与社会影响力

文化展示活动不仅要在现场产生积极影响，还应具备广泛的传播效果和社会影响力。评估指标体系应关注展示活动在媒体上的曝光度、网络上的讨论热度及引发的社会反响等。这些指标能够反映展示活动在更广泛范围内的传播力与影响力，是衡量其成功与否的重要标志。同时，通过监测和分析相关数据的变化趋势，可以评估展示活动在不同时间节点上的传播效果，为后续的宣传推广策略调整提供依据。

（四）经济效益与可持续性

在构建评估指标体系时，还需考虑文化展示活动的经济效益与可持续性。经济效益方面，可以评估展示活动带来的门票收入、衍生品销售、赞助合作等直接经济收益，以及提升城市形象、促进文化旅游等间接经济效益。可持续性方面，则需关注展示活动在资源利用、环境保护、文化传承等方面的表现。一个成功的文化展示活动不仅要在短期内取得显著成效，还应具备长期发展的潜力与空间，为文化的持续繁荣与传承贡献力量。

（五）反馈机制与持续改进

评估指标体系的构建还应包括一个完善的反馈机制与持续改进的流程。通过定期收集、整理和分析来自各方面的评估数据与信息，可以及时发现展示活动中存在的问题与不足，并据此制定针对性的改进措施。同时，建立一个开放、透明的沟通平台，鼓励观众、专家、媒体等各方积极参与评估与反馈过程，形成多方共治、共同推动的良好局面。这样不仅能够提升评估工作的科学性与公正性，还能为展示活动的持续优化与提升注入源源不断的动力。

二、数据收集与分析方法

在图书馆运营与服务的持续改进过程中，数据收集与分析扮演着至关重要的角色。它不仅帮助图书馆精准把握读者需求、评估各项服务的效果，还为反馈机制的优化提供了科学依据。

（一）问卷调查：精准捕捉读者心声

问卷调查是数据收集的一种经典方式，通过设计科学合理的问卷内容，能够系统地收集到读者的意见、建议及行为数据。在效果评估方面，图书馆可以针对特定服务或活动设计问卷，如阅读推广活动的参与度、满意度调查，馆藏资源的使用频率与满意度调查等。问卷设计应注重问题的全面性、客观性和针对性，确保能够全面反映读者的真实感受和需求。收集到的问卷数据，通过统计分析软件进行处理，可以量化地展示各项指标的得分情况，为服务改进提供数据支持。

（二）深度访谈：挖掘深层次需求与见解

与问卷调查相比，深度访谈更注重对个体经验的深入挖掘和理解。图书馆可以选取具有代表性的读者群体，如常客、特殊需求读者等，进行一对一或小组访谈。访谈内容可以围绕读者对图书馆服务的整体感受、具体服务的体验细节、改进建议等方面展开。通过访谈，图书馆能够捕捉到问卷调查难以触及的深层次需求和见解，为服务的个性化定制和创新提供灵感。访谈记录应详细整理，提炼出关键信息和共性问题，作为反馈机制优化的重要参考。

（三）数据分析软件：智能化处理海量数据

随着大数据时代的到来，图书馆面临的数据量日益庞大。为了高效、准确地处理这些数据，数据分析软件成为不可或缺的工具。这些软件通常具备强大的数据处理能力、丰富的分析模型和可视化展示功能，能够帮助图书馆快速识别数据中的规律和趋势。在效果评估方面，图书馆可以利用数据分析软件对问卷调查、读者行为日志、服务使用记录等多源数据进行整合分析，挖掘出读者偏好、服务效率、资源利用率等方面的关键指标。通过对比分析不同时间段、不同服务项目的数据变化，图书馆可以直观地评估各项服务的效果，为决策制定提供有力支持。

（四）实时监测与反馈系统：即时响应读者需求

除了定期的问卷调查和访谈外，图书馆还应建立实时监测与反馈系统，以便即时捕捉读者在服务过程中的需求和反馈。这可以通过在图书馆内设置电子反馈终端、开发移动应用内的即时反馈功能等方式实现。读者可以在使用服务的过程中随时提交反馈意见或建议，系统则会自动记录并分类处理这些信息。图书馆应设立专门的团队负责监测反馈系统，确保每条反馈都能得到及时响应和处理。通过实时监测与反馈系统，图书馆能够更快地发现问题、解决问题，不断提升服务质量和读者满意度。

（五）数据伦理与隐私保护：确保数据收集与分析的合法性

在数据收集与分析的过程中，图书馆必须严格遵守数据伦理和隐私保护原则。这包括明确告知读者数据收集的目的、范围、方式及用途；确保数据收集过程合法合规；对收集到的数据进行加密存储和安全管理；避免未经授权的数据访问和泄露等。同时，图书馆还应建立数据使用规范和监督机制，确保数据分析结果的公正性和客观性。通过加强数据伦理与隐私保护意识的培养和制度建设，图书馆能够赢得读者的信任和支持，为数据收集与分析工作的顺利开展奠定坚实基础。

三、展示效果的量化与定性分析

在评估文化展示效果的过程中，量化分析与定性分析如同天平的两端，共同构成了评估工作的核心。这两种方法相互补充，共同为我们提供了一个全面、深入的视角来审视展示活动的成效。

（一）量化分析：数据为基，精准描绘展示成效

量化分析通过收集和分析具体的数据指标，为展示效果的评估提供了客观、可量化的依据。这些数据指标包括但不限于观众数量、参与度、传播效果及经济效益等方面。例如，观众数量的统计可以直观反映展示活动的吸引力；参与度的量化则能揭示观众在活动中的投入程度；而传播效果指标和经济效益指标则进一步展示了展示活动在更广泛范围内的影响力和实际收益。量化分析的优势在于其客观性和可比较性，使得评估结果更加清晰、明确。

（二）定性分析：深入探索，揭示展示内涵与价值

与量化分析不同，定性分析更加注重对展示活动内在价值和意义的深入挖掘。它通过对展示内容、观众体验、社会影响力及可持续性等方面的主观评价和分析，揭示了展示活动在文化传承、社会教育、城市形象提升等方面的贡献。定性分析不仅关注展示活动的直接效果，还探讨其长期的社会影响和文化价值。通过访谈、观察、问卷调查等方式收集的信息，定性分析能够为我们呈现一个更加丰富、立体的展示效果画面。这种分析方式的优势在于其能够触及展示活动的深层次内涵，为评估结果增添人文色彩。

在评估实践中，量化分析与定性分析并不是孤立存在的，而是相互依存、相互补充的。量化分析为定性分析提供了数据支撑和实证基础，使得定性分析更加客观、准确；而定性分析则赋予了量化分析以人文内涵和深层意义，使得评估结果更加全面、深刻。因此，在评估展示效果时，我们应综合运用这两种方法，既注重数据的收集与分析，又重视现象的描述与解释。通过量化与定性的有机结合，我们可以更加全面、深入地评估展示效果，为文化展示活动的持续优化与提升提供有力支持。

四、反馈机制的建立与运行

在图书馆致力于提升展示效果与增强读者互动体验的过程中，一个高效、灵敏的反馈机制是不可或缺的。它不仅是图书馆与读者之间沟通的桥梁，更是推动服务持续优化、展示内容不断创新的强大动力。

（一）明确反馈目标，构建多维度反馈体系

反馈机制的建立应始于对反馈目标的清晰界定。图书馆需要明确，反馈旨在收集读者对于展示内容、形式、服务质量等多方面的意见与建议，以便及时调整策略，提升展示效果与读者满意度。为此，图书馆应构建一个多维度的反馈体系，涵盖线上与线下、正式与非正式、即时与定期等多种反馈渠道。线上渠道如官方网站、社交媒体、移动应用内的反馈功能等，便于读者随时随地提交反馈；线下渠道如意见箱、服务台、读者座谈会等，则为读者提供了面对面交流的机会。同时，图书馆还应鼓励读者通过非正式渠道如口头交流、社交媒体评论等表达意见，确保反馈的广泛性和多样性。

（二）确保反馈渠道畅通无阻，提升反馈响应速度

反馈机制的有效运行依赖于畅通的反馈渠道和高效的响应机制。图书馆应确保所有反馈渠道都易于被读者发现和使用，且反馈提交过程简单快捷。为此，图书馆可以在显眼位置设置反馈指引，提供详细的反馈提交步骤说明，并在必要时提供技术支持和帮助。在收到反馈后，图书馆应迅速响应，对合理且可行的建议进行采纳并实施改进；对于暂时无法解决的问题，应向读者做出解释说明，并承诺将持续关注并努力改进。通过提升反馈响应速度，图书馆能够增强读者的参与感和信任感，进而促进更多的反馈产生。

（三）深入分析反馈数据，挖掘潜在需求与改进点

收集到的反馈数据是图书馆优化服务、提升展示效果的重要依据。因此，图书馆应建立科学的数据分析体系，对反馈数据进行深入分析和挖掘。首先，图书馆应对反馈数据进行分类整理，区分出不同类型的意见和建议；其次，运用统计分析方法，量化评估各项指标的得分情况和变化趋势；最后，结合实际情况和读者需求，深入挖掘潜在问题和改进点。通过数据分析，图书馆能够更准确地把握读者的真实需求和期望，为服务的持续优化和展示内容的创新提供有力支持。

（四）建立反馈激励机制，激发读者参与热情

为了鼓励更多读者积极参与反馈，图书馆可以建立反馈激励机制。例如，对于提出建设性意见并被采纳的读者，图书馆可以给予一定的奖励或表彰；对于经常提交反馈且质量较高的读者，图书馆可以邀请其参与服务改进的讨论或决策过程。通过激励机制的建立，图书馆能够激发读者的参与热情和主人翁意识，形成积极向上的反馈氛围。

（五）持续优化反馈机制，保持其活力与有效性

反馈机制并非一成不变，而应随着读者需求和服务环境的变化而持续优化。图书馆应定期评估反馈机制的运行效果，收集读者对反馈渠道的满意度调查结果，并根据评估结果对反馈机制进行相应调整。例如，针对反馈渠道不畅通或响应速度慢的问题，图书馆可以优化反馈流程、提升响应效率；针对反馈数据分析不够深入的问题，图书馆可以加强数据分析团队建设，引入

先进的数据分析工具等。通过持续优化反馈机制，图书馆能够保持其活力与有效性，为展示效果的不断提升和读者互动的深入发展提供有力保障。

五、持续改进与创新

图书馆作为文化传承与知识传播的重要阵地，其文化展示工作的持续改进与创新是推动文化繁荣与发展的重要动力。在评估结果与反馈意见的指引下，图书馆应当积极采取措施，不断优化展示内容、提升展示效果，同时探索新的展示方式与技术手段，以满足公众日益增长的文化需求。

（一）精准定位，优化展示内容

评估结果显示，观众对于展示内容的多样性、深度与趣味性有着较高的期待。因此，图书馆应首先根据评估反馈，对展示内容进行精准定位与优化。这包括：深入挖掘馆藏资源，精选具有代表性、教育性和趣味性的展品；关注社会热点与公众兴趣，及时调整展示主题与内容；加强跨学科融合，打造综合性、多元化的展示体系。通过不断优化展示内容，图书馆能够吸引更多观众的关注与参与，提升展示活动的吸引力与影响力。

（二）强化互动体验，提升观众参与度

观众参与度是衡量展示效果的重要指标之一。为了提升观众的参与感与体验感，图书馆应注重互动环节的设计与实施。这包括：设置互动展览区域，让观众通过触摸、操作等方式近距离感受展品；利用现代科技手段，如虚拟现实（VR）、增强现实（AR）等，为观众带来沉浸式的观展体验；开展丰富多彩的互动活动，如讲座、工作坊、竞赛等，激发观众的兴趣与热情。通过强化互动体验，图书馆能够拉近与观众的距离，增强展示活动的感染力和互动性。

（三）拓宽传播渠道，扩大影响力

在信息化时代，拓宽传播渠道对于提升展示活动的影响力至关重要。图书馆应充分利用各种媒体平台，如社交媒体、官方网站、移动应用等，及时发布展示活动信息，扩大宣传范围。同时，加强与媒体机构的合作，通过新闻报道、专题访谈等形式提高展示活动的曝光度和知名度。此外，图书馆还

可以探索线上线下相结合的展示模式，利用互联网技术打破地域限制，让更多人能够参与展示活动。通过拓宽传播渠道，图书馆能够进一步扩大其文化展示工作的影响力与辐射范围。

（四）注重反馈机制建设，持续优化服务

建立完善的反馈机制是持续改进与创新的重要保障。图书馆应重视观众、专家及社会各界的反馈意见与建议，及时收集、整理并分析这些信息。通过反馈机制的建设与运行，图书馆能够及时了解展示活动中的不足与问题所在，并据此制定针对性的改进措施。同时，图书馆还应将反馈机制纳入日常管理，形成常态化的工作机制与流程。通过注重反馈机制建设并持续优化服务，图书馆能够不断提升其文化展示工作的质量与水平。

（五）推动技术创新与融合应用

技术创新是推动文化展示工作创新发展的关键力量。图书馆应密切关注科技发展趋势与前沿动态，积极探索新技术在展示工作中的应用潜力。例如，利用大数据分析技术精准定位观众需求与兴趣点；运用人工智能技术提升导览服务的智能化水平；尝试将区块链技术应用于展品的保护与溯源等。通过技术创新与融合应用，图书馆能够打破传统展示模式的束缚与局限，为观众带来更加新颖、丰富的观展体验。同时，技术创新也为图书馆的文化展示工作注入了新的活力与动力，推动了其持续发展与进步。

第三章　图书馆与历史文化传承

第一节　古籍保护与修复工作

一、古籍保护政策的制定与执行

在传承与弘扬中华优秀传统文化的征途中，古籍作为历史的见证者与文化的传承者，其保护与修复工作显得尤为重要。图书馆作为古籍收藏与利用的重要机构，必须严格遵循国家及地方制定的古籍保护政策，并采取切实有效的执行措施，以确保古籍的安全与永续利用。

（一）政策遵循：国家与地方双轨并行

图书馆在古籍保护工作中的首要任务是全面理解和深入贯彻国家层面颁布的古籍保护相关法律法规及政策文件。这些政策通常明确了古籍保护的基本原则、目标、任务及具体措施，为古籍保护工作提供了方向性指导和制度性保障。同时，图书馆还需关注并遵守所在地区制定的古籍保护地方性法规和政策，确保在区域范围内实现古籍保护工作的规范化与标准化。

（二）制度建设：构建完善的古籍保护管理体系

为了有效执行古籍保护政策，图书馆需建立健全古籍保护管理体系。这包括制定古籍保护长远规划与年度计划，明确古籍保护工作的目标、任务和时间节点；建立健全古籍管理制度，规范古籍的登记、编目、借阅、复制、修复等各个环节；加强古籍保护队伍建设，培养一批具备专业素养和敬业精神的古籍保护人员；建立古籍保护资金保障机制，确保古籍保护工作的持续投入与有效实施。

（三）环境控制：营造适宜的古籍保存环境

古籍的保存环境对其寿命有着至关重要的影响。图书馆需严格控制古籍保存环境的温湿度、光照、空气质量等因素，以减缓古籍的老化速度。具体而言，应配备先进的温湿度调节设备，确保古籍保存区域的温湿度稳定在适宜范围内；采用遮光窗帘、低照度灯具等措施，减少光照对古籍的损害；保持室内空气清新，避免有害气体和微粒对古籍的侵蚀。

（四）修复技术：传承与创新并重

古籍修复是古籍保护工作的重要组成部分。图书馆应秉持"最小干预"和"可逆性"原则，采用科学合理的修复技术和方法，对受损古籍进行精心修复。同时，注重修复技术的传承与创新，鼓励修复人员学习传统修复技艺，并积极探索新技术、新材料在古籍修复中的应用，以提高修复效率和效果。

（五）数字化建设：推动古籍资源的数字化共享

随着信息技术的飞速发展，古籍数字化已成为古籍保护工作的重要趋势。图书馆应积极推进古籍资源的数字化建设，通过扫描、拍照、录入等方式将古籍内容转化为数字形式，并建立古籍数字资源库，实现古籍资源的在线浏览、检索和下载。这不仅能够有效缓解古籍原件的利用压力，减少物理磨损，还能够拓宽古籍的传播渠道，促进古籍文化的普及与传承。

（六）宣传教育：增强公众古籍保护意识

古籍保护不仅仅是图书馆的责任，也是全社会共同的责任。图书馆应积极开展古籍保护宣传教育活动，通过举办展览、讲座、培训等形式，向公众普及古籍保护知识，提高公众对古籍价值的认识和重视程度。同时，鼓励社会各界参与古籍保护工作，形成全社会共同关注、共同参与古籍保护的良好氛围。

二、古籍存放环境的优化

古籍作为历史的见证与文化的载体，其保护与保存工作至关重要。而存放环境的温湿度、光照等条件是影响古籍保存状态的关键因素。因此，优化古籍存放环境，是确保古籍安全、延长其使用寿命的重要措施。

（一）温湿度控制：营造稳定适宜的微环境

古籍的材质多为纸张、丝绸等易受潮、易变形的物质，对温湿度的变化尤为敏感。理想的古籍存放环境应保持相对稳定的温湿度条件，一般推荐温度为16°C至22°C，相对湿度为45%至60%。为实现这一目标，古籍库房需配备先进的温湿度调控设备，如恒温恒湿空调系统，以实现对库房内温湿度的精确控制与自动调节。同时，定期检查与校准这些设备，确保其正常运行，是维护古籍存放环境稳定的关键。此外，库房内应避免使用加湿器或除湿机等直接对古籍进行处理的设备，以防湿气直接附着于古籍表面，造成损害，而应通过调整库房整体环境来达到适宜的温湿度水平。

（二）光照管理：避免紫外线伤害，合理控制光照强度

光照中的紫外线是古籍保存的天敌，它会导致纸张纤维断裂、颜料褪色等问题。因此，古籍存放区域应严格控制光照条件，避免阳光直射，并采用低紫外线含量的照明设备。同时，合理规划照明布局，确保光照均匀且强度适中，既满足工作人员查阅古籍的需求，又避免对古籍造成损害。在特殊情况下，如需对古籍进行拍照或扫描等数字化处理时，应使用专业的摄影灯箱或光源，确保在完全隔绝紫外线的环境下进行，以减少对古籍的潜在威胁。

（三）空气质量与防尘措施：保持清新洁净的存放空间

空气质量对古籍保存同样重要。古籍库房应定期开窗通风，保持空气流通，以降低室内有害气体的浓度。同时，避免在库房内吸烟、使用化学物品等可能产生有害气体的行为。此外，还应安装空气净化设备，以进一步提高库房内的空气质量。

防尘是古籍保护中不可忽视的一环。灰尘不仅会影响古籍的清洁度，还可能携带微生物，对古籍造成损害。因此，古籍库房应配备有效的防尘设施，如安装防尘门帘、使用密封性良好的书柜等。同时，定期清扫库房地面与书架，保持环境的整洁与卫生。

（四）防灾防虫：构建全方位的安全防护体系

火灾、水灾及虫害是古籍存放面临的重大威胁。因此，古籍库房需建立完善的防灾防虫机制。在防灾方面，应配备消防器材并定期进行检查与维护；

设置火灾自动报警与灭火系统；制定应急预案并进行演练。在防虫方面，可采用物理方法如安装防虫网、使用防虫剂等；定期检查古籍的保存状态，及时发现并处理虫害问题。

优化古籍存放环境是一个系统工程，需要从温湿度控制、光照管理、空气质量与防尘措施及防灾防虫等多个方面入手。通过构建全方位的安全防护体系与采取精细化的管理措施，我们能够为古籍提供一个安全、稳定的保存环境，让这份宝贵的文化遗产得以传承与延续。

三、古籍修复技术的传承与创新

在古籍保护与修复的浩瀚征途中，传统修复技术作为历史长河中璀璨的文化遗产，承载着匠人的智慧与岁月的痕迹。而现代科技的迅猛发展，则为古籍修复工作注入了新的活力与可能性。两者相辅相成，共同推动着古籍修复技术的传承与创新。

（一）传统修复技术的深厚底蕴与精湛技艺

传统古籍修复技术历经千百年的积淀与传承，形成了一套完整而独特的技艺体系。它强调"整旧如旧"的原则，即在保持古籍原貌的基础上，通过精细的手工操作，恢复古籍的完整性和可读性。传统修复技术包括纸张的选择与处理、浆糊的制作与使用、破损部位的修补与加固等多个环节，每一个环节都蕴含着深厚的文化底蕴和精湛的技艺要求。而修复师们凭借敏锐的眼力、灵巧的手法和丰富的经验，使一本本破损不堪的古籍重新焕发生机，让历史的记忆得以延续。

（二）现代科技在古籍修复中的创新应用

随着现代科技的快速发展，越来越多的高科技手段被引入古籍修复工作中，为古籍保护提供了更为科学、高效的方法。例如，数字化技术在古籍修复中的应用日益广泛。通过高精度扫描和图像处理技术，可以将古籍的原貌进行数字化记录，为后续的修复工作提供准确的依据。同时，数字化技术还可以实现古籍内容的在线展示和资源共享，使更多人能够便捷地接触到这些珍贵的文化遗产。此外，现代分析测试技术如光谱分析、显微观察等也被应用于古籍纸张、墨迹等材质的分析，为修复材料的选择和修复方法的制定提供了科学依据。

（三）传统与现代的融合创新

在古籍修复技术的传承与创新过程中，传统与现代并非孤立存在，而是相互融合、相互促进的。一方面，传统修复技术为现代科技的应用提供了坚实的文化基础和技艺支撑；另一方面，现代科技则为传统修复技术注入了新的活力，带来了更多可能性。例如，在古籍纸张的修复过程中，可以利用现代分析测试技术对纸张的成分和结构进行深入研究，从而选择更为合适的修复材料和修复方法。同时，还可以利用数字化技术对修复过程进行全程记录和分析，以便后续修复工作的改进和优化。这种传统与现代的融合创新模式，不仅提高了古籍修复的效率和质量，也促进了古籍保护事业的持续发展。

（四）人才培养与团队建设

古籍修复技术的传承与创新离不开专业人才的培养和团队的建设。图书馆应加大对古籍修复人才的培养力度，通过举办培训班、邀请专家授课等方式，提高修复人员的专业技能和综合素质。同时，还应加强团队建设，鼓励团队成员之间的交流与合作，形成共同学习、共同进步的良好氛围。此外，还应注重引进和培养具有跨学科背景的人才，如化学、材料科学等领域的专家，以推动古籍修复技术的跨学科研究和应用创新。

随着科技的不断进步和人们对文化遗产保护意识的不断提高，古籍修复技术将迎来更加广阔的发展前景。未来，我们可以期待更多高科技手段被应用于古籍修复工作中，如人工智能、虚拟现实等技术的应用将进一步提升古籍修复的智能化和精细化水平。同时，随着国际文化交流的日益频繁和深入，古籍修复技术的传承与创新也将呈现出更加开放和包容的态势。我们有理由相信，在传统与现代的交汇点上，古籍修复技术将绽放出更加璀璨的光芒。

四、古籍数字化备份与存储

在古籍保护与修复工作中，数字化技术的应用为古籍的长期安全保存开辟了新路径。通过为古籍制作电子副本，不仅能够有效缓解实体古籍因频繁翻阅而遭受的物理损耗，还能在灾难发生时提供重要的备份资料，确保文化遗产的安全传承。

（一）高精度扫描与图像处理

古籍数字化备份的首要步骤是高精度扫描。这一过程需采用专业级扫描设备，确保古籍图像的清晰度与色彩还原度达到最佳。针对古籍的不同材质与装帧形式，需灵活调整扫描参数，如分辨率、色彩模式等，以获取高质量的图像数据。扫描完成后，还需对图像进行细致的后期处理，包括去噪、纠偏、色彩校正等，以提升图像质量，为后续的数字化处理与利用奠定基础。

（二）OCR 识别与文本转换

对于具有重要文献价值的古籍，除了图像备份外，还需进行 OCR（光学字符识别）处理，将图像中的文字信息转换为可编辑、可检索的文本格式。这一技术不仅便于用户快速查阅古籍内容，也为古籍数据库的构建与数据挖掘提供了可能。然而，OCR 识别在古籍领域面临着诸多挑战，如古文字体的复杂性、纸张老化导致的字符模糊等。因此，需不断优化 OCR 算法，提高识别准确率，确保文本转换的质量。

（三）元数据构建与信息管理

为了实现古籍数字化资源的有效管理与利用，需为每件古籍构建详细的元数据。元数据应包括古籍的基本信息（如书名、作者、出版年代等）、物理特征（如装帧形式、尺寸、纸张类型等）、内容摘要、版本信息等。通过元数据的构建，可以实现对古籍数字化资源的分类、检索与统计分析，为用户提供便捷的信息获取途径。同时，元数据也是古籍数字化资源长期保存与传承的重要基础。

（四）安全存储与备份策略

古籍数字化资源的安全存储与备份是确保其长期可用的关键。图书馆应采用多层次的安全防护体系，包括物理层面的防火、防水、防盗等措施，以及网络层面的数据加密、访问控制等安全措施。在存储介质的选择上，应兼顾容量、速度、可靠性等因素，采用磁盘阵列、磁带库、云存储等多种存储方式相结合的方案。此外，还需制定完善的备份策略，定期将古籍数字化资源备份至异地或不同存储介质中，以防万一。

（五）长期维护与更新

古籍数字化备份与存储并非一劳永逸的过程，而是需要长期维护与更新的系统工程。随着技术的不断发展与古籍研究的深入，需定期对数字化资源进行更新与完善，包括修正 OCR 识别错误、补充新的元数据、优化数据存储结构等。同时，还需关注数字化资源的安全状况，及时发现并处理潜在的安全威胁，确保古籍数字化资源的长期安全保存与有效利用。

古籍数字化备份与存储是古籍保护与修复工作的重要组成部分。通过高精度扫描、OCR 识别、元数据构建、安全存储与备份以及长期维护与更新等环节的共同努力，我们能够为古籍制作高质量的电子副本，实现其长期安全保存与广泛传播，为后人留下宝贵的文化遗产。

五、古籍保护与修复人才培养

在古籍保护与修复这一古老而又充满挑战的领域，专业人才的培养是确保古籍文化得以传承与发扬的关键。图书馆作为古籍收藏、保护与利用的重要机构，肩负着培养古籍保护与修复专业人才的重大责任。

（一）明确培养目标，构建专业课程体系

图书馆在培养古籍保护与修复专业人才时，首先应明确培养目标，即培养具备扎实专业知识、精湛修复技艺和高度责任感的专业人才。为实现这一目标，图书馆需构建一套科学、系统、全面的专业课程体系。该课程体系应涵盖古籍保护理论、修复技术、材料科学、文献学、历史学等多个学科领域，旨在通过理论与实践相结合的教学方式，全面提升学生的专业素养和综合能力。

（二）强化实践教学，提升动手能力

古籍保护与修复是一门实践性很强的学科，因此实践教学在人才培养过程中具有举足轻重的地位。图书馆应建立专门的古籍保护与修复实训室，配备先进的修复设备和工具，为学生提供充足的实践机会。同时，图书馆还应积极与高校、研究机构及行业专家合作，共同开发实践教学项目，通过模拟修复、现场观摩、专家指导等多种形式，提升学生的动手能力和解决实际问题的能力。

（三）注重师资力量建设，打造高水平教学团队

师资力量是人才培养的关键。图书馆应高度重视古籍保护与修复专业师资队伍的建设，通过引进高水平人才、加强在职培训、鼓励学术交流等方式，不断提升教师队伍的整体素质和教学水平。同时，图书馆还应积极营造尊师重教、严谨治学的良好氛围，激发教师的工作热情和创新能力，为人才培养提供坚实保障。

（四）开展国际交流与合作，拓宽视野与思路

古籍保护与修复是一项全球性的事业，各国在这一领域都积累了丰富的经验和成果。图书馆应积极开展国际交流与合作，与国内外知名图书馆、研究机构及专家学者建立长期稳定的合作关系，共同开展古籍保护与修复的研究与实践工作。通过国际交流与合作，不仅可以引进国外先进的保护理念和技术手段，还可以拓宽学生的国际视野和思路，为培养具有国际竞争力的专业人才奠定坚实基础。

（五）建立人才激励机制，激发创新活力

为了激发古籍保护与修复专业人才的创新活力，图书馆应建立科学合理的人才激励机制。这包括设立专项奖励基金、提供职业发展机会、加强知识产权保护等措施。通过这些措施的实施，可以激励更多的优秀人才投身于古籍保护与修复事业，为这一领域的繁荣发展贡献智慧和力量。

（六）加强宣传与引导，提升社会认知度

古籍保护与修复是一项需要全社会共同参与的事业。图书馆应加强宣传与引导工作，通过各种渠道和方式普及古籍保护与修复知识，提高公众对古籍文化价值的认识和重视程度。同时，图书馆还应积极倡导社会各界关注和支持古籍保护与修复工作，为人才培养和事业发展营造良好的社会氛围。

第二节 地方历史文献的整理与研究

一、地方历史文献的搜集与整理

地方历史文献作为记录某一地区历史变迁、文化传承与社会发展的重要载体，其搜集与整理工作对于图书馆而言，不仅是学术研究的基础，更是传承与弘扬地方文化的使命所在。

（一）广泛搜集：多途径并行，拓宽资源边界

在搜集地方历史文献的过程中，图书馆需采取多途径并行的策略，以确保文献资源的全面性与丰富性。一方面，通过传统的征集方式，如向当地藏书家、家族后裔、历史学者等发出征集启事，鼓励其捐赠或提供线索；同时，加强与地方档案馆、博物馆、文化部门的合作，实现资源共享与互补。另一方面，利用现代信息技术手段，如网络爬虫、社交媒体监测等，广泛搜集散落于互联网上的地方历史文献信息，包括电子书籍、学术论文、网络论坛讨论等。此外，图书馆还应关注地方出版物的发行情况，及时采购新书，以补充馆藏资源。

（二）系统整理：去芜存菁，确保文献质量

搜集到的地方历史文献往往数量庞大、种类繁多，因此系统整理成为必不可少的一环。整理工作首先要进行文献的鉴定与筛选，去除重复、残缺或价值不高的文献，保留具有代表性、稀缺性和研究价值的文献。其次，对保留下的文献进行去污、修补、装订等物理性修复工作，以延长其使用寿命。同时，对文献内容进行数字化处理，如扫描、OCR 识别等，以便于存储、检索与利用。在整理过程中，还需注重文献信息的著录与标引工作，确保每份文献都有准确、完整的描述信息，为后续的分类与检索奠定基础。

（三）科学分类：构建体系，便于检索利用

分类是地方历史文献整理工作的重要环节，它直接关系到文献资源的有效管理与利用。图书馆应根据地方历史文献的特点与需求，构建科学合理的

分类体系。一般而言，地方历史文献的分类可以从时间、地域、主题等多个维度进行。时间上，可以按照历史时期进行划分；地域上，可以根据行政区划或自然地理特征进行归类；主题上，则可以围绕政治、经济、文化、社会等方面进行细分。在分类过程中，还需注意分类标准的统一性与灵活性相结合，既要确保分类体系的严谨性，又要兼顾文献资源的多样性与复杂性。分类完成后，图书馆应编制详细的分类目录与索引系统，便于用户快速准确地检索到所需文献资源。

图书馆在地方历史文献的搜集与整理工作中，需秉持开放合作、科学严谨的态度，通过多途径搜集、系统性整理与科学分类等措施，构建起丰富、有序、可检索的地方历史文献资源体系。这不仅有助于推动地方历史文化的深入研究与传承发展，也为广大读者提供了宝贵的学习与研究资源。

二、地方历史文献的编目与索引

在浩瀚的地方历史文献海洋中，编目与索引系统如同灯塔，为研究者指引方向，确保珍贵的历史资料得以有序整理与高效利用。一个详尽、准确的编目与索引体系，不仅能够极大地方便读者查阅，还能促进地方历史文化的深入研究与传承。

（一）编目体系的设计原则

设计地方历史文献的编目体系时，需遵循科学性、系统性、实用性及可扩展性等原则。科学性要求编目分类合理，遵循学科分类规律；系统性则强调目录结构层次分明，能够全面反映文献内容；实用性则是指编目信息应简明扼要，便于读者快速定位所需资料；而可扩展性则预留了未来文献增加与分类细化的空间。

（二）分类标准的选定与应用

地方历史文献的分类标准需结合文献内容、形式及研究需求等因素综合确定。常见的分类方法包括按历史时期划分、按地域范围区分、按文献类型归类等。在选定分类标准后，需确保其在整个编目体系中的一致性和连贯性，避免分类混乱导致的查阅困难。

（三）编目信息的规范化与标准化

编目信息的规范化与标准化是确保编目质量的关键。这包括文献题名、责任者、出版信息、版本说明、摘要等关键字段的准确著录，以及使用统一的分类代码、标识符等元数据标准。通过规范化与标准化处理，可以提高编目信息的可互操作性，促进文献资源的共享与交流。

（四）索引系统的构建与优化

索引系统是帮助读者快速定位文献中特定信息的重要工具。地方历史文献的索引系统应覆盖文献的关键词、人名、地名、事件名等关键元素，并提供多种检索途径以满足不同读者的需求。同时，随着信息技术的发展，数字化索引系统的建设也日益重要。通过数字化手段，可以实现索引信息的快速检索与远程访问，进一步提高文献资源的利用效率。

（五）维护更新与动态管理

编目与索引系统并非一成不变，需要随着文献资源的不断增加和学科研究的深入而不断维护更新。这包括及时补充新文献的编目信息、调整优化分类标准、更新索引数据库等。此外，还需建立动态管理机制，定期对编目与索引系统进行评估与改进，确保其始终保持良好的运行状态和较高的使用效率。

（六）用户教育与培训

为了充分发挥编目与索引系统的作用，还需加强对读者的用户教育与培训。通过举办讲座、培训班、在线教程等形式，向读者介绍编目与索引系统的使用方法、检索技巧及注意事项等，提高其信息检索能力和文献利用水平。同时，还应建立用户反馈机制，及时了解读者需求和建议，为编目与索引系统的持续优化提供依据。

地方历史文献的编目与索引工作是一项系统工程，需要图书馆等相关机构在科学性、系统性、实用性及可扩展性等方面综合考虑，通过规范化、标准化的处理方式构建详尽、准确的编目与索引体系，并加强维护更新与用户教育培训等工作，以推动地方历史文化的深入研究与广泛传播。

三、地方历史文献的深入研究

地方历史文献作为地域文化的珍贵遗产，蕴含着丰富的历史信息、文化基因和社会变迁的轨迹。图书馆作为文献的集大成者与守护者，有责任也有能力通过组织专家团队对地方历史文献进行深入研究，以挖掘其潜在价值，为地方历史文化的传承与发展贡献力量。

（一）组建跨学科专家团队，构建研究基石

深入研究地方历史文献，需要跨越历史学、文献学、考古学、民俗学等多个学科领域的专业知识。因此，图书馆应积极搭建平台，邀请来自不同学科背景的专家学者组成研究团队。这样的团队不仅能够提供多元化的研究视角，还能在相互交流与碰撞中激发新的研究灵感。同时，图书馆应提供必要的研究条件与资源支持，如文献查阅权限、研究空间、经费补助等，为专家团队的研究工作创造良好环境。

（二）明确研究方向，聚焦核心议题

在深入研究之前，需明确研究方向与核心议题。这要求专家团队对地方历史文献进行全面梳理与评估，结合地方历史文化特色与学术前沿动态，确定具有研究价值与现实意义的研究主题。例如，可以围绕地方历史名人的生平事迹、地方经济文化的兴衰变迁、地方民俗风情的传承演变等方面展开研究。明确的研究方向有助于集中研究力量，深入挖掘文献价值，形成具有影响力的研究成果。

（三）采用科学研究方法，确保研究质量

深入研究地方历史文献，需采用科学的研究方法。这包括文献考证法、比较研究法、历史分析法等多种方法。文献考证法用于核实文献的真实性与可靠性；比较研究法则通过对比分析不同文献之间的异同点，揭示历史事件的内在联系与发展规律；历史分析法则强调将文献置于特定的历史背景下进行考查，以揭示其背后的社会、经济、文化等因素。采用科学的研究方法，能够确保研究过程的严谨性与研究成果的可靠性。

（四）加强学术交流与合作，拓宽研究视野

学术研究是一个开放与互动的过程。图书馆应鼓励专家团队加强与其他学术机构、研究团队及国际同行的交流与合作。通过举办学术会议、研讨会、工作坊等活动，分享研究成果与经验，探讨研究难点与热点问题。同时，积极参与国内外学术合作项目，引进先进的研究理念与技术手段，拓宽研究视野与思路。学术交流与合作不仅能够促进地方历史文献研究的深入发展，还能提升图书馆在学术界的影响力与地位。

（五）注重成果转化与应用，服务地方社会

深入研究地方历史文献的最终目的是更好地服务地方社会。因此，图书馆应注重研究成果的转化与应用工作。一方面，将研究成果以著作、论文、研究报告等形式公开发表或出版，供学术界与社会公众参考借鉴；另一方面，将研究成果融入地方文化旅游、教育普及、城市规划等实践领域，为地方经济社会发展提供智力支持与文化支撑。通过成果转化与应用工作，图书馆能够充分发挥地方历史文献的价值与作用，为地方历史文化的传承与发展做出积极贡献。

四、地方历史文献的出版与传播

地方历史文献作为记录地域社会变迁、文化传承的重要载体，其出版与传播对于深化地方历史研究、弘扬地域文化具有重要意义。图书馆作为文献资源的集散地与知识传播的中心，在推动地方历史文献的出版工作中扮演着不可或缺的角色。

（一）挖掘整理地方历史文献资源

图书馆首先需深入挖掘和整理馆藏及社会各界散存的地方历史文献资源。这包括通过田野调查、征集捐赠、购买交换等多种途径，广泛搜集反映地方历史、文化、民俗等方面的各类文献。同时，运用现代信息技术手段，对文献进行数字化处理，建立地方历史文献数据库，为后续的出版与传播工作奠定坚实基础。

（二）策划出版选题，精选优质内容

在充分掌握地方历史文献资源的基础上，图书馆应联合出版社、研究机构及专家学者，共同策划出版选题。选题应紧密围绕地方历史文化的核心议题，注重挖掘具有独特性、代表性和学术价值的文献内容。通过精选优质文献，进行科学合理的编排与整理，确保出版物的学术性和可读性，以满足读者的多样化需求。

（三）加强编辑出版力量，提升出版品质

图书馆应重视编辑出版队伍的建设，培养和引进具有专业背景和丰富经验的编辑人才，加强编辑人员的业务培训，提高其对地方历史文献的理解能力和编辑水平。同时，建立严格的审稿制度和质量控制体系，确保出版物的学术质量、编校质量和装帧设计均达到较高水平。通过提升出版品质，可以增强出版物的市场竞争力和社会影响力。

（四）拓宽传播渠道，扩大社会影响

在出版工作完成后，图书馆还需积极拓宽传播渠道，扩大地方历史文献的社会影响。一方面，通过图书馆自身的借阅服务、展览展示、学术讲座等形式，向读者推介优秀的地方历史文献出版物；另一方面，利用互联网、社交媒体等新媒体平台，开展线上宣传和推广活动，吸引更多公众关注和参与。此外，还可以与书店、图书馆联盟等合作伙伴建立合作关系，共同推动地方历史文献的广泛传播。

（五）促进学术交流与合作

图书馆在推动地方历史文献出版与传播的过程中，还应注重促进学术交流与合作。通过组织学术会议、研讨会等活动，为专家学者提供交流思想、分享成果的平台；加强与国内外图书馆、研究机构及出版机构的联系与合作，共同开展地方历史文献的整理与研究工作。通过学术交流与合作，不仅可以提升地方历史文献研究的整体水平，还可以为出版工作提供更多的智力支持和资源保障。

（六）关注读者需求，提升服务质量

在推动地方历史文献出版与传播的过程中，图书馆还需始终关注读者需求，不断提升服务质量。通过读者调查、意见反馈等方式，及时了解读者对地方历史文献出版物的需求和评价；根据读者需求调整出版选题和传播策略；加强读者服务工作，提供便捷的借阅、查询和咨询服务；开展读者教育活动，提升公众对地方历史文化的认识和兴趣。通过关注读者需求、提升服务质量，可以进一步激发读者对地方历史文献的关注和热情，推动地方历史文化的传承与发展。

五、地方历史文献数据库的建设

在地方历史文献的整理与研究中，建立地方历史文献数据库是一项具有重要意义的工作。它不仅能够有效整合分散的文献资源，实现资源共享，还能通过便捷的检索功能，极大地提升文献的利用效率与研究价值。

（一）数据库建设的必要性

随着地方历史文献数量的不断增长与种类的日益丰富，传统的纸质文献管理方式已难以满足现代学术研究的需求。建立地方历史文献数据库，能够打破时空限制，实现文献资源的数字化、网络化与智能化管理。这不仅有助于保护珍贵的纸质文献免受物理损耗，还能为研究者提供更为便捷、高效的文献获取途径，促进地方历史文化的深入研究与广泛传播。

（二）构建原则

在数据库建设过程中，应遵循以下原则：一是全面性原则，即尽可能收集齐全的地方历史文献资源，确保数据库的完整性与系统性；二是标准化原则，采用统一的数据格式与编码标准，提高数据的互操作性与可移植性；三是易用性原则，设计友好的用户界面与便捷的检索功能，降低用户的使用门槛；四是可持续性原则，注重数据库的长期维护与更新，确保数据的时效性与准确性。

（三）内容组织

地方历史文献数据库的内容组织应科学合理，既要体现文献的学科属性与地域特色，又要便于用户检索与利用。一般而言，数据库可按照文献类型（如古籍、档案、报刊、图片等)、历史时期、地域范围、主题分类等多个维度进行组织。同时，还需为每份文献提供详细的元数据描述，包括标题、作者、出版信息、摘要、关键词等，以便用户快速定位所需文献。

（四）技术实现

数据库的技术实现涉及多个方面，包括数据采集、处理、存储、检索等。在数据采集阶段，可采用 OCR 识别、人工录入等方式将纸质文献转化为数字资源；在数据处理阶段，需对数字资源进行清洗、去重、标引等处理，以提高数据质量；在存储阶段，应选择稳定可靠的存储系统，确保数据的安全与完整；在检索阶段，则需开发高效的检索算法与查询界面，支持用户通过关键词、作者、时间等多种方式进行检索。

（五）持续维护

地方历史文献数据库的建设并非一蹴而就，而是一个持续不断的过程。为了确保数据库的时效性与准确性，需定期更新数据库内容，补充新发现的文献资源，修正错误信息。同时，还需关注用户反馈，不断优化数据库的功能与性能，提升用户体验。此外，还应加强数据库的安全防护工作，防止数据泄露与非法访问，确保数据库的安全稳定运行。

建立地方历史文献数据库是地方历史文献整理与研究工作的重要组成部分。通过数据库的建设，能够实现文献资源的共享与便捷检索，为地方历史文化的传承与发展提供有力支持。

第三节　历史文化讲座与研讨会

一、讲座与研讨会主题的选定

在策划与组织历史文化讲座与研讨会时，选定一个既符合时代需求又紧扣学术热点的主题，是吸引听众参与、促进学术交流的关键。这一过程需要深思熟虑，综合考量多方面因素，以确保活动的成功与影响力。

（一）洞察时代需求，把握社会脉搏

随着社会的快速发展，人们对历史文化的关注点也在不断变化。因此，选定讲座与研讨会主题时，首先要敏锐地洞察时代需求，把握社会脉搏。这包括关注当前社会热点问题，如文化传承与创新、历史记忆与身份认同、文化遗产保护与利用等，以及它们在历史文化领域中的体现与影响。通过深入了解时代背景和社会需求，可以选定那些既具有现实意义又能引发广泛共鸣的主题，从而吸引更多听众的关注和参与。

（二）追踪学术动态，聚焦前沿议题

历史文化研究是一个不断发展的领域，新的理论、方法和发现层出不穷。在选定讲座与研讨会主题时，必须紧密追踪学术动态，聚焦前沿议题。这要求组织者密切关注国内外历史文化研究的最新成果和趋势，了解学科前沿的热点问题、争议焦点和研究空白。通过深入分析学术动态，可以选定那些具有创新性、探索性和前瞻性的主题，为专家学者提供交流思想、碰撞火花的平台，推动历史文化研究的深入发展。

（三）平衡学术性与普及性，满足不同受众需求

历史文化讲座与研讨会的受众广泛，既包括专业学者和研究人员，也包括普通公众和爱好者。因此，在选定主题时，需要平衡学术性与普及性，以满足不同受众的需求。一方面，要确保主题具有一定的学术深度和广度，能够吸引专家学者进行深入的探讨和交流；另一方面，也要注重主题的普及性和趣味性，使普通公众能够轻松理解并产生兴趣。通过精心设计和巧妙安排，可以使讲座与研讨会既具有学术价值又具有社会影响力。

（四）注重跨学科融合，拓宽研究视野

历史文化研究往往涉及多个学科领域，如历史学、考古学、文学、艺术、社会学等。在选定讲座与研讨会主题时，应注重跨学科融合，拓宽研究视野。通过邀请不同学科背景的专家学者参与讨论和交流，可以促进学科之间的交叉融合和相互启发，从而产生新的研究思路和方法。这种跨学科的合作与交流不仅有助于推动历史文化研究的深入发展，也有助于培养具有综合素质和创新能力的研究人才。

（五）考虑实际条件与可行性，确保活动顺利进行

在选定讲座与研讨会主题时，还需要考虑实际条件与可行性。这包括活动场地、设备设施、经费预算、人员安排等方面的限制因素。通过充分调研和评估，可以确保选定的主题既符合时代需求和学术热点，又具备实际操作的可行性。同时，在制定活动方案时也要预留一定的灵活性和调整空间，以应对可能出现的突发情况，确保活动的顺利进行和圆满成功。

二、邀请专家学者的参与

在举办历史文化讲座与研讨会的过程中，邀请知名专家学者参与是提升活动质量与影响力的关键因素。这些专家学者以其深厚的学术造诣、独特的研究视角和广泛的学术影响力，能够为活动注入新的活力，促进学术交流的深入发展。

（一）学术引领，确保讲座与研讨会的权威性

知名专家学者在各自的研究领域内具有高度的权威性和较大的影响力，他们的参与能够确保讲座与研讨会的学术水平。通过邀请这些专家学者担任主讲人或评议人，可以引入前沿的学术成果和研究成果，为听众带来最新的学术动态与研究成果。同时，专家学者的权威解读和独到见解，能够引导听众深入思考历史文化问题，激发其学术兴趣与探索精神。

（二）多元视角，丰富讲座与研讨会的内容层次

不同领域的专家学者往往具有不同的学术背景和研究方法，他们的参与能够为讲座与研讨会带来多元化的视角和思路。通过跨学科、跨领域的对话与交流，可以打破学科壁垒，促进不同学科之间的融合与渗透。这种多元化的视角不仅能够丰富讲座与研讨会的内容层次，还能够拓宽听众的学术视野，激发其创新思维与跨界合作的能力。

（三）互动交流，增强讲座与研讨会的参与感

知名专家学者的参与还能够增强讲座与研讨会的互动交流环节。在讲座过程中，专家学者通常会设置提问环节，鼓励听众积极提问并予以解答。这种互动交流不仅有助于听众深入理解讲座内容，还能够增进专家学者与听众

之间的沟通与联系。在研讨会中，专家学者之间的讨论与争鸣更是能够激发思想的碰撞与灵感的火花，推动学术研究的深入发展。

（四）扩大影响，提升讲座与研讨会的传播力

知名专家学者的参与还能够显著提升讲座与研讨会的传播力与影响力。他们的名字和研究成果本身就是一种品牌效应，能够吸引更多的听众和媒体关注。通过邀请这些专家学者参与活动，并利用他们的社交媒体、学术网络等渠道进行宣传与推广，可以迅速扩大活动的知名度和影响力。同时，专家学者在活动中的精彩发言和独到见解也容易被媒体和公众所关注并传播开来，进一步提升活动的社会影响力和文化价值。

邀请知名专家学者参与历史文化讲座与研讨会对于提升活动质量与影响力具有重要意义。这些专家学者的参与不仅能够确保活动的学术权威性和内容层次性，还能够增强活动的互动交流与参与感，并扩大活动的传播力与影响力。因此，在策划和组织历史文化讲座与研讨会时，应高度重视对知名专家学者的邀请工作，并努力为他们提供优质的学术环境和交流平台。

三、讲座与研讨会的宣传推广

在策划历史文化讲座与研讨会时，有效的宣传推广策略是吸引听众参与、提升活动知名度的关键。通过整合线上线下的多种渠道，我们可以构建一个全方位、多层次的宣传网络，以吸引更广泛的听众群体。

（一）线上宣传：数字时代的广泛传播

线上宣传以其迅速、便捷的特点，成为吸引听众的重要途径。我们利用社交媒体平台，如微博、微信公众号、抖音等，发布活动预告、嘉宾介绍、亮点内容等，通过图文、视频等多种形式，生动展现讲座与研讨会的魅力。同时，官方网站与专题页面的设立，为听众提供了详尽的活动信息和便捷的报名渠道。此外，我们还与历史文化领域的专业媒体、门户网站建立合作关系，通过新闻稿发布、专题报道等形式，扩大活动的传播范围。

（二）线下宣传：传统方式的深入触达

线下宣传虽然相对传统，但在吸引特定区域或群体听众方面仍具有不可替代的作用。我们设计并制作精美的海报与传单，在人流密集区域如图书

馆、博物馆、高校等进行张贴与发放，直接触达目标受众。同时，与图书馆、博物馆等文化机构建立合作关系，利用其场地资源悬挂宣传横幅、摆放宣传材料，共同推广讲座与研讨会。此外，针对高校师生这一重要受众群体，我们还通过校园广播、海报栏等渠道进行针对性宣传，激发青年学子的兴趣与热情。

（三）创新宣传手法：提升互动与参与感

为了进一步提升宣传效果，我们不断创新宣传手法，增强听众的互动与参与感。在线上，我们利用直播平台进行预热直播和回放分享，让未能到场的听众也能感受到活动的氛围与精彩。同时，设置互动问答与抽奖环节，鼓励听众积极参与并提出问题或分享看法。在线下，我们同样注重与听众的互动，通过现场提问、观众互动等环节，吸引听众积极参与讲座与研讨会。此外，我们还鼓励已参与的听众通过社交媒体分享自己的体验与收获，利用口碑效应吸引更多潜在听众的关注与参与。

通过上述全方位、多层次的宣传推广策略，我们旨在构建一个立体化的宣传网络，将讲座与研讨会的魅力与价值传递给更广泛的听众群体，为活动的成功举办奠定坚实的基础。

四、互动交流环节的设置

在历史文化讲座与研讨会的组织过程中，互动交流环节的设置是至关重要的一环。它不仅能够有效增强听众的参与感与收获感，还能促进知识的传递与思想的碰撞，使活动更加生动、深入且富有成效。

（一）问答环节：即时反馈，深化理解

问答环节是互动交流中最直接、最常见的方式之一。在讲座结束后或某个关键议题讲解后，设立专门的问答时间，允许听众就讲座内容提出疑问或分享见解。主讲人应鼓励这种互动，耐心解答每一个问题，并尽可能用通俗易懂的语言解释复杂的概念，以确保信息的有效传递。同时，问答环节也是检验讲座效果、了解听众需求的重要途径，有助于主讲人及时调整讲解策略，深化听众对历史文化知识的理解与掌握。

（二）小组讨论：集思广益，激发灵感

小组讨论是另一种有效的互动交流方式。在研讨会中，可以根据主题或兴趣点将听众分成若干小组，每组由一名或多名引导者带领，就特定议题进行深入探讨。小组讨论能够打破大众化的交流模式，让听众在更加私密、专注的环境中自由表达观点、分享经验。通过小组讨论，听众不仅能够从不同角度审视问题，还能在相互启发中激发新的灵感与创意，为历史文化研究提供更多元化的视角。

（三）开放论坛：自由发言，促进争鸣

开放论坛是更为开放、自由的互动交流平台。在论坛中，所有参与者都有机会发表自己的见解、提出问题或挑战他人的观点。这种无拘无束的交流方式能够最大限度地激发听众的参与热情与表达欲望，促进不同观点之间的碰撞与融合。开放论坛不仅有助于拓宽历史文化研究的视野与边界，还能在争鸣中推动学术思想的进步与发展。为了确保论坛的顺利进行，组织者应提前制定规则、明确议程，并指派专人担任主持人或评论员，以维护论坛的秩序与氛围。

（四）互动技术辅助：提升体验，增强效果

随着科技的发展，互动技术在历史文化讲座与研讨会中的应用也越来越广泛。通过引入在线投票、实时弹幕、虚拟讨论室等互动技术工具，可以进一步提升听众的参与体验与互动效果。例如，在线投票可以让听众快速表达自己的意见与偏好；实时弹幕则能让听众即时分享自己的思考与感悟；虚拟讨论室则能打破地域限制，让无法亲临现场的听众也能参与讨论。这些互动技术工具的应用不仅丰富了交流形式、提升了活动趣味性，还能在更广泛的范围内传播历史文化知识，激发公众对历史文化的兴趣与关注。

设置有效的互动交流环，节对于提升历史文化讲座与研讨会的品质与效果具有重要意义。通过问答环节、小组讨论、开放论坛及互动技术辅助等多种方式相结合，可以充分激发听众的参与热情与表达欲望，促进知识的传递与思想的碰撞，使活动更加生动、深入且富有成效。

五、讲座与研讨会成果的总结与分享

在历史文化讲座与研讨会结束后，对活动成果进行系统的总结与广泛的分享，不仅是对参与者劳动成果的尊重，更是推动学术交流、促进合作与发展的重要环节。这一过程不仅有助于提炼学术精华，还能激发新的研究灵感，为历史文化领域的持续发展贡献力量。

（一）全面总结活动成果，提炼学术精华

活动结束后，首要任务是组织专人对讲座与研讨会的全过程进行梳理，全面总结活动成果。这包括收集与会专家的发言材料、听众的反馈意见及现场记录等，通过仔细研读和分析，提炼出学术讨论的热点、难点及创新点。同时，对活动中形成的共识、存在的分歧及未来可能的研究方向进行归纳总结，可以形成具有参考价值的学术总结报告。这份报告不仅是对活动成果的集中展示，也是后续研究的重要参考。

（二）搭建分享平台，促进学术交流

为了将讲座与研讨会的成果广泛传播，需要搭建多元化的分享平台。一方面，可以通过官方网站、社交媒体等线上渠道发布活动总结报告、专家发言摘要及现场照片等资料，方便广大网友浏览和下载。另一方面，可以组织专门的学术交流会或座谈会，邀请与会专家和学者就活动成果进行深入探讨和交流，进一步推动学术思想的碰撞与融合。此外，还可以考虑将活动成果整理成论文集或出版物，以便更系统地保存和传播学术成果。

（三）加强合作机制建设，促进共同发展

讲座与研讨会的成功举办，为参与者提供了宝贵的交流与合作机会。为了将这种合作延续下去，需要加强合作机制建设。图书馆可以建立长期的合作关系网络，鼓励与会专家和学者在后续研究中保持密切联系和合作。同时，可以设立联合研究项目或课题，共同攻克历史文化领域中的重大难题。此外，还可以推动跨学科、跨领域的合作与交流，促进不同学科之间的交叉融合和共同发展。

（四）关注听众反馈，优化活动质量

听众是讲座与研讨会的重要参与者之一，他们的反馈意见对于活动的改进和提升具有重要意义。因此，在活动结束后，需要重视听众的反馈意见收集和分析工作。图书馆可以通过问卷调查、访谈等方式收集听众的意见和建议，了解他们对活动的满意度、期望及改进建议等。根据听众的反馈意见，及时总结经验教训，优化活动流程和内容设计，提升活动质量和效果。

（五）弘扬历史文化精神，推动文化传承

历史文化讲座与研讨会的举办，不仅是为了促进学术交流和合作，更是为了弘扬历史文化精神，推动文化传承。因此，在总结和分享活动成果的过程中，要注重挖掘和提炼历史文化中的精华元素和价值观念，通过多种形式进行传播和普及。图书馆可以开展历史文化知识普及活动、举办历史文化展览或演出等，让更多的人了解和热爱历史文化，共同为传承和发展中华优秀传统文化贡献力量。

第四节　青少年历史文化教育

一、历史文化课程的开发与实施

在青少年历史文化教育领域，图书馆作为知识与文化的宝库，扮演着举足轻重的角色。为了吸引并激发青少年对历史文化的兴趣，图书馆需紧密结合青少年特点，开发既有趣味性又具互动性的历史文化课程。

（一）了解青少年兴趣爱好，定制课程内容

青少年时期是好奇心旺盛、求知欲强烈的阶段，他们对新颖、有趣的事物尤为关注。因此，图书馆在开发历史文化课程时，其首要任务是深入研究青少年的兴趣爱好，如热门历史题材、古代科技发明、民俗文化等，以此为基础定制课程内容。课程内容应兼顾历史知识的准确性与趣味性，通过生动的故事讲述、有趣的案例分析，让青少年在轻松愉快的氛围中学习历史文化知识。

（二）融合多媒体元素，增强课程吸引力

在信息化时代，多媒体技术的运用已成为提升教学质量的重要手段。图书馆在历史文化课程中应充分利用图片、音频、视频等多媒体资源，为青少年呈现一个丰富多彩的历史文化世界。例如，通过播放历史纪录片片段，让青少年直观感受历史事件的发生；利用虚拟现实技术，让青少年"穿越"回古代，亲身体验古代生活场景。这些多媒体元素不仅能够增强课程的吸引力，还能帮助青少年更好地理解和记忆历史文化知识。

（三）设置互动环节，促进主动学习

互动性是提升青少年参与度和学习效果的关键。图书馆在历史文化课程中应设置多样化的互动环节，如角色扮演、小组讨论、知识竞赛等，鼓励青少年积极参与其中。通过角色扮演，青少年可以深入了解历史人物的性格特点与时代背景；小组讨论则能激发青少年的思维碰撞与观点交流；知识竞赛则能在竞争中激发青少年的学习热情与成就感。这些互动环节不仅能让青少年在轻松愉快的氛围中学习历史文化知识，还能培养他们的团队协作能力、沟通能力和批判性思维能力。

（四）结合实践活动，深化学习体验

实践是检验真理的唯一标准，也是深化学习体验的重要途径。图书馆在开发历史文化课程时，应注重与实践活动的结合。例如，组织青少年参观历史博物馆、遗址公园等文化场所，让他们近距离接触历史遗迹与文物；开展手工制作、书法绘画等传统文化活动，让青少年在动手实践中感受传统文化的魅力。这些实践活动不仅能让青少年更直观地了解历史文化知识，还能培养他们的观察力、想象力和创造力。

（五）建立反馈机制，持续优化课程

为了确保历史文化课程的有效性与针对性，图书馆应建立科学的反馈机制。通过收集青少年的意见与建议，可以了解他们对课程的满意度与改进需求；同时，定期对课程进行评估与调整，根据青少年的反馈与学习效果不断优化课程内容与教学方式。这种持续改进的过程不仅有助于提升历史文化课程的质量与效果，还能更好地满足青少年的学习需求与期望。

图书馆在开发面向青少年的历史文化课程时，应充分了解青少年的兴趣爱好、融合多媒体元素、设置互动环节、结合实践活动并建立反馈机制。通过这些措施的实施，图书馆能够为青少年提供有趣味性、互动性的历史文化课程，激发他们的学习兴趣与热情，为他们的全面发展奠定坚实的基础。

二、历史文化体验活动的组织

在青少年教育中，历史文化体验活动扮演着举足轻重的角色，它们以生动有趣的方式引领青少年穿越时空，亲身体验历史的厚重与文化的魅力。通过精心策划与组织，这些活动不仅能够丰富青少年的知识储备，更能激发他们对历史的兴趣与热爱，培养其文化自信心和历史责任感。

（一）活动筹备：细致规划，确保安全

组织青少年历史文化体验活动前，详尽的筹备工作是必不可少的。这包括明确活动目标、选定适合青少年年龄段的体验内容、规划活动流程与时间安排等。同时，安全永远是首要考虑的因素，要制定详尽的安全预案，确保活动场地、道具、服装等各方面的安全无虞。此外，还需提前与参与活动的青少年及其家长沟通，明确活动要求与注意事项，争取家长的支持与配合。

（二）角色扮演：身临其境，感受历史

角色扮演是历史文化体验活动中备受欢迎的一个环节。通过精心设计的角色与场景，青少年可以穿越时空，化身为历史人物，亲身体验历史的瞬间。例如，可以组织一场古代宫廷宴会，让青少年扮演皇帝、皇后、大臣等角色，通过服饰、礼仪、言谈举止的模仿，感受古代宫廷文化的独特魅力。又如，在模拟古代战场活动中，青少年可以穿上盔甲、拿起兵器，模拟战斗场景，体验古代军人的英勇与坚韧。这些活动不仅让青少年在玩乐中学习到历史知识，更让他们在角色扮演中感受到历史的温度与深度。

（三）历史场景再现：直观展示，加深理解

为了更直观地展示历史场景，组织者可以运用现代科技手段，如虚拟现实（VR）、增强现实（AR）等，为青少年打造沉浸式的历史体验环境。通

过这些技术手段，青少年可以"走进"历史场景，近距离观察古代建筑、文物、艺术品等，感受历史的真实与细腻。同时，组织者还可以邀请历史学者或专家现场讲解，为青少年解答疑惑，帮助他们更好地理解历史事件的背景、原因及影响。这种直观展示与深入讲解相结合的方式，能够极大地加深青少年对历史的认知与理解。

（四）互动环节：激发思考，促进交流

在历史文化体验活动中设置互动环节也是至关重要的。这些环节可以包括小组讨论、问答竞赛、创意表演等形式，旨在激发青少年的思考与创造力，促进他们之间的交流与分享。通过互动环节，青少年可以就历史问题发表自己的见解与看法，与同伴共同探讨历史的奥秘。这种互动与交流不仅能够增进青少年之间的友谊，还能够培养他们的合作精神、批判性思维与问题解决能力。

（五）后续跟进：巩固成果，持续影响

历史文化体验活动结束后，组织者还需关注活动的后续跟进工作。这包括整理活动照片、视频等资料，制作成纪念册或视频集锦，分发给参与青少年及其家长留念；同时，还可以通过社交媒体等渠道发布活动报道与成果展示，扩大活动的影响力与示范效应。此外，组织者还可以根据活动反馈意见进行总结与反思，不断完善与优化活动方案，为未来的历史文化体验活动提供更加丰富的素材与经验。通过这些后续跟进措施，可以进一步巩固活动成果，让历史文化教育在青少年心中生根发芽并持续产生影响。

三、青少年历史文化兴趣的培养

在青少年成长的关键时期，培养他们对历史文化的兴趣与热爱，不仅有助于拓宽其知识视野，更能深化其文化认同感与民族自豪感。

（一）丰富教育资源，拓宽学习渠道

为了激发青少年的历史文化兴趣，我们的首要任务是提供丰富多样的教育资源。图书馆、博物馆、历史遗址等文化场所应成为青少年学习历史文化的重要阵地。图书馆可定期举办历史文化讲座、展览和读书会，为青少年提

供接触历史文化的机会；博物馆则应运用现代科技手段，如虚拟现实、增强现实等，让青少年在互动体验中感受历史的魅力；同时，鼓励青少年参与历史遗址的考察与探索，亲身体验历史的厚重与深远。此外，互联网也是不可忽视的学习渠道，通过在线课程、历史纪录片、文化类 APP 等，青少年可以随时随地获取历史文化知识，以满足其多样化的学习需求。

（二）创新教学方式，增强学习趣味性

传统的教学方式往往注重知识的传授与记忆，而忽视了青少年兴趣的培养与激发。因此，在历史文化教育中，应积极探索创新的教学方式，以增强学习的趣味性。例如，采用故事化教学方法，将历史事件和人物以生动有趣的故事形式呈现给青少年，让他们在听故事的过程中学习历史文化知识；开展角色扮演活动，让青少年扮演历史人物，通过模拟历史事件来加深对历史的理解与感受；引入游戏化学习元素，设计历史文化主题的游戏或竞赛，让青少年在玩乐中掌握历史文化知识。这些创新的教学方式能够激发青少年的学习兴趣与热情，使他们在轻松愉快的氛围中学习历史文化。

（三）强化实践体验，深化学习感悟

实践是检验真理的唯一标准，也是深化学习感悟的重要途径。在青少年历史文化教育中，应注重实践体验的环节。通过组织参观历史文化遗址、参与历史文化节庆活动、进行历史文化课题研究等方式，让青少年亲身体验历史文化的魅力与价值。在实践过程中，青少年可以近距离观察历史遗迹、感受文化氛围、了解传统文化习俗，从而加深对历史文化的理解与认同。同时，实践体验还能培养青少年的观察力、思考力和创造力，培养他们的创新思维与探索精神。

（四）营造文化氛围，激发学习动力

文化氛围的营造对于培养青少年的历史文化兴趣至关重要。家庭、学校和社会应共同努力，为青少年营造一个充满历史文化气息的学习环境。家庭可以通过阅读历史书籍、观看历史纪录片等方式，引导青少年关注历史文化；学校可以开设历史文化课程、举办历史文化节等活动，为青少年提供展示自我、交流学习的平台；社会则可以通过媒体宣传、公共文化活动等方式，弘

扬历史文化精神，激发青少年的学习动力，培养他们的爱国情怀。在浓厚的文化氛围熏陶下，青少年将更加自觉地学习历史文化知识，培养对历史文化的深厚情感与热爱。

培养青少年对历史文化的兴趣与热爱需要多方面的努力与探索。通过丰富教育资源、创新教学方式、强化实践体验及营造文化氛围等措施的实施，可以有效地激发青少年的历史文化兴趣与热情，为他们的全面发展奠定坚实的基础。

四、家校合作共促历史文化教育

在青少年历史文化教育的广阔舞台上，图书馆作为知识的宝库与文化的传承者，与家庭、学校三者之间的紧密合作，对于构建全面、深入的教育体系至关重要。通过创新合作模式与策略，图书馆能够有效促进家校共育，共同推动青少年对历史文化的深入探索与学习。

（一）搭建资源共享平台，拓宽学习渠道

图书馆应成为家校合作中资源共享的枢纽。一方面，图书馆可定期向学校推荐优质的历史文化书籍、电子资源及在线课程，支持学校教学需求，丰富课堂教学内容。另一方面，图书馆也应向家长开放，提供家庭教育指导服务，引导家长利用图书馆资源为孩子营造良好的家庭学习氛围。同时，图书馆可建立家校互通的资源共享平台，实现书籍借阅、信息查询、活动报名等功能的在线化、便捷化，让家长和学校能够更加方便地获取和利用图书馆资源。

（二）联合举办历史文化活动，增强实践体验

为了增强青少年对历史文化的直观感受和实践体验，图书馆应积极与学校、家长合作，共同策划和举办一系列丰富多彩的历史文化活动。这些活动可以包括历史文化讲座、展览、工作坊、角色扮演游戏等，旨在通过多样化的形式激发青少年的学习兴趣和参与度。在活动中，图书馆可邀请历史学者、文化名人作为嘉宾，为青少年带来专业而生动的讲解；同时，也可鼓励家长与孩子共同参与，增进亲子关系，共同探索历史文化的奥秘。

（三）开展阅读推广计划，培养阅读习惯

阅读是历史文化教育的重要途径。图书馆应联合学校、家长，共同实施阅读推广计划，鼓励青少年多读书、读好书、好读书。图书馆可定期发布阅读推荐书目，引导青少年选择适合自己的历史文化读物；同时，也可通过举办读书会、分享会等活动，为青少年提供展示和交流阅读成果的平台。此外，图书馆还可与学校合作开展阅读挑战赛、阅读积分兑换等活动，激发青少年的阅读热情，培养其良好的阅读习惯。

（四）提供个性化学习支持，关注个体差异

每个青少年都是独一无二的个体，他们在历史文化学习中的兴趣、能力和需求各不相同。因此，图书馆应关注个体差异，为青少年提供个性化的学习支持。图书馆可通过问卷调查、面谈等方式了解青少年的学习需求和兴趣爱好，为其量身定制学习计划和资源推荐。同时，图书馆也应加强数字化建设，利用大数据、人工智能等技术手段为青少年提供更加精准、个性化的学习服务。例如，可以根据青少年的阅读历史和兴趣偏好为其推荐相关书籍和课程；或者通过智能问答系统为青少年解答历史问题、提供学习建议等。

（五）强化家校沟通机制，形成教育合力

家校合作的关键在于建立有效的沟通机制。图书馆应作为桥梁和纽带，加强家校之间的沟通与合作。图书馆可定期举办家校交流会、座谈会等活动，邀请家长、学校代表共同探讨历史文化教育的问题与挑战；同时，也应建立家校联系制度，及时反馈青少年在图书馆的学习情况和表现，共同关注青少年的成长与发展。通过强化家校沟通机制，图书馆能够推动家校双方形成教育合力，共同为青少年创造一个良好的历史文化教育环境。

五、青少年历史文化教育成果的展示与激励

在青少年历史文化教育的过程中，为青少年提供展示自己学习成果的平台，并辅以适当的激励措施，是激发其学习动力、巩固其学习成果、促进其持续发展的重要环节。

（一）搭建多元化展示平台，展现青少年风采

为了全面展示青少年在历史文化学习中的成就与风采，应搭建多元化的展示平台。学校可以定期举办历史文化知识竞赛、演讲比赛、创意作品展示等活动，让青少年在比赛中展现自己的才华与努力；同时，利用校园广播、校报、网站等媒介，对优秀的学习成果进行宣传报道，扩大影响力。此外，还可以与图书馆、博物馆等文化机构合作，为青少年提供更为广阔的展示舞台，如举办青少年历史文化展览、文化沙龙等，让他们的学习成果得到更多人的关注与认可。

（二）建立科学激励机制，激发学习动力

激励是激发青少年学习动力的有效手段。在历史文化教育成果的展示过程中，应建立科学的激励机制，对表现突出的青少年给予适当的奖励与表彰。奖励形式可以多样化，如颁发荣誉证书、奖学金、奖品等，以物质奖励与精神激励相结合的方式，让青少年感受到学习历史文化的价值与荣耀。同时，还可以设立"历史文化小使者""文化传承之星"等荣誉称号，鼓励青少年积极参与历史文化传承与推广活动，培养他们的社会责任感与使命感。

（三）提升社会认可度，营造良好氛围

社会认可度的提升对于青少年历史文化教育成果的展示与激励具有重要意义。社会各界应加强对青少年历史文化教育工作的关注与支持，通过媒体宣传、政策引导等方式，提高历史文化教育的社会影响力。同时，鼓励企事业单位、社会团体等参与青少年历史文化教育项目，为青少年提供更多的实践机会与展示平台。此外，还可以通过建立青少年历史文化教育成果展示与交流机制，加强不同地区、不同学校之间的合作与交流，共同推动青少年历史文化教育事业的繁荣发展。

在搭建展示平台、建立激励机制与提升社会认可度的过程中，应注重青少年的主体地位与个性发展。尊重青少年的兴趣与选择，鼓励他们根据自己的特长与兴趣进行创作与展示；同时，关注青少年的心理需求与成长规律，给予他们足够的鼓励与支持，让他们在展示自己学习成果的过程中感受到成长的快乐与成功的喜悦。通过这些措施的实施，可以进一步激发青少年对历史文化学习的兴趣与热情，促进他们的全面发展与健康成长。

第五节　文化遗产的数字化传承

一、文化遗产数字化技术的应用

在文化遗产保护与传承的浩瀚征途中，数字化技术如同一股强劲的东风，为古老的文明与记忆注入了新的活力。通过精准的记录、安全的存储与生动的展示，数字技术正深刻改变着文化遗产的面貌，使其得以跨越时空的界限，向世人展示其独特的魅力与价值。

（一）精准记录：文化遗产的数字化再现

文化遗产的数字化记录，是保护与传承的第一步。这一过程依赖于高分辨率的扫描、拍摄、录音及录像技术，将文档、档案、手稿、艺术品等转化为数字形式，创建出高度逼真的数字化副本。这些副本不仅保留了文化遗产的原貌，还通过数字手段减少了物理损耗的风险，确保了文化遗产的长期保存。在记录过程中，技术人员还需对文化遗产进行细致的分类与编目，以便后续的检索与管理。

（二）安全存储：构建文化遗产的数字堡垒

数字化文化遗产的存储，需要借助先进的数据存储与备份技术。云存储与分布式存储系统，以其高可靠性、高可扩展性和低维护成本的优势，成为文化遗产数字存储的首选方案。这些系统通过冗余备份、数据加密等手段，确保文化遗产数据的安全无虞。同时，定期的数据维护与更新也是保障存储安全的重要环节。通过构建全方位的安全防护体系，文化遗产的数字堡垒得以稳固建立，为后世的传承提供了坚实的保障。

（三）生动展示：文化遗产的数字化呈现

数字化技术的另一大优势在于其强大的展示能力。通过虚拟现实（VR）、增强现实（AR）等先进技术，文化遗产得以在数字世界中生动再现。VR技术能够创造出身临其境的沉浸式体验，让观众仿佛穿越时空，置身于古老的文化遗址或艺术作品中。而 AR 技术则能在现实世界中叠加数字信息，为观众带来更加直观、互动的学习体验。此外，数字化博物馆与数字图书馆等虚拟机构的出现，也极大地拓宽了文化遗产的展示渠道，使得更多人能够便捷地访问和了解这些宝贵的文化遗产。

（四）技术创新：推动文化遗产数字化深入发展

随着科技的不断进步，文化遗产的数字化工作也在不断创新与发展。例如，人工智能技术的应用使得文化遗产的识别、分类与修复工作更加高效精准。大数据与云计算技术的结合，则为文化遗产的数字化管理与传播提供了强大的支持。同时，跨学科合作与国际合作也成为推动文化遗产数字化深入发展的重要力量。通过汇聚全球的智慧与资源，文化遗产的数字化保护工作正向着更加广泛、深入的方向发展。

（五）文化传承：数字化技术的使命与担当

文化遗产的数字化传承，不仅是技术的革新，更是文化的传承。通过数字化技术，我们可以将那些珍贵的文化遗产以全新的方式呈现给世人，让更多人能够了解、欣赏并传承这些宝贵的文化财富。同时，数字化技术也为文化遗产的保护与修复工作提供了有力支持，使得我们能够更好地保护这些人类共同的记忆与遗产。在未来的发展中，我们有理由相信，数字化技术将继续在文化遗产保护与传承中发挥重要作用，为人类的文明进步贡献更多力量。

二、文化遗产数字化资源的整合与共享

在数字化时代，文化遗产的数字化保护与传承已成为不可逆转的趋势。通过建立文化遗产数字化资源库，实现资源的整合与共享，不仅能够为学术研究、教育普及及公众参与提供丰富的素材与便捷的途径，还能有效促进文化遗产的活态传承与可持续发展。

（一）全面收集与整理，构建数字化资源库

文化遗产数字化资源库的建设，其首要任务是全面收集与整理各类文化遗产的数字化资料。这包括但不限于历史文物的高清图像、三维扫描模型、

视频记录、音频解说、文献档案等。通过采用先进的数字化技术，如高精度扫描、虚拟现实、增强现实等，将文化遗产的实物形态转化为数字形态，实现永久保存与无限复制。同时，对收集到的数字化资料进行系统化整理与分类，建立科学的索引体系与检索机制，确保用户能够迅速找到所需资源。

（二）强化技术支撑，提升数字化质量

文化遗产的数字化涉及多个技术领域，包括图像处理、三维建模、数据压缩、信息安全等。为了确保数字化资源的质量与可用性，必须强化技术支撑，不断提升数字化技术水平。一方面，引入先进的数字化设备与技术，如高精度扫描仪、无人机摄影测量系统、云计算与大数据处理平台等，提高数据采集与处理的效率与精度；另一方面，加强技术研发与创新，针对文化遗产的特殊性与复杂性，开发专门的数字化处理软件与工具，确保数字化资源的真实性与完整性。

（三）促进资源共享，拓宽传播渠道

文化遗产数字化资源库的建立，旨在实现资源的共享与便捷检索。为此，应打破地域与机构的限制，推动文化遗产数字化资源的开放共享。通过建设统一的数字化资源平台，可以实现不同机构间资源的互联互通与互认互用。同时，拓宽传播渠道，利用互联网、移动互联网等新媒体平台，可以将文化遗产数字化资源推送给更广泛的受众群体。通过在线展览、虚拟博物馆、互动体验等方式，让公众能够随时随地接触与了解文化遗产，感受其独特魅力与价值。

（四）加强合作与交流，共促文化传承

文化遗产的数字化传承是一项系统工程，需要政府、学术界、产业界及社会各界的共同努力与协作。因此，应加强合作与交流，形成合力推动文化遗产数字化工作的深入开展。一方面，加强政府与学术界的合作，共同制定文化遗产数字化标准与规范，指导数字化工作的有序进行；另一方面，鼓励产业界参与文化遗产数字化项目，发挥其技术与市场优势，推动数字化成果的转化与应用。同时，加强国际的合作与交流，借鉴国外先进经验与技术，共同应对文化遗产数字化面临的挑战。

文化遗产数字化资源的整合与共享是文化遗产保护与传承的重要途径。

通过构建数字化资源库、强化技术支撑、促进资源共享与加强合作交流等措施的实施，可以有效推动文化遗产的数字化传承与发展，为后人留下宝贵的精神财富与文化遗产。

三、文化遗产数字化传承的创意与创新

在文化遗产的数字化传承之路上，创意与创新的融入如同为古老文明注入了一剂强心针，不仅让文化遗产焕发出新的生命力，更使其以更加多元、互动和引人入胜的形式展现在世人面前。这一过程不仅是对传统传承方式的革新，更是对文化遗产深层价值的深度挖掘与再创造。

（一）跨界融合，打造文化新体验

跨界融合是文化遗产数字化传承中创意展现的重要方式之一。通过将文化遗产与现代科技、艺术设计、影视娱乐等领域相结合，可以创造出全新的文化体验形式。例如，将传统戏曲与虚拟现实技术结合，可以让观众在虚拟空间中亲身体验戏曲表演的魅力；或是将古代建筑元素融入现代建筑设计，让文化遗产以现代设计语言重生。这种跨界融合不仅丰富了文化遗产的表现形式，也让其在新的时代背景下获得了更广泛的传播与认同。

（二）互动叙事，增强参与感与沉浸感

互动叙事是数字化传承中提升用户体验的关键手段。通过构建互动式的故事情节和场景，让观众不再是被动接受信息的角色，而是文化遗产传承过程中的积极参与者。例如，利用增强现实技术为观众提供与文化遗产互动的机会，让他们通过手势、语音等方式与虚拟环境中的文化遗产进行交互；或是开发在线游戏和应用程序，让用户在游戏中扮演角色，体验文化遗产背后的历史故事和文化内涵。这种互动叙事的方式不仅增强了观众的参与感和沉浸感，也使他们更加深入地了解和认同文化遗产的价值。

（三）个性化定制，满足多元化需求

在数字化传承过程中，注重个性化定制也是提升文化遗产吸引力的重要策略。通过收集和分析用户的需求和偏好，可以为用户提供个性化的文化遗产体验服务。例如，根据用户的兴趣和历史背景推荐相关的文化遗产内容；或是提供定制化的文化遗产旅游路线和体验项目。这种个性化定制的方式不

仅满足了用户多元化的需求，也提升了文化遗产的吸引力和影响力。

（四）数据可视化，展现文化遗产的深层价值

数据可视化技术为文化遗产的数字化传承提供了更加直观、生动的展示方式。通过对文化遗产数据进行挖掘和分析，可以将其转化为易于理解和感知的可视化图表、图像和视频等形式。这些可视化作品不仅展示了文化遗产的外部形态和特征，还揭示了其背后的历史变迁、文化内涵和社会价值。这种数据可视化的方式不仅增强了文化遗产的观赏性和教育性，也让观众更加深入地了解和感受文化遗产的独特魅力。

（五）教育普及，拓宽传承渠道与受众

数字化传承为文化遗产的教育普及提供了更加便捷和高效的途径。通过开发在线教育课程、虚拟现实教室和移动学习应用等数字化教育资源，可以让更多人随时随地学习和了解文化遗产知识。这些教育资源不仅涵盖了文化遗产的基础知识、历史背景和文化内涵等内容，还提供了丰富的互动环节和实践机会。通过教育普及的方式，可以拓宽文化遗产的传承渠道和受众范围，让更多人参与文化遗产的保护与传承工作。

创意与创新的融入为文化遗产的数字化传承注入了新的活力与动力。通过跨界融合、互动叙事、个性化定制、数据可视化及教育普及等方式的应用与推广，我们可以让文化遗产以更加多元、生动和富有吸引力的形式展现在世人面前，从而推动文化遗产保护与传承事业的持续发展与繁荣。

四、文化遗产数字化传承的教育与普及

在数字化时代的大潮中，文化遗产的数字化传承不仅是技术创新的体现，更是教育普及与文化传承的重要路径。通过数字化手段，我们能够跨越时空界限，让文化遗产的璀璨光芒照亮更多人的心灵，激发全社会对文化遗产保护的热情与责任感。

（一）创新教育模式，融入数字化资源

教育是传承文化遗产的基石。在数字化背景下，应将文化遗产的数字化资源融入教育体系，创新教育模式与方法。在基础教育阶段，可以通过开发

文化遗产数字化教材、举办在线讲座与工作坊等形式，让学生在互动体验中学习文化遗产知识，感受其历史价值与艺术魅力。高等教育及研究机构则可利用数字化资源库开展深入研究，培养专业人才，推动文化遗产保护与传承的学术进步。

（二）构建数字化学习平台，拓宽学习渠道

随着互联网的普及与发展，构建数字化学习平台成为普及文化遗产知识的重要途径。这些平台可以集教学、展示、交流于一体，为公众提供便捷的学习渠道。通过虚拟现实、增强现实等技术手段，公众可以身临其境地探索古代遗址、博物馆藏品等，以获得沉浸式的学习体验。同时，平台还可以设置互动问答、在线测试等环节，增强学习的趣味性与参与感，提高学习效果。

（三）加强公众宣传，提升保护意识

文化遗产的保护需要全社会的共同努力。通过数字化手段加强公众宣传，是提升全社会文化遗产保护意识的有效途径。组织者可以利用社交媒体、短视频平台等新媒体工具，发布文化遗产相关的图文、视频内容，吸引公众关注与讨论。同时，组织线上线下的文化遗产保护宣传活动，如知识竞赛、主题展览、公益讲座等，增强公众的参与感与责任感。此外，还可以通过数字化手段建立文化遗产保护志愿者网络，鼓励更多人参与文化遗产的保护与传承工作。

（四）推动跨界合作，共创文化遗产数字化传承新生态

文化遗产的数字化传承需要多领域的跨界合作。政府、学术界、产业界及社会各界应携手并进，共同推动文化遗产数字化传承事业的发展。政府可以制定相关政策与规划，为文化遗产数字化传承提供政策保障与资金支持；学术界则负责技术研发与学术研究，为数字化传承提供智力支持；产业界则发挥其技术与市场优势，推动数字化成果的转化与应用；社会各界则通过参与志愿服务、捐赠资金等方式，为文化遗产数字化传承贡献力量。通过跨界合作，可以形成优势互补、资源共享的良好局面，共同推动文化遗产数字化传承事业的繁荣发展。

文化遗产的数字化传承不仅是技术与文化的融合创新，更是教育与普及的重要使命。通过创新教育模式、构建数字化学习平台、加强公众宣传与推

动跨界合作等措施的实施，我们可以让文化遗产的璀璨光芒照亮更多人的心灵，激发全社会对文化遗产保护的热情与责任感，共同守护人类共同的文化遗产。

五、文化遗产数字化传承的国际合作与交流

在全球化的今天，文化遗产的数字化传承已超越国界，成为全人类共同的责任与使命。加强国际合作与交流，不仅能够促进各国文化遗产数字化技术的互鉴与融合，还能共同应对文化遗产保护面临的全球性挑战，推动全球文化多样性的繁荣与发展。

（一）技术共享与标准统一

技术共享是国际合作的基础。各国应秉持开放包容的态度，积极分享在文化遗产数字化过程中的先进技术和成功经验。通过建立技术交流平台、举办技术研讨会和培训班等方式，促进技术的传播与应用。同时，推动文化遗产数字化标准的国际化进程也至关重要。统一的标准能够确保数字化成果的互认与共享，为国际的合作与交流提供便利。各国应共同参与标准的制定与完善，确保标准既符合国际通行做法，又能体现各自的文化特色。

（二）资源共享与协同保护

文化遗产是人类的共同财富，其保护与传承需要各国共同努力。在数字化时代，资源共享成为可能。各国应建立文化遗产数字资源的共享机制，通过云平台、数据库等方式实现资源的集中存储与分布式访问。这不仅有助于减少重复建设，提高资源利用效率，还能为研究者、教育者及公众提供更加便捷的资源获取途径。同时，针对跨国界的文化遗产，各国应加强协同保护，共同制定保护规划、实施保护项目，确保这些文化遗产得到全面、有效的保护。

（三）经验交流与知识传递

经验交流与知识传递是国际合作的重要内容。各国在文化遗产数字化传承过程中积累了丰富的经验，形成了各具特色的实践模式。通过举办国际会议、展览、论坛等活动，可以为各国提供交流经验、分享知识的平台。这些活动不仅能够增进相互了解与信任，还能激发新的灵感与创意，推动文化遗

产数字化传承的创新与发展。同时，各国还应注重文化遗产数字化传承领域的人才培养与学术交流，通过设立奖学金、交换生项目等方式，为青年学者提供学习与研究的机会，促进知识的传递与积累。

（四）共同应对全球性挑战

文化遗产的数字化传承面临着诸多全球性挑战，如技术更新迅速、资金投入不足、法律法规不完善等。这些挑战需要各国携手应对。各国应加强政策对话与协调，共同研究制定应对全球性挑战的策略与措施。例如，在资金投入方面，可以通过设立国际基金、引导社会资本参与等方式，为文化遗产数字化传承提供稳定的资金来源。在法律法规方面，各国应加强合作，共同推动相关国际条约的制定与完善，为文化遗产的数字化保护与传承提供法律保障。

（五）促进文化多样性与包容性

文化遗产的数字化传承旨在保护和传承人类文化的多样性。在国际合作与交流中，各国应尊重彼此的文化差异，弘扬文化多样性。通过数字化手段展示和传播不同国家的文化遗产，可以让世界深入了解和欣赏不同文化的独特魅力。同时，各国还应加强在文化遗产数字化传承中的包容性建设，确保不同群体、不同地域的人们都能平等地参与文化遗产的保护与传承工作。这不仅能够促进全球文化的交流与融合，还能增强人类的共同文化认同感。

加强国际合作与交流是推动文化遗产数字化传承与发展的重要途径。各国应秉持开放包容、互利共赢的原则，加强在技术、资源、经验、资金等方面的合作与交流，共同应对全球性挑战，促进文化多样性与包容性发展，为全人类的文明进步贡献智慧与力量。

第四章 图书馆与社区文化建设

第一节 社区文化活动的组织与参与

一、文化活动类型的多样化设计

在当代社会，图书馆已不仅仅是藏书与借阅的场所，更是社区文化活动的中心与创意的孵化器。为了满足多元化的社区需求，图书馆需精心设计多样化的文化活动，以读书会、讲座、展览等形式为载体，丰富居民的精神生活，促进文化交流与知识传播。

（一）深度阅读引领：打造特色读书会

针对不同年龄层与兴趣爱好的社区居民，图书馆可设立多样化的读书会。对于儿童与青少年，可组织亲子共读会、名著导读会，通过趣味性的阅读任务与角色扮演，激发孩子们的阅读兴趣与想象力。对于成年读者，则可根据时下热门话题或经典文学作品开设专题读书会，邀请作者、学者或文化名人进行分享交流，深化读者对作品的理解与思考。此外，还可设立老年读书角，提供大字版书籍与舒适的阅读环境，让老年人在书香中享受宁静。

（二）知识传递窗口：举办高质量讲座

讲座是图书馆传播知识、启迪思想的重要形式。图书馆应根据社区需求，邀请各领域专家学者，举办涵盖科技、文化、艺术、历史等多方面的讲座。讲座内容应既具学术性又贴近民生，旨在拓宽居民的知识视野，提升文化素养。同时，为了增强讲座的互动性，可采用线上直播与线下参与相结合的方式，让无法亲临现场的居民也能通过网络平台参与讨论，形成广泛的知识共享氛围。

（三）视觉盛宴呈现：策划创意展览

展览是图书馆展示文化成果、激发创意思维的又一重要途径。图书馆可结合地方特色与社区需求，策划主题鲜明、形式多样的展览活动。例如，可以举办地方历史文化展，通过图片、实物、多媒体等形式展现社区的发展历程与人文风貌；也可以策划艺术摄影展、手工艺品展等，为社区居民提供展示自我才华的舞台，同时增进彼此间的了解与欣赏。此外，图书馆还可与博物馆、艺术馆等文化机构合作，引进优质展览资源，为社区居民带来更加丰富多彩的视觉享受。

（四）互动体验升级：创新文化活动形式

为了吸引更多居民参与文化活动，图书馆还应不断创新活动形式，增强互动性与体验感。比如，可以举办文化沙龙、创意工作坊等活动，让居民在轻松愉快的氛围中学习新知识、掌握新技能；也可以利用虚拟现实（VR）、增强现实（AR）等现代科技手段，打造沉浸式文化体验空间，让居民在虚拟世界中探索未知领域、感受文化魅力。通过这些创新活动形式，图书馆不仅能够满足居民多样化的文化需求，还能进一步激发社区的文化活力与创造力。

图书馆作为社区文化活动的组织者与推动者，应紧密围绕社区需求，设计多样化的文化活动。通过打造特色读书会、举办高质量讲座、策划创意展览及创新文化活动形式等措施，图书馆不仅能够为社区居民带来丰富多彩的文化生活体验，还能在促进文化交流、提升文化素养、增强社区凝聚力等方面发挥积极作用。

二、活动策划与宣传的创新

在当今这个信息爆炸的时代，如何有效地策划与宣传社区文化活动，吸引更多居民参与，成为提升社区凝聚力和文化氛围的关键。利用社交媒体、社区公告等多元化渠道进行创新宣传，不仅能够扩大传播范围，还能精准触达目标群体，激发居民的兴趣与热情。

（一）社交媒体：打造互动参与的新平台

社交媒体以其即时性、互动性和广泛覆盖的特点，成为文化活动宣传的重要阵地。通过创建专属的社区文化活动账号，定期发布活动预告、精彩瞬间和幕后花絮，可以有效吸引居民的关注与参与。在内容创作上，应注重创意与趣味性的结合，利用短视频、直播、图文故事等多种形式，展现活动的独特魅力。同时，鼓励居民在社交媒体上分享自己的参与体验，形成口碑传播效应，进一步扩大活动影响力。

（二）社区公告：传统与现代的融合传播

虽然社交媒体风头正劲，但社区公告作为传统的信息传播方式，依然具有其不可替代的作用。在社区公告栏、电梯间、楼道等公共区域张贴精美的活动海报和宣传单页，能够直观地将活动信息传递给每一位居民。在设计上，应追求简洁明了、色彩鲜明，确保信息一目了然。此外，还可以结合社区广播、微信群等现代通信手段，对活动公告进行多渠道、多形式的传播，确保信息覆盖的全面性和有效性。

（三）跨界合作：拓宽宣传渠道与资源

为了进一步提升活动的知名度和吸引力，可以积极寻求与其他机构、企业的跨界合作。例如，与当地学校、企业、艺术团体等建立合作关系，共同策划举办文化活动。通过资源共享、优势互补，不仅能够丰富活动内容和形式，还能借助合作方的宣传渠道和资源，扩大活动的宣传范围。同时，跨界合作还能为社区文化活动注入新的活力与创意，满足居民多样化的文化需求。

（四）互动体验：增强活动的参与感与趣味性

在活动策划阶段，应充分考虑如何增强活动的互动性和参与感。通过设置趣味游戏、互动问答、现场投票等环节，让居民在参与过程中感受到乐趣与成就感。同时，利用虚拟现实（VR）、增强现实（AR）等现代科技手段，可以为居民带来更加沉浸式的体验，让文化活动更加生动有趣。此外，还可以邀请社区居民参与活动的策划与执行，激发他们的创造力和主人翁意识，使活动更加贴近居民的实际需求和兴趣爱好。

（五）持续反馈与改进：构建良性循环的宣传机制

活动结束后，应及时收集居民的反馈意见，了解他们对活动的满意度、建议与期望。通过问卷调查、座谈会等方式，获取第一手资料，为今后的活动策划与宣传提供有力支持。同时，根据反馈结果不断总结经验教训，优化活动方案与宣传策略，形成良性循环的宣传机制。这样不仅能够提高活动的质量和效果，还能增强居民对社区文化活动的认同感和归属感。

利用社交媒体、社区公告等渠道进行活动策划与宣传的创新，是提升社区文化活动参与度和影响力的有效途径。通过不断探索与实践，我们可以为居民带来更加丰富多彩、充满活力的社区文化生活体验。

三、活动资源的整合与利用

在策划与执行高质量的文化活动时，图书馆作为社区文化的核心阵地，不仅需要充分发掘并高效利用内部资源，还应积极寻求外部合作，形成合力，共同推动文化活动的繁荣发展。

（一）内部资源的深度挖掘与优化配置

图书馆拥有丰富的藏书资源、专业的馆员团队及现代化的设施设备，这些都是举办文化活动不可或缺的基石。首先，图书馆应对藏书进行细致梳理，根据文化活动的主题与需求，精选相关书籍与资料，为活动提供坚实的知识支撑。其次，充分发挥馆员的专业优势，通过培训与交流，提升馆员在组织策划、宣传推广、现场服务等方面的能力，确保文化活动的顺利进行。此外，图书馆还应合理利用其空间资源，根据活动类型与规模，灵活布置场地，营造适宜的文化氛围。

（二）外部合作的广泛建立与深度拓展

在内部资源有限的情况下，图书馆应积极寻求外部合作，拓宽资源渠道。一方面，可以与其他文化机构如博物馆、艺术馆、剧院等建立长期合作关系，共同策划联合展览、演出、讲座等活动，实现资源共享与优势互补。另一方面，可以积极与企业、社会团体及个人建立合作，争取资金、物资或技术上的支持，为文化活动的举办提供有力保障。同时，通过社交媒体、官方网站等渠道，广泛宣传文化活动信息，可以吸引更多合作伙伴与参与者的关注与参与。

（三）资源整合的创新实践与效果评估

在资源整合的过程中，图书馆应注重创新实践，不断探索新的合作模式与资源利用方式。例如，可以利用大数据、云计算等现代信息技术手段，对文化活动参与者的偏好、需求进行分析，从而更加精准地定位活动内容与形式；或者通过众筹、众包等方式，吸引社会公众参与文化活动的策划与执行，增强活动的互动性与参与感。此外，图书馆还应建立完善的活动效果评估机制，对每次文化活动的组织策划、执行过程、参与情况及社会影响进行全面评估，总结经验教训，不断优化资源整合策略，提升文化活动质量。

（四）构建持续发展的合作模式与生态体系

为了确保文化活动的长期有效开展，图书馆应致力于构建持续发展的合作模式与生态体系。这包括建立稳定的合作机制，明确各方职责与权益；加强沟通与协调，确保合作项目的顺利推进；注重品牌建设与形象塑造，提升文化活动的社会影响力与美誉度。同时，图书馆还应关注文化产业的最新动态与发展趋势，及时调整合作策略与方向，确保文化活动始终紧贴时代脉搏与社区需求。

图书馆在举办高质量的文化活动时，应注重内部资源的深度挖掘与优化配置，广泛建立外部合作关系，并不断创新资源整合方式与实践。通过构建持续发展的合作模式与生态体系，图书馆将更好地满足社区居民的文化需求，推动社区文化的繁荣发展。

四、活动反馈机制的建立

在社区文化活动的组织与参与过程中，建立一个有效的反馈机制是至关重要的。它不仅能够帮助组织者及时了解居民对活动的看法与感受，还能为活动的持续优化提供宝贵的参考依据。通过构建全面、开放、高效的反馈体系，我们可以不断提升活动的质量与吸引力，提高居民的参与度和满意度。

（一）明确反馈渠道，确保信息畅通

建立活动反馈机制的第一步是明确并公开反馈渠道。这包括但不限于线上平台（如社区网站、社交媒体群组、电子邮箱等）和线下途径（如意见箱、服务台、面对面交流等），确保居民能够便捷地找到并提交自己的反馈意见。同时，对于收到的每一条反馈，都应给予及时的回应与处理，让居民感受到他们的声音被重视和尊重。

（二）设计反馈问卷，收集全面信息

为了系统地收集居民对活动的反馈意见，可以设计专门的反馈问卷。问卷内容应涵盖活动的各个方面，包括活动的整体评价、亮点与不足、改进建议等。通过量化与质化相结合的方式，既能够获取居民对活动的整体满意度，又能够深入了解他们对活动细节的看法与需求。同时，问卷的设计应简洁明了，便于居民快速填写与提交。

（三）组织座谈会与调研，深入了解居民需求

除了问卷调查外，还可以定期组织座谈会与调研活动，以更加直接和深入的方式了解居民对社区文化活动的看法与需求。座谈会可以邀请不同年龄、性别、兴趣爱好的居民代表参加，通过面对面的交流讨论，收集他们对活动的真实感受与改进建议。调研活动则可以通过走访、观察等方式，了解居民在日常生活中的文化需求与期待，为活动的策划提供更加精准的定位。

（四）分析反馈数据，提炼有价值信息

收集到的反馈数据需要经过系统的分析与整理，才能提炼出对活动优化有价值的信息。这包括统计居民对活动的整体满意度、识别活动中的亮点与不足、归纳居民的改进建议等。通过数据分析，我们可以发现活动的潜在问题与改进方向，为后续的策划与执行提供科学依据。同时，还可以将分析结果以报告或图表的形式呈现给相关人员，以便他们更直观地了解活动的效果与居民的反馈。

（五）实施改进措施，持续优化活动内容与形式

根据反馈机制收集到的信息与建议，组织者应积极实施改进措施，持续优化活动内容与形式。这包括调整活动的时间、地点、内容等要素，以更好地满足居民的需求；引入新的元素与创意，以提升活动的吸引力与趣味性；加强活动的宣传与推广，以提高居民的知晓率与参与度等。通过不断的试错与调整，我们可以逐步构建起符合社区居民实际需求与兴趣爱好的文化活动体系，为社区的和谐发展贡献力量。

建立活动反馈机制是持续优化社区文化活动的关键所在。通过明确反馈渠道、设计反馈问卷、组织座谈会与调研、分析反馈数据及实施改进措施等

环节的有机结合，我们可以不断提升活动的质量与吸引力，提高居民的参与度和满意度，为社区的繁荣发展注入新的活力。

五、活动品牌的塑造与推广

在持续举办高质量文化活动的过程中，图书馆应着眼于长远，致力于塑造具有鲜明特色的文化活动品牌，以此扩大社区的文化氛围与影响力。这一过程不仅关乎活动的品质与创意，更涉及品牌形象的塑造与传播策略的制定。

（一）明确品牌定位，彰显文化特色

品牌塑造的首要任务是明确品牌定位，即确定图书馆文化活动在社区乃至更广泛区域内的独特位置与价值主张。这要求图书馆深入了解社区的文化需求与居民的兴趣偏好，结合自身的资源优势与特色，打造具有差异化竞争力的品牌。例如，可以围绕"书香社区""文化创新""知识共享"等核心理念，设计一系列主题鲜明、内容丰富的文化活动，逐步形成独具一格的品牌风格。

（二）提升活动品质，强化品牌内核

品牌的核心在于品质。图书馆应始终把提升活动品质作为品牌塑造的关键，确保每一次文化活动都能为参与者带来深刻的体验与收获。这要求图书馆在活动策划与执行过程中，注重细节打磨与品质控制，从内容选择、嘉宾邀请、现场布置到宣传推广等各个环节，都力求精益求精。同时，鼓励创新思维与跨界合作，不断为文化活动注入新的活力与元素，使其始终保持时代感与吸引力。

（三）构建品牌形象，增强品牌识别度

品牌形象是品牌识别与记忆的重要载体。图书馆应通过视觉识别系统（VI系统）的建设，如设计独特的 LOGO、色彩搭配、字体选择等，形成统一的品牌形象。同时，利用社交媒体、官方网站等线上平台，以及海报、宣传册等线下媒介，多渠道、全方位地传播品牌形象，提高品牌曝光度与识别度。此外，通过举办品牌发布会、文化沙龙等活动，加深公众对图书馆文化活动品牌的认知与认同。

（四）实施精准营销，扩大品牌影响力

在品牌塑造与推广过程中，精准营销是扩大品牌影响力的关键。图书馆应利用大数据、人工智能等现代信息技术手段，对目标受众进行精准分析与定位，制定个性化的营销策略。例如，根据社区居民的兴趣偏好与活动参与记录，推送定制化的活动信息与优惠政策；或者通过社交媒体平台的数据分析，了解用户反馈与需求变化，及时调整活动内容与形式。同时，加强与媒体的合作，通过新闻报道、专题访谈等方式，扩大品牌的社会影响力。

（五）持续优化服务，深化品牌忠诚度

品牌忠诚度的建立需要长期的努力与积累。图书馆应始终把优化服务作为品牌塑造的永恒主题，不断提升参与者的满意度与忠诚度。这要求图书馆在活动策划与执行过程中，注重参与者的体验与感受，及时收集并反馈意见与建议；同时，建立完善的会员制度与积分奖励机制，为忠实参与者提供更多优惠与福利。此外，通过举办年度总结会、表彰大会等活动，表彰优秀参与者与合作伙伴，进一步激发社区的文化热情与参与动力。

图书馆在塑造与推广文化活动品牌的过程中，应明确品牌定位、提升活动品质、构建品牌形象、实施精准营销并持续优化服务。通过这些措施的实施，图书馆将成功打造具有鲜明特色的文化活动品牌，提升社区的文化影响力，为构建和谐社会贡献文化力量。

第二节　居民阅读习惯的培养与引导

一、阅读资源的丰富与更新

在快速发展的信息时代，图书馆作为知识与文化的殿堂，其馆藏资源的丰富性与时效性对于培养与引导居民阅读习惯具有不可替代的作用。为了满足居民日益多元化的阅读需求，图书馆需不断探索与实践，通过科学规划、精准采购、动态调整等策略，实现阅读资源的持续丰富与更新。

（一）深入调研，精准把握居民阅读需求

了解居民的阅读需求是丰富馆藏资源的前提。图书馆应定期开展阅读需求调研，通过问卷调查、读者访谈、数据分析等多种方式，收集并整理居民的阅读偏好、热点关注及潜在需求。这些信息不仅能帮助图书馆精准定位馆藏资源的建设方向，还能为后续的采购决策提供有力支持。同时，图书馆还应关注社会热点、文化趋势及教育政策的变化，及时调整馆藏结构，确保资源的时效性和前瞻性。

（二）多元采购，拓宽资源获取渠道

在明确居民阅读需求的基础上，图书馆应采取多元化采购策略，广泛搜集各类阅读资源。这包括传统纸质图书、电子图书、有声读物、视频资料等多种形式，以满足不同读者的阅读习惯和偏好。图书馆应积极与出版社、书店、数字图书馆等建立合作关系，拓宽资源获取渠道，确保馆藏资源的丰富性和多样性。同时，图书馆还应关注新兴出版技术和平台，如自助出版、按需印刷等，以更加灵活的方式丰富馆藏资源。

（三）动态调整，优化馆藏资源配置

馆藏资源的丰富并非一劳永逸，而是需要随着居民阅读需求的变化而不断调整和优化。图书馆应建立馆藏资源评估机制，定期对馆藏资源的使用情况进行统计分析，识别出借阅率高、评价好的热门资源以及借阅率低、内容过时的冷门资源。对于热门资源，图书馆应加大采购力度，确保其充足供应；对于冷门资源，则应根据实际情况进行淘汰或调整位置，以提高馆藏资源的利用率。此外，图书馆还应关注新兴阅读领域和跨学科资源的发展，及时补充相关资源，以满足居民日益增长的知识需求。

（四）强化推广，引导居民阅读习惯

丰富与更新馆藏资源只是培养居民阅读习惯的第一步，更重要的是通过有效的推广活动引导居民积极参与阅读。图书馆应充分利用自身优势，举办各类阅读推广活动，如读书会、讲座、展览、推荐书目等，激发居民的阅读兴趣。同时，图书馆还应加强与学校、社区、媒体等机构的合作，共同营造浓厚的阅读氛围。通过线上线下相结合的方式，扩大阅读推广的覆盖面和影响力，引导居民养成良好的阅读习惯和终身学习的理念。

　　图书馆在丰富与更新阅读资源的过程中，应始终坚持以居民阅读需求为导向，通过深入调研、多元采购、动态调整和优化资源配置等措施，不断提升馆藏资源的品质与数量。同时，加强阅读推广活动的开展与引导，为居民提供丰富多样的阅读选择和便捷高效的阅读服务，为培养与引导居民阅读习惯奠定坚实基础。

二、阅读推广活动的策划与实施

　　在数字时代背景下，图书馆作为传承文化、启迪智慧的重要场所，承担着激发居民阅读兴趣、培养良好阅读习惯的重要使命。通过精心策划与实施阅读节、读书分享会等一系列阅读推广活动，图书馆能够有效引导居民回归纸质阅读，享受阅读带来的乐趣。

（一）阅读节的全面策划与精彩呈现

　　阅读节是图书馆阅读推广活动的重头戏，旨在通过一系列丰富多彩的活动，营造浓厚的阅读氛围，吸引更多居民参与。在策划阶段，图书馆需明确阅读节的主题与目标，围绕主题设计多样化的活动形式与内容，如主题书展、名家讲座、亲子阅读体验、阅读马拉松等。通过线上线下相结合的方式，可以广泛宣传阅读节信息，激发居民的参与热情。在活动执行过程中，图书馆应注重细节管理，确保每个环节都能顺利进行，同时注重与参与者的互动与反馈，及时调整活动方案，提升活动效果。阅读节的成功举办，不仅能够提升图书馆的品牌形象，更能有效激发居民的阅读兴趣，推动阅读成为社区生活的一部分。

（二）读书分享会的深度交流与情感共鸣

　　读书分享会是图书馆阅读推广活动的另一重要形式，它通过提供一个平台，让居民分享自己的阅读体验与感悟，促进彼此之间的交流与理解。在策划读书分享会时，图书馆需根据社区居民的阅读兴趣与需求，选择具有代表性、启发性的书籍作为分享对象，并邀请不同年龄段、不同职业背景的居民参与分享。分享会可采用多种形式进行，如主题演讲、圆桌讨论、即兴表演等，以增强互动性与趣味性。在分享过程中，图书馆应鼓励居民表达自己的真实感受与见解，引导大家深入探讨书籍中的思想内涵与人生哲理。通过读书分享会，居民不仅能够获得新的知识与观点，还能在情感上产生共鸣，感受到阅读的力量与美好。

（三）阅读资源的精准推荐与个性化服务

为了进一步提升阅读推广活动的效果，图书馆还需注重阅读资源的精准推荐与个性化服务。通过大数据分析技术，图书馆可以了解居民的阅读偏好与需求，为他们推荐合适的书籍与阅读资源。同时，图书馆可设立阅读顾问岗位，由专业馆员为居民提供一对一的阅读指导与咨询服务，解答他们在阅读过程中遇到的问题与困惑。此外，图书馆还可利用社交媒体、移动应用等新媒体工具，定期发布新书推荐、阅读榜单等信息，引导居民关注阅读动态，拓宽阅读视野。

（四）阅读习惯的持续培养与引导

阅读推广活动的最终目的是培养居民的良好阅读习惯。因此，图书馆需将阅读习惯的培养贯穿活动的始终。通过定期举办阅读挑战赛、阅读积分兑换等活动，激励居民保持阅读热情与积极性；通过设立阅读角、阅读俱乐部等场所与组织，为居民提供舒适的阅读环境与交流空间；通过举办阅读写作比赛、朗诵比赛等活动，展示居民的阅读成果与才华，增强他们的自信心与成就感。同时，图书馆还应加强与学校、家庭等社会力量的合作，共同营造良好的阅读氛围与条件，为居民阅读习惯的培养提供有力支持。

图书馆通过精心策划与实施阅读节、读书分享会等活动，以及提供精准的阅读资源推荐与个性化服务，能够有效激发居民的阅读兴趣与热情，培养他们的良好阅读习惯。这些举措不仅有助于提升社区居民的文化素养与生活质量，更能为构建书香社会、推动全民阅读贡献重要力量。

三、阅读指导服务的提供

在培养与引导居民阅读习惯的过程中，图书馆作为知识与文化的集散地，其提供的阅读指导服务显得尤为重要。这些服务不仅能够帮助居民发现适合自己的阅读材料，还能提升他们的阅读效率与理解能力，从而更好地享受阅读的乐趣。

（一）个性化书籍推荐，激发阅读兴趣

针对不同读者的阅读偏好与需求，图书馆应提供个性化的书籍推荐服务。这要求图书馆工作人员具备较高的专业素养和敏锐的洞察力，能够准确捕捉读者的兴趣爱好，并据此推荐相关书籍。具体而言，图书馆可以通过建立读者档案、分析借阅记录、利用智能推荐系统等方式，为每位读者量身定制推荐书目。这些推荐书目既可以是经典之作，也可以是新兴领域的热门书籍，旨在激发读者的阅读兴趣，拓宽他们的阅读视野。

（二）阅读技巧分享，提升阅读效率

有效的阅读技巧是提高阅读效率与理解能力的关键。图书馆应定期举办阅读技巧分享会，邀请专家学者或资深读者为居民传授阅读方法与技巧。这些技巧包括但不限于快速阅读、深度阅读、批判性阅读等，旨在帮助居民掌握更加高效、科学的阅读方式。同时，图书馆还可以提供阅读辅助材料，如阅读指南、思维导图、读书笔记模板等，以支持居民在阅读实践中的应用与巩固。

（三）阅读活动策划，营造阅读氛围

阅读活动的策划与实施是图书馆阅读指导服务的重要组成部分。图书馆应根据居民的阅读兴趣与需求，设计多样化的阅读活动，如主题阅读月、读书马拉松、作者见面会等。这些活动不仅能够丰富居民的文化生活，还能激发他们的阅读热情，促进彼此之间的交流与分享。通过参与这些活动，居民可以更加深入地了解书籍内容，感受阅读的魅力，从而逐渐形成良好的阅读习惯。

（四）数字阅读指导，适应时代潮流

随着数字技术的快速发展，数字阅读已成为居民阅读的重要方式之一。图书馆应紧跟时代步伐，为居民提供数字阅读指导服务。这包括介绍数字阅读平台的使用方法、推荐优质的数字资源、解答数字阅读过程中遇到的问题等。同时，图书馆还应关注数字阅读的发展趋势与特点，为居民提供合适的阅读指导，帮助他们更好地利用数字资源进行学习与娱乐。

（五）持续关注与反馈，优化指导服务

阅读指导服务的提供并非一蹴而就，而是需要持续关注与反馈的过程。图书馆应建立健全的服务反馈机制，及时收集居民对阅读指导服务的意见与建议。通过分析这些反馈信息，图书馆可以了解服务的效果与不足，进而对服务内容进行优化与调整。同时，图书馆还应关注阅读领域的新动态与新趋势，不断更新服务内容与方式，以满足居民日益增长的阅读需求。

图书馆在提供阅读指导服务的过程中，应始终坚持以居民为中心的原则，通过个性化书籍推荐、阅读技巧分享、阅读活动策划、数字阅读指导以及持续关注与反馈等措施，为居民提供全面、专业、贴心的阅读指导服务。这些服务将引领居民在阅读的海洋中畅游，享受阅读的乐趣与收获，为培养他们的阅读习惯与提升文化素养奠定坚实基础。

四、家庭阅读氛围的营造

在培养居民阅读习惯的过程中，家庭作为社会的基本单元，其阅读氛围的营造至关重要。图书馆作为文化的传播者与引领者，应积极联合家庭，共同为孩子们乃至全体家庭成员营造一个浓厚的家庭阅读环境，让阅读成为家庭生活的一部分，从而潜移默化地影响并培养居民的阅读习惯。

（一）开展家庭阅读推广计划

图书馆可设计并实施一系列针对家庭的阅读推广计划，旨在激发家庭成员的阅读兴趣，增强家庭内部的阅读互动。这包括但不限于"家庭阅读挑战赛"，鼓励家庭成员共同参与阅读，设定阅读目标并记录阅读时长与书籍种类，通过积分兑换奖品或发放荣誉证书等形式，增加阅读的趣味性与成就感；"亲子共读时光"，提供适合亲子共读的书籍推荐，引导家长与孩子共同阅读，在增进亲子关系的同时，也可以培养孩子的阅读习惯与兴趣；"家庭阅读角"建设指导，指导家庭在家中设立专门的阅读角落，创造舒适的阅读环境，让阅读成为家庭生活的一部分。

（二）提供家庭阅读资源与服务

图书馆应充分利用其丰富的藏书资源与专业的服务团队，为家庭提供多样化的阅读资源与服务。首先，图书馆可定期更新家庭阅读书单，根据孩子

的年龄、兴趣及家长的阅读需求，精选优质图书进行推荐；其次，开展家庭阅读指导服务，邀请专家或资深馆员为家长提供阅读指导与策略建议，帮助他们更好地引导孩子阅读；最后，图书馆还可提供电子书籍、有声读物等数字化阅读资源，满足家庭成员多样化的阅读需求，同时利用社交媒体等平台，分享家庭阅读心得与经验，促进家庭间的阅读交流与分享。

（三）组织家庭阅读主题活动

为了进一步增强家庭阅读氛围，图书馆可定期举办各类家庭阅读主题活动。例如，"家庭阅读故事会"，可以邀请家庭代表分享他们的阅读故事与感悟，展现家庭阅读的魅力与成果；"家庭阅读创意大赛"，可以鼓励家庭成员以阅读为主题进行创作，如制作阅读手抄报、编写阅读剧本等，激发家庭成员的创造力与想象力；"家庭阅读马拉松"，可以组织家庭成员共同参与长时间的阅读活动，挑战阅读耐力与毅力，同时享受阅读的乐趣与成就感。这些主题活动不仅能够增进家庭成员之间的情感交流，还能够培养他们的阅读兴趣与习惯。

（四）加强家庭阅读宣传与教育

为了营造更加浓厚的家庭阅读氛围，图书馆还需加强家庭阅读的宣传与教育工作。通过制作宣传海报、发布宣传视频等方式，向社区居民普及家庭阅读的重要性与好处；举办家庭阅读讲座与研讨会，邀请教育专家、心理咨询师等讲解家庭阅读的方法与技巧；与学校、社区等组织合作，共同开展家庭阅读推广活动，形成全社会关注家庭阅读的良好氛围。通过这些措施的实施，图书馆能够引导更多家庭重视阅读、热爱阅读，共同营造一个书香四溢的家庭环境。

图书馆在营造家庭阅读氛围方面发挥着不可替代的作用。通过开展家庭阅读推广计划、提供家庭阅读资源与服务、组织家庭阅读主题活动及加强家庭阅读宣传与教育等措施的实施，图书馆能够携手家庭共同为孩子们乃至全体家庭成员营造一个浓厚的家庭阅读环境，从而有效培养并提升居民的阅读习惯与素养。

五、数字阅读资源的推广

在数字化浪潮的推动下，图书馆作为文化传承与知识传播的重要阵地，正积极探索并实践数字阅读资源的推广策略。通过整合先进的数字技术，图书馆不仅丰富了阅读资源的形态，还拓宽了居民获取知识的渠道，进一步促进了阅读习惯的培养与引导。

（一）构建数字阅读平台，实现资源一站式访问

为了便捷居民访问电子图书、有声书等数字阅读资源，图书馆需构建功能完善的数字阅读平台。该平台应集图书检索、在线阅读、下载保存、互动交流等功能于一体，实现资源的一站式访问。通过优化界面设计、提升用户体验，居民能够轻松上手，享受数字化阅读带来的便利与乐趣。

（二）丰富数字阅读资源，满足多元需求

数字阅读资源的丰富性是吸引居民的重要因素之一。图书馆应积极采购正版电子图书、有声书等数字资源，同时与各大出版商、数字图书馆等建立合作关系，共享优质资源。在资源选择上，图书馆应兼顾经典与新兴、学术与娱乐、国内与国际等多个维度，以满足不同年龄段、不同兴趣爱好的居民的阅读需求。

（三）推广移动阅读应用，打破时空限制

随着智能手机的普及，移动阅读已成为居民阅读的主要方式之一。图书馆应顺应这一趋势，积极推广移动阅读应用。这些应用应支持跨平台使用，具备离线下载、书签管理、阅读进度同步等功能，让居民能够随时随地享受阅读的乐趣。同时，图书馆还可以通过社交媒体、宣传海报等渠道，提高移动阅读应用的知名度与使用率。

（四）开展数字阅读培训，提升居民技能

数字阅读虽便捷，但对于部分居民而言，仍存在一定的技术门槛。因此，图书馆需定期开展数字阅读培训活动，帮助居民掌握数字阅读的基本技能与操作方法。培训内容可以包括数字阅读设备的使用、数字资源的检索与下载、阅读软件的设置与调整等。通过培训，居民能够更加自如地利用数字阅读资

源进行学习与娱乐。

（五）加强互动与交流，构建阅读社群

数字阅读不仅是个体行为，更是群体互动的过程。图书馆应利用数字技术加强读者之间的互动与交流，构建阅读社群。通过设立在线读书会、开设读者论坛、组织线上讲座等方式，图书馆可以为居民提供一个分享阅读心得、交流思想观点的平台。在这个平台上，居民可以结识志同道合的朋友，共同探索知识的海洋，享受阅读的乐趣。

（六）关注数据安全与隐私保护，营造安全阅读环境

在推广数字阅读资源的过程中，数据安全与隐私保护是不可忽视的问题。图书馆应建立健全的数据管理制度与隐私保护机制，确保居民的个人信息与阅读数据不被泄露或滥用。同时，图书馆还应加强对数字阅读平台的维护与监控，及时发现并处理潜在的安全隐患与漏洞，为居民营造一个安全、放心的阅读环境。

图书馆在推广数字阅读资源的过程中，需充分发挥数字技术的优势与作用，构建功能完善的数字阅读平台、丰富数字阅读资源、推广移动阅读应用、开展数字阅读培训、加强互动与交流及关注数据安全与隐私保护等。通过这些措施的实施与落实，图书馆将进一步推动数字阅读资源的普及与应用，为居民阅读习惯的培养与引导贡献更大的力量。

第三节　多元文化融合与交流

一、多元文化活动的举办

在全球化速度日益加快的今天，图书馆作为知识与文化的聚集地，承担着促进多元文化融合与交流的重要使命。通过举办多元文化节庆活动、文化交流展览等丰富多彩的活动，图书馆不仅能够丰富社区居民的文化生活，还能够增进不同文化背景人群之间的理解和尊重，构建更加和谐包容的社会环境。

（一）多元文化节庆活动的庆典与共享

多元文化节庆活动是图书馆促进文化融合的直接体现。这类活动旨在庆祝世界各地不同民族、不同国家的传统节日，通过节日庆典的形式，展现各文化的独特魅力。在策划阶段，图书馆需深入研究各节日的历史背景、文化内涵及庆祝方式，确保活动的真实性与准确性。活动形式上，可以包括节日服饰展示、传统美食品尝、民俗舞蹈表演、手工艺品制作体验等，让参与者身临其境地感受异国文化的魅力。同时，图书馆还应鼓励社区居民积极参与活动的筹备与表演，促进文化的双向交流与传播。通过多元文化节庆活动，不仅能让居民在欢乐的氛围中增进对多元文化的了解与认识，还能引导他们对不同文化给予尊重与欣赏。

（二）文化交流展览的展示与对话

文化交流展览是图书馆促进文化融合的又一重要途径。这类展览以文化为主题，通过展示不同国家和地区的艺术品、文物、图片、书籍等，展现人类文明的多样性与丰富性。在策划展览时，图书馆需精心挑选展品，确保它们能够体现不同文化的精髓与特色。同时，展览的布展设计也应注重创意与美感，营造出一个引人入胜的观展环境。为了增强展览的互动性与参与性，图书馆还可以设置导览服务、专题讲座、工作坊等活动，引导观众深入了解展品背后的文化故事与意义。此外，图书馆还应鼓励艺术家、学者及社区居民共同参与展览的策划与呈现，促进不同文化之间的对话与交流。通过文化交流展览，图书馆能够搭建一座桥梁，让不同文化背景的人群在观赏与学习中增进理解、促进融合。

（三）跨文化教育与培训的引导与深化

为了进一步加深居民对多元文化的认知与理解，图书馆还应积极开展跨文化教育与培训工作。这包括但不限于开设多元文化课程、举办文化讲座与研讨会、提供跨文化沟通技能培训等。在课程设计方面，图书馆应注重内容的全面性与深度性，涵盖不同文化的历史、宗教、习俗、艺术等多个方面。同时，教学方法也应灵活多样，采用案例分析、小组讨论、角色扮演等多种方式，激发学生的学习兴趣与参与度。通过跨文化教育与培训，图书馆能够引导居民树立正确的文化观念与价值观，增强他们的文化敏感性与包容性。

此外，图书馆还应加强与学校、社区等组织的合作，共同推动跨文化教育的普及与发展，为构建更加和谐包容的社会环境贡献力量。

图书馆通过举办多元文化节庆活动、文化交流展览及开展跨文化教育与培训等工作，能够有效促进不同文化之间的融合与交流。这些活动不仅丰富了社区居民的文化生活，还增强了他们对多元文化的认识与尊重，为构建和谐社会奠定了坚实的基础。

二、跨文化对话平台的搭建

在全球化速度日益加快的今天，不同文化间的交流与融合成为促进社会发展的重要动力。图书馆，作为知识的宝库与文化的殿堂，承担着搭建跨文化对话平台、促进多元文化理解与共融的重任。通过精心策划与组织，图书馆能够成为连接不同文化背景的居民，促进深层次文化交流与理解的桥梁。

（一）多元文化书籍与资源的汇聚

图书馆首先需构建一个包含多元文化书籍与资源的馆藏体系。这要求图书馆在采购图书、订阅期刊、收集多媒体资料时，注重广泛性与多样性，涵盖世界各地的文学作品、历史典籍、艺术作品、影视作品等。通过这些丰富多样的资源，图书馆为居民打开了一扇通往不同文化世界的窗口，使他们能够近距离感受各种文化的独特魅力与深厚底蕴。

（二）跨文化主题活动与展览的策划

为了更直观地展示多元文化的风采，图书馆应定期举办跨文化主题活动与展览。这些活动可以围绕特定国家或地区的文化特色展开，如"非洲文化月""亚洲艺术节"等，通过讲座、演出、手工艺展示、美食体验等形式，让居民在轻松愉快的氛围中深入了解不同文化的精髓。同时，图书馆还可以利用自身的展览空间，举办多元文化主题展览，展示世界各地的艺术品、文物、民俗用品等，为居民提供一个近距离观赏与学习的平台。

（三）跨文化交流与讨论平台的搭建

为了促进不同文化背景的居民之间的交流与对话，图书馆应积极搭建跨文化交流与讨论的平台。这包括设立专门的讨论区或在线论坛，鼓励居民就某个文化议题发表自己的观点与见解；也可以邀请来自不同文化背景的专家学者、艺术家、普通居民等参与座谈会或圆桌讨论，就共同关心的文化话题进行深入交流与探讨。通过这些活动，能够增进居民对不同文化的理解与尊重，促进文化间的相互学习与借鉴。

（四）语言学习与文化交流项目的推广

语言是文化的重要载体，掌握一门外语往往能更深入地了解一种文化。图书馆应充分利用自身资源，推广语言学习与文化交流项目。这包括开设多语种图书借阅区、提供语言学习资料与工具、举办语言学习班或工作坊等。同时，图书馆还可以与国内外语言培训机构、文化交流组织等建立合作关系，共同推出跨文化交流项目，如国际志愿者交流计划、海外文化体验之旅等，为居民提供更多元化的文化交流机会。

（五）培养跨文化意识与全球视野

图书馆在搭建跨文化对话平台的过程中，应致力于培养居民的跨文化意识与全球视野。这要求图书馆不仅要在资源建设、活动策划等方面注重多元文化的呈现与交流，还要通过教育引导、氛围营造等方式，让居民意识到文化的多样性与差异性是世界的宝贵财富，应予以尊重与珍惜。同时，图书馆还应鼓励居民以开放的心态接纳不同文化，学会在全球化背景下审视问题、思考未来，为构建人类命运共同体贡献自己的力量。

三、文化多样性教育的推广

在全球化背景下，文化多样性教育的推广成为促进社会和谐、增进国际理解的重要途径。图书馆，作为知识与文化的宝库，承载着传播多元文化、培养全球公民的使命。通过精心策划的教育项目、深入浅出的讲座及丰富多彩的活动，图书馆致力于构建一个开放包容的学习环境，让每一位踏入其中的读者都能感受到文化的多样性与魅力。

（一）教育项目的系统设计与实施

为了系统地推广文化多样性教育，图书馆需设计一系列针对性强、内容丰富的教育项目。这些项目可以围绕不同文化主题展开，如"世界文化遗产探索""跨国界文学阅读计划""多元文化节日庆典"等。在项目设计上，图书馆应注重跨学科的融合，将历史、地理、艺术、语言等多个领域的知识融入其中，使学习者能够全面而深入地了解不同文化的内涵与特色。同时，项目实施过程中应强调实践与体验，通过实地考察、文化工作坊、互动讨论等形式，让学习者亲身体验文化的多样性与魅力。此外，图书馆还应建立科学的评估机制，对项目的实施效果进行定期评估与反馈，以不断优化项目内容，提升教育质量。

（二）专题讲座的启迪与引导

专题讲座是图书馆推广文化多样性教育的另一重要形式。通过邀请专家学者、文化名人及国际友人等作为主讲嘉宾，图书馆能够为读者带来前沿的文化视角与深刻的思考。讲座主题可以涵盖文化比较、文化认同、文化冲突与融合等多个方面，旨在引导读者深入思考文化多样性的意义与价值。在讲座形式上，图书馆应注重互动与交流，鼓励听众提问与讨论，形成开放而活跃的学习氛围。同时，图书馆还可以利用现代技术手段，如在线直播、视频回放等，扩大讲座的受众范围，让更多人受益于文化多样性教育的智慧光芒。

（三）文化资源的整合与利用

为了有效推广文化多样性教育，图书馆还需充分发挥自身资源优势，整合各类文化资源。这包括丰富的馆藏文献、多媒体资源、网络数据库及专家团队等。图书馆可以通过建立专题书架、制作文化导览手册、开发在线学习平台等方式，为读者提供便捷的文化学习资源。同时，图书馆还应加强与国内外文化机构、学术组织及教育机构的合作与交流，共同开发文化多样性教育课程与资源，实现资源共享与优势互补。通过这些措施的实施，图书馆能够构建一个全方位、多层次的文化多样性教育体系，为培养具有全球视野的公民贡献力量。

（四）文化多样性教育的社会影响与深远意义

文化多样性教育的推广不仅有助于提升个体的文化素养与跨文化交际能力，更对社会的发展与进步产生深远影响。它能够促进不同文化之间的理解与尊重，减少文化冲突与误解，构建更加和谐包容的社会环境。同时，文化多样性教育还能够激发人们的创新思维与创造力，推动文化的传承与发展。在全球化的今天，一个具备文化多样性素养的公民能够更好地适应复杂多变的国际环境，为构建人类命运共同体贡献自己的力量。因此，图书馆作为文化多样性教育的重要阵地，应继续发挥自身优势，不断创新教育模式与方法，为培养更多具有全球视野与跨文化能力的公民而不懈努力。

四、国际文化资源的引进与展示

在全球化深入发展的今天，图书馆作为文化传承与交流的重要平台，承担着引进国际文化资源、丰富社区文化景观的重要使命。通过精心策划与实施，图书馆不仅能够为居民带来丰富多彩的国际文化体验，还能促进不同文化间的相互理解和尊重，进一步推动全球文化的交融与发展。

（一）国际图书与多媒体资源的采购与收藏

图书馆应积极拓宽采购渠道，与国内外知名出版社、图书馆、文化机构等建立合作关系，引进涵盖世界各地、跨越不同历史时期与文明类型的图书、期刊、音像制品等多媒体资源。这些资源应涵盖文学、艺术、历史、科学等多个领域，以全面展现国际文化的多样性和丰富性。同时，图书馆还应注重资源的更新与补充，确保馆藏资源的时效性和前沿性。

（二）国际文化主题展览的策划与举办

为了更直观地展示国际文化的魅力，图书馆应定期策划并举办国际文化主题展览。这些展览围绕特定国家或地区的文化特色、重大历史事件、艺术流派等展开，通过文物、艺术品、图片、影像等多种形式呈现。展览期间，图书馆还可以邀请相关领域的专家学者进行现场讲解与互动，为居民提供深入了解国际文化的机会。此外，图书馆还可以利用虚拟现实（VR）、增强现实（AR）等现代科技手段，增加展览的趣味性和互动性。

（三）国际文化交流活动的组织与推广

为了促进国际文化资源的交流与传播，图书馆应积极组织并推广各类国际文化交流活动。这些活动可以包括国际文化讲座、研讨会、音乐会、舞蹈表演、戏剧演出等，旨在通过不同形式的文化展示与交流，增进居民对不同文化的理解和欣赏。同时，图书馆还可以与海外文化机构、艺术家、学者等建立合作关系，邀请他们来访交流或举办展览、演出等活动，为居民带来更加丰富的国际文化体验。

（四）国际语言学习资源的提供与支持

语言是文化的载体和交流的工具。为了帮助居民更好地学习和掌握国际语言，图书馆应提供丰富的语言学习资源与支持。这包括多语种图书、语言学习软件、在线课程、语言角等。图书馆还可以与语言培训机构合作，举办语言学习班或工作坊，为居民提供专业的语言学习指导。通过语言学习，居民能够更好地理解不同文化的内涵与精髓，为跨文化交流打下坚实基础。

（五）国际文化资源共享与合作机制的建立

在引进与展示国际文化资源的过程中，图书馆还应注重与国际文化机构、图书馆等建立资源共享与合作机制。通过共建共享数据库、联合举办展览与活动、开展学术交流与合作研究等方式，图书馆能够拓宽资源来源渠道，提高资源利用效率，同时促进国际文化交流的深入发展。这种合作不仅有助于丰富社区文化景观，还能够提升图书馆在国际文化领域的影响力和竞争力。

图书馆在引进与展示国际文化资源方面发挥着不可替代的作用。通过积极引进多元文化的图书与多媒体资源、策划与举办国际文化主题展览、组织推广国际文化交流活动、提供语言学习资源与支持以及建立国际文化资源共享与合作机制等措施的实施与落实，图书馆能够不断丰富社区文化景观，促进全球文化的交融与发展。

五、居民文化包容性的培养

在全球化速度日益加快的今天，文化多样性已成为社会不可忽视的现实。培养居民对不同文化的尊重与包容，不仅是促进社会和谐稳定的内在要求，也是推动文化创新与交流的重要动力。图书馆作为公共文化的重要平台，承担着引领社会风尚、促进文化包容性培养的重任。通过举办丰富多彩的文化活动，图书馆能够有效促进居民对多元文化的认识、理解和接纳，从而构建一个更加开放、包容的社会环境。

（一）多元文化活动：搭建文化交流与理解的桥梁

图书馆应定期举办各类多元文化活动，如国际文化节、民族艺术展览、跨文化读书会等，为居民提供接触和了解不同文化的机会。这些活动不仅能够展示世界各地的文化特色，还能通过互动体验、工作坊等形式，让居民亲身参与其中，感受文化的魅力与差异。在活动中，图书馆应鼓励居民分享自己的文化经验和见解，促进不同文化之间的对话与交流，从而增进彼此间的相互理解和尊重。

（二）文化教育项目：深化文化认知与认同

为了从根本上提升居民的文化包容性，图书馆还应设计并实施一系列文化教育项目。这些项目可以围绕特定文化主题展开，如"世界文化遗产探秘""跨文化沟通艺术"等，通过系统的课程学习、专题讲座、实地考察等方式，帮助居民深入了解不同文化的历史渊源、价值观念、社会习俗等方面。同时，图书馆还应注重培养居民的文化自觉与文化自信，让他们在认识多元文化的同时，更加珍视和传承自己的本土文化，形成既开放又自信的文化态度。

（三）促进文化对话：构建包容性话语体系

文化对话是促进文化包容性的重要途径。图书馆应利用自身资源，搭建文化对话的平台，邀请不同文化背景的专家、学者及普通居民共同参与。通过圆桌论坛、研讨会、网络交流等形式，就文化多样性、文化认同、文化冲突与融合等议题进行深入探讨。在对话过程中，图书馆应倡导平等、尊重、开放的交流氛围，鼓励各方以开放的心态倾听对方的声音，理解对方的立场和观点。通过文化对话，可以增进不同文化之间的理解和认同，促进文化包容性的形成。

（四）强化媒介素养：提升信息时代的文化包容能力

在信息爆炸的时代，媒介素养成为衡量个体文化包容性的重要指标。图书馆应加强对居民媒介素养的教育与培训，帮助他们提高在信息海洋中筛选、分析、评价多元文化信息的能力。通过开设媒介素养课程、举办专题讲座、提供在线学习资源等方式，图书馆可以引导居民正确理解和应用不同文化背景下的信息传播与表达方式，增强他们的文化敏感性和批判性思维，从而在信息时代更好地保持文化包容性。

（五）营造包容性社会氛围：文化包容性培养的长期目标

图书馆通过文化活动与交流所追求的是营造一个包容性强的社会氛围，这需要社会各界的共同努力和持续推动。图书馆应与其他文化机构、教育机构、社会组织等建立广泛的合作关系，共同推动文化包容性教育的普及与深化。同时，图书馆还应积极参与社会公共事务的讨论与决策过程，为构建包容性社会贡献自己的智慧和力量。在这个过程中，图书馆不仅是文化知识的传播者，更是文化包容性理念的倡导者和实践者。

第四节　社区文化记忆的保存与传承

一、社区历史档案的建立与管理

在快速城市化的浪潮中，社区作为社会的基本单元，承载着丰富的历史记忆与文化传承。图书馆，作为知识信息的集散地与文化传承的重要载体，应当积极发挥其优势，协助社区建立并管理历史档案，以保存和传承这份宝贵的社区文化记忆。

（一）明确档案收集范围与内容

建立社区历史档案的首要任务是明确档案的收集范围与内容。这包括但不限于社区的形成与发展历程、重要历史事件与人物、建筑风格与地标建筑、民俗风情与传统节日、居民生活变迁等方面的资料。图书馆应与社区管理部门紧密合作，共同制定档案收集的标准与规范，确保档案的全面性、真实性和代表性。

（二）建立档案收集机制与渠道

为了确保历史档案的完整性和连续性，图书馆需协助社区建立有效的档案收集机制与渠道。这包括设立专门的档案收集小组，负责定期走访社区居民、收集口述历史、查阅历史文献等工作；同时，利用社交媒体、网络平台等现代通信手段，拓宽档案收集的渠道，鼓励社区居民积极参与档案的提供与补充。此外，图书馆还可以与档案馆、博物馆等文化机构建立合作关系，实现档案资源的共享与互补。

（三）档案整理与数字化

收集到的历史档案需经过系统的整理与分类，以便后续的查阅与利用。图书馆应运用专业的档案管理知识与方法，对档案进行去重、排序、编目等工作，确保档案的规范有序。同时，随着信息技术的飞速发展，档案的数字化已成为不可逆转的趋势。图书馆应利用扫描、拍照、录音等技术手段，将纸质档案、音像档案等转化为数字格式，建立社区历史档案数据库，实现档案的长期保存与便捷查询。

（四）档案保护与利用

档案的保护与利用是建立历史档案工作的最终目的。图书馆应加强对档案的保护工作，采取防火、防潮、防虫等措施，确保档案的安全无损。同时，图书馆还应积极探索档案的利用途径，通过举办展览、讲座、出版物等形式，将档案中的历史文化信息传递给社区居民，增强他们的文化认同感和归属感。此外，图书馆还可以与教育机构、研究机构等合作，将档案作为教学与研究的重要资源，推动社区文化的传承与发展。

（五）建立档案管理制度与规范

为了确保社区历史档案工作的持续性和有效性，图书馆应协助社区建立档案管理制度与规范。这包括制定档案管理流程、明确档案管理职责、建立档案借阅与利用制度等。通过制度化管理，可以确保档案工作的有序进行，同时保障档案的安全与完整。此外，图书馆还应加强对档案管理人员的培训与教育，提高他们的专业素养与管理能力，为社区历史档案的建立与管理提供有力的人才保障。

图书馆在协助社区建立与管理历史档案方面发挥着不可替代的作用。通过明确档案收集范围与内容、建立档案收集机制与渠道、档案整理与数字化、档案保护与利用，以及建立档案管理制度与规范等措施的实施与落实，图书馆能够有效地保存和传承社区的文化记忆，为社区的可持续发展注入新的活力。

二、口述历史项目的开展

口述历史项目作为图书馆服务社区、记录历史的重要手段，旨在通过录音、录像及文字记录等方式，收集并保存社区居民的集体记忆，为后代留下宝贵的历史文化遗产。这一项目的实施，不仅有助于丰富图书馆的地方文献资源，更在于促进社区文化的传承与发展，增强居民的归属感和认同感。

（一）项目策划与准备：奠定坚实基础

口述历史项目的顺利开展，离不开周密的策划与充分的准备。图书馆需首先明确项目的目标与定位，即聚焦于哪些历史时段、哪些社会群体、哪些关键事件进行口述史料的收集。随后，需组建一支专业的团队，包括历史学家、文化学者、媒体工作者及志愿者等，共同参与项目的策划与执行。在资源准备方面，图书馆应确保拥有足够的录音录像设备、存储介质及后期编辑制作工具，以保证口述史料的高质量采集与保存。

（二）口述者招募与培训：确保史料真实性

口述者的选择是口述历史项目的关键环节。图书馆应通过社区公告、社交媒体、合作伙伴推荐等多种渠道，广泛招募具有代表性、愿意分享个人经历的社区居民作为口述者。同时，为确保口述史料的真实性与准确性，图书馆还需对口述者进行必要的培训，指导他们准确表达个人经历、避免主观臆断，并了解口述史料的采集流程与注意事项。

（三）采集过程管理：细致入微，尊重每一段记忆

在口述史料的采集过程中，图书馆需秉持尊重、细致、耐心的原则，为每位口述者创造一个安全、舒适的讲述环境。采集人员应具备良好的沟通技巧与同理心，能够引导口述者自然流畅地讲述自己的故事，同时保持中立态度，避免对口述内容进行评价或干预。此外，图书馆还需注意采集过程中的细节管理，如确保录音录像设备的正常运行、及时整理与备份采集资料等，以确保口述史料的完整性与安全性。

（四）史料整理与保存：科学分类，永续利用

口述史料采集完成后，图书馆需进行系统的整理与保存工作。这包括将录音录像资料转化为文字稿，进行内容校对与编辑，为史料添加时间、地点、人物等元数据标签等。通过科学分类与编目，图书馆可以建立完善的口述历史数据库，方便读者查询与利用。同时，为确保史料的永续利用，图书馆还需采取多种措施保护口述史料的物理载体与数字信息，如定期备份、加密存储、控制访问权限等。

（五）成果展示与传播：让历史活起来

口述历史项目的最终目的是让历史活起来，让更多人了解并传承社区的文化记忆。因此，图书馆需通过多种形式展示与传播口述史料的成果。这包括举办口述历史展览、出版口述历史书籍与音像制品、开设口述历史课程与讲座等。此外，图书馆还可以利用现代信息技术手段，如建立在线口述历史平台、开展社交媒体推广等，拓宽口述史料的传播渠道，让更多人参与社区文化的传承与发展中来。

口述历史项目作为图书馆服务社区、记录历史的重要方式，对于保存与传承社区的文化记忆具有重要意义。通过精心策划、细致执行与广泛传播，图书馆可以为后代留下宝贵的历史文化遗产，促进社区文化的繁荣发展。

三、社区文化遗产的保护与宣传

社区文化遗产，作为社区历史与文化的精髓，是连接过去与未来的桥梁，承载着社区独特的文化记忆与身份认同。图书馆，作为社区知识文化的中心，在保护与宣传社区文化遗产方面扮演着举足轻重的角色，肩负着不可推卸的责任。

（一）文化遗产的识别与评估

保护与宣传社区文化遗产的首要任务是对其进行全面的识别与评估。图书馆应利用其丰富的资源与专业优势，组织专家团队对社区内的文化遗产进行深入的调研与考察，识别出具有历史价值、文化价值或艺术价值的文化遗产项目。在此基础上，图书馆还需对这些文化遗产进行科学的评估，明确其保护等级与传承价值，为后续的保护与宣传工作提供科学依据。

（二）文化遗产档案的建立与管理

为了有效地保护与传承社区文化遗产，图书馆应协助社区建立详尽的文化遗产档案。这包括文化遗产的历史沿革、形态特征、文化内涵、传承状况等方面的记录与整理。通过建立文化遗产数据库，图书馆可以实现文化遗产的数字化管理与资源共享，为后续的研究、保护与宣传提供有力的支持。同时，图书馆还应加强对文化遗产档案的维护与更新，确保档案信息的准确性与时效性。

（三）文化遗产保护知识的普及与教育

提高社区居民对文化遗产保护的认识与意识是保护与宣传工作的关键。图书馆应充分利用其教育功能，开展一系列的文化遗产保护知识普及活动。这包括举办讲座、展览、工作坊等形式，向社区居民介绍文化遗产的重要性、保护方法及相关法律法规等内容。通过这些活动，图书馆能够激发社区居民对文化遗产的热爱与尊重之情，培养他们的保护意识与责任感。

（四）文化遗产宣传平台的搭建与推广

为了扩大社区文化遗产的影响力与知名度，图书馆应积极搭建文化遗产宣传平台。这包括利用图书馆网站、社交媒体等新媒体渠道发布文化遗产相关信息、开展在线互动等活动；也可以联合社区其他机构与组织共同举办文化遗产宣传周、文化节等活动，通过丰富多彩的形式展示社区文化遗产的魅力与价值。同时，图书馆还应注重与媒体的合作与交流，积极向外界宣传社区文化遗产的保护成果与成功经验，以吸引更多的关注与支持。

（五）促进文化遗产的传承与创新

保护与宣传社区文化遗产的最终目的是促进其传承与发展。图书馆应鼓励并支持社区居民参与文化遗产的传承活动，如学习传统技艺、参与民俗表演等。同时，图书馆还应积极推动文化遗产的创新发展，鼓励将传统文化元素融入现代生活与艺术创作中，使文化遗产在传承中焕发新的生机与活力。通过传承与创新的有机结合，图书馆能够为社区义化遗产的可持续发展注入新的动力与活力。

图书馆在保护与宣传社区文化遗产方面发挥着至关重要的作用。通过文化遗产的识别与评估、档案的建立与管理、保护知识的普及与教育、宣传平台的搭建与推广，以及促进传承与创新等措施的实施与落实，图书馆能够有效地保存与传承社区的文化记忆与身份认同，为社区的可持续发展贡献自己的力量。

四、社区文化记忆的数字化保存

在数字化时代，利用先进技术保存社区文化记忆已成为不可逆转的趋势。这一过程不仅实现了文化遗产的高效存储与长期保护，还极大地促进了文化资源的广泛传播与共享。图书馆作为文化记忆的守护者，应积极利用数字技术，构建社区文化记忆的数字化保存体系，让历史的光芒照亮未来。

（一）数字化采集：全面记录，细致入微

数字化采集是社区文化记忆保存的第一步。图书馆需采用高清摄影、三维扫描、音频录制、视频录制等多种技术手段，对社区内的文化遗产进行全面而细致的记录。这包括但不限于传统建筑、手工艺品、民俗活动、口述历史等多个方面。在采集过程中，应注重细节捕捉与真实还原，确保数字化成果能够准确反映社区文化的独特魅力与历史底蕴。

（二）数字化处理与编辑：优化展示，提升体验

采集到的原始数据需经过数字化处理与编辑，才能转化为易于传播与利用的数字资源。这包括图像去噪、色彩校正、视频剪辑、音频修复等一系列技术操作。同时，图书馆还需为数字资源添加元数据标签，如时间、地点、文化背景等，以便用户进行检索与分类。通过优化展示形式与提升用户体验，图书馆可以让更多人轻松接触并深入了解社区文化记忆。

（三）数字化存储与备份：确保安全，防止遗失

数字化存储是保障社区文化记忆长期保存的关键环节。图书馆需建立专业的数字化存储系统，采用高性能服务器、大容量硬盘阵列及云存储等先进设备，确保数字资源的安全存储与高效访问。同时，为防止数据丢失或损坏，图书馆还需制定严格的备份策略，定期对数字资源进行全量备份与增量备份，并存储在异地数据中心，以实现灾难恢复与数据恢复。

（四）数字化平台构建：资源共享，便捷访问

为了促进社区文化记忆的广泛传播与共享，图书馆需构建数字化平台，将数字资源集中展示并提供便捷的访问方式。这包括在线数据库、虚拟博物馆、数字展览等多种形式。通过数字化平台，用户可以随时随地浏览社区文化遗产的图文资料、观看视频资料、参与互动体验等，感受社区文化的独特魅力。同时，数字化平台还提供了社交分享功能，鼓励用户将感兴趣的内容分享给朋友或社交媒体，进一步扩大文化记忆的传播范围。

（五）持续更新与维护：保持活力，适应变化

社区文化记忆的数字化保存是一项长期而复杂的工程。随着时间的推移和技术的进步，图书馆需不断对数字化内容进行更新与维护。这包括新增文化遗产的数字化记录、优化数字资源的展示形式、提升平台的用户体验等。同时，图书馆还需关注数字资源的版权保护与知识产权管理问题，确保数字化成果的合法合规使用。通过持续更新与维护，图书馆可以保持数字化保存的活力与适应性，让社区文化记忆在数字化时代焕发新的光彩。

五、社区文化记忆的活化利用

社区文化记忆，作为时间的低语与历史的沉淀，是社区身份认同与情感归属的基石。在快速变迁的现代社会中，如何让这份珍贵的记忆不仅得以保存，更能在现代生活中焕发新的活力，成为连接过去与未来的桥梁，是社区文化建设的重要课题。

（一）文化节庆活动的举办

节庆活动是社区文化记忆活化利用的有效载体。通过举办具有地方特色的传统节日庆典、文化节、艺术节等活动，社区可以将传统文化元素融入现代庆祝方式中，让居民在参与中感受传统文化的魅力，增进对社区文化的认同感与自豪感。这些活动不仅丰富了居民的精神文化生活，还促进了社区内部的交流与团结，形成了独特的社区文化氛围。

（二）文化教育与培训项目的开展

文化教育与培训是传承与活化社区文化记忆的重要途径。图书馆、文化

中心等社区文化机构可以开设传统文化课程、工作坊、讲座等，邀请专家学者、非遗传承人等进行授课与指导，让居民有机会学习传统技艺、了解历史文化知识。通过这些项目，居民不仅能够掌握一门技能，更能深入理解社区文化的内涵与价值，从而在日常生活中自觉传承与弘扬传统文化。

（三）文化创意产品的开发与推广

文化创意产品是将社区文化记忆转化为现代生活元素的重要方式。通过设计开发具有地方特色、文化内涵的文创产品，如手工艺品、纪念品、特色食品等，社区可以将传统文化元素与现代设计理念相结合，创造出既符合时代审美又蕴含文化意蕴的产品。这些产品不仅能够满足市场需求，还能作为社区文化的传播媒介，让更多人了解并喜爱上社区文化。

（四）文化旅游线路的规划与推广

文化旅游线路的规划与推广是展现社区文化记忆、吸引外部关注的有效手段。社区可以根据自身文化资源特色，设计一系列文化旅游线路，将历史遗迹、文化景观、民俗风情等串联起来，形成具有吸引力的旅游产品。通过宣传与推广，可以吸引游客前来探访体验，从而增进外界对社区文化的了解与认识。同时，文化旅游的发展也能带动社区经济的繁荣，为社区文化的传承与发展提供有力支持。

（五）数字化技术的应用与创新

在数字化时代，利用数字技术活化利用社区文化记忆已成为一种趋势。通过数字化采集、存储、展示与传播等手段，社区可以将文化遗产、历史故事、民俗风情等内容转化为数字资源，打造在线博物馆、虚拟展览、数字互动体验等新型文化产品。这些产品打破了时间与空间的限制，让更多人能够随时随地感受社区文化的魅力。同时，数字化技术的应用也为社区文化的创新与发展带来了无限可能。

将社区文化记忆融入现代生活，通过文化活动等形式进行活化利用，是传承与发展社区文化的重要途径。通过举办文化节庆活动、开展文化教育与培训项目、开发文化创意产品、规划文化旅游线路及应用数字化技术等措施的实施与落实，社区文化记忆将在新时代焕发出更加绚丽的光彩。

第五节　图书馆在社区治理中的作用

一、信息资源的提供与咨询

在当今社会，信息已成为推动社会进步与发展的重要力量。图书馆，作为知识的宝库与信息的枢纽，其在社区治理中扮演着不可或缺的角色。通过提供丰富的信息资源与专业的咨询服务，图书馆为社区治理提供了强有力的信息支持，促进了政策的精准实施与数据的科学分析，从而推动了社区的和谐与可持续发展。

（一）政策解读的桥梁

政策是社区治理的基石，而政策的有效实施离不开深入的理解与准确的解读。图书馆凭借其丰富的馆藏资源与专业的信息处理能力，成为社区居民了解政策、理解政策的重要渠道。图书馆不仅收藏了大量的政策法规汇编、解读文献及案例分析资料，还定期举办政策解读讲座与工作坊，邀请专家学者为社区居民深入浅出地讲解政策背景、目的、内容及影响。这些活动不仅可以帮助居民把握政策导向，还可以增强他们参与社区治理的意识和能力。

（二）数据分析的助力

在大数据时代，数据分析已成为社区治理的重要工具。图书馆利用现代信息技术手段，对社区内各类数据进行收集、整理与分析，为社区治理决策提供科学依据。图书馆不仅建立了社区信息数据库，收集并存储了关于人口结构、经济状况、教育资源、环境状况等多方面的数据，还开发了数据分析工具与平台，为社区管理者提供了便捷的数据查询、分析与可视化服务。通过数据分析，图书馆能够揭示社区发展的内在规律与潜在问题，为社区治理的精准施策提供有力支持。

（三）信息资源的整合与共享

图书馆作为社区的信息中心，致力于信息资源的整合与共享。通过与政府机构、社会组织、企业等多元主体的合作，图书馆实现了信息资源的跨领域、跨行业的融合与互通。这种整合不仅丰富了图书馆的信息资源体系，还拓宽了信息服务的范围。同时，图书馆还积极推广信息资源的共享理念，鼓励社区居民、志愿者等各方力量参与信息资源的建设与利用，形成了共建共享的良好生态。

（四）信息素养的提升

信息素养是现代社会公民必备的基本素质之一。图书馆通过开设信息素养教育课程、举办信息素养培训活动等方式，积极提升了社区居民的信息素养水平。这些课程与活动不仅教授了信息检索、筛选、评价等基本技能，还培养了居民的信息意识、信息道德及信息创新能力。具备良好信息素养的居民能够更有效地利用信息资源参与社区治理，为社区的繁荣与发展贡献自己的力量。

图书馆在社区治理中发挥着信息资源的提供与咨询的重要作用。通过政策解读、数据分析、资源整合与共享，以及信息素养提升等多方面的努力，图书馆为社区治理提供了强有力的信息支持，促进了社区的和谐与可持续发展。

二、居民意见与建议的收集与反馈

在构建和谐社区、推动社区治理现代化的进程中，图书馆不仅仅是知识的殿堂，更是居民与政府之间沟通的桥梁。它通过高效、透明的机制，积极收集并反馈居民的意见与建议，为社区治理的决策提供了宝贵的民意基础，促进了政府与居民之间的良性互动。

（一）建立多元化的意见收集渠道

为了确保居民的声音能够被全面、准确地收集到，图书馆应构建多元化的意见收集渠道。这包括设置实体意见箱、开设在线反馈平台、举办居民座谈会、参与社区论坛讨论等多种方式。实体意见箱为不习惯使用数字工具的居民提供了便利；在线反馈平台则利用互联网的便捷性，打破了时间与空间的限制，使居民能够随时随地表达意见。同时，图书馆还应定期举办居民座谈会，邀请不同年龄、职业、背景的居民进行面对面交流，深入了解居民的真实需求与期望。

（二）加强意见整理与分析能力

收集到居民意见后，图书馆需具备强大的整理与分析能力，以提炼出有价值的信息供政府参考。这要求图书馆工作人员具备扎实的专业知识、敏锐的洞察力和良好的沟通技巧。他们需对收集到的意见进行分类、归纳、总结，识别出共性问题与个性需求，形成条理清晰、逻辑严密的报告。此外，图书馆还应运用数据分析工具，对意见数据进行深入挖掘，发现潜在的趋势与规律，为政府提供更加科学、全面的决策支持。

（三）确保反馈机制的透明与高效

反馈机制是居民意见与建议能否得到有效处理的关键。图书馆应确保反馈机制的透明与高效，让居民知道他们的声音是如何被传递、被处理的。这包括明确反馈流程、设定处理时限、公开处理结果等措施。图书馆应及时将居民意见转达给相关部门，并跟踪处理进度，以确保意见得到妥善处理。同时，图书馆还应定期向居民通报反馈情况，让居民感受到他们的参与是有意义的，从而激发他们继续参与社区治理的热情。

（四）促进政府与居民的双向沟通

图书馆作为沟通桥梁，不仅要将居民的意见与建议传递给政府，还要将政府的政策导向、决策依据等信息传达给居民。这有助于消除信息不对称，增进居民对政府工作的理解与支持。图书馆可以通过举办政策解读会、发放宣传资料、利用社交媒体等方式，将政府的声音传递给居民。同时，图书馆还应鼓励居民积极参与政策讨论，为政府提供多元化的视角与建议，增强政策的科学性与民主性。

（五）强化居民参与意识与能力

居民是社区治理的主体，他们的参与意识与能力直接影响到社区治理的效果。图书馆应通过多种方式，强化居民的参与意识与能力。这包括开展公民教育课程、组织社区志愿服务活动、推广社区治理知识等。通过这些活动，图书馆可以引导居民树立主人翁意识，积极参与社区治理的各个环节；同时，提升居民的综合素质与能力，使他们能够更有效地表达意见、提出建议，为社区治理贡献自己的力量。

图书馆在社区治理中发挥着不可替代的作用。它通过建立多元化的意见收集渠道、加强意见整理与分析能力、确保反馈机制的透明与高效、促进政府与居民的双向沟通及强化居民参与意识与能力等措施,为居民与政府之间搭建了坚实的沟通桥梁,推动了社区治理的民主化、科学化与高效化。

三、社区教育资源的整合与提供

在快速变化的社会环境中,终身学习已成为提升个人素质、促进社区发展的重要途径。图书馆,作为知识与文化的聚集地,积极承担起整合社区教育资源、为居民提供多样化学习机会的重任,在社区治理中发挥着不可替代的教育桥梁作用。

(一)教育资源的全面整合

图书馆深谙教育资源对于社区发展的重要性,因此致力于构建一个全面、开放、共享的教育资源体系。这包括传统纸质图书、电子图书、期刊论文、音视频资料等多种形式的文献资源,也涵盖了在线课程、教育软件、数据库等数字化教育资源。图书馆通过与其他教育机构、文化机构、政府部门等建立合作关系,能够实现教育资源的跨领域整合,确保居民能够获取最新、最全面的学习材料。

(二)学习空间的灵活打造

为了满足不同居民的学习需求,图书馆精心打造多样化的学习空间。除了传统的阅读区、自习室外,还设有电子阅览室、多媒体教室、小组讨论室等特色区域。这些空间不仅提供了先进的学习设备和技术支持,还注重营造舒适、安静的学习氛围,让居民能够根据自己的喜好和需求选择合适的学习场所。此外,图书馆还根据社区特点和居民需求,灵活调整空间布局和开放时间,确保学习资源的最大化利用。

(三)学习活动的丰富开展

图书馆深知实践是学习的重要途径,因此积极策划和组织各类学习活动,可以为居民带来多样化的学习体验。这包括定期举办的讲座、研讨会、工作坊等学术活动,旨在邀请专家学者与居民面对面交流,分享最新研究成果和行业动态；也包括针对不同年龄段和兴趣爱好的兴趣小组、读书会、亲子活动等，旨在激发居民的学习兴趣和创造力。通过这些活动，图书馆不仅丰富了居民的精神文化生活，还促进了社区内部的交流与互动。

（四）教育服务的个性化定制

在提供教育服务的过程中，图书馆注重个性化定制，以满足不同居民的特殊需求。图书馆利用大数据分析技术，对居民的学习行为和兴趣偏好进行统计分析，为他们推荐个性化的学习资源和活动。同时，图书馆还设立专门的服务窗口或在线平台，为居民提供一对一的咨询和指导服务，帮助他们解决在学习过程中遇到的问题和困难。这种个性化的服务模式不仅提高了居民的学习效率和满意度，还增强了他们对图书馆的信任和依赖。

（五）社区教育生态的积极构建

图书馆深知自身在社区教育生态中的重要作用，因此积极与各方力量合作，共同构建一个健康、和谐、可持续的社区教育生态。这包括与学校、培训机构等教育机构建立合作关系，共同开发课程资源、开展联合教学活动；与社区组织、志愿者团体等建立联动机制，共同策划和组织社区教育活动；与政府部门、企业等建立沟通渠道，争取更多的政策支持和资源投入。通过这些合作与联动，图书馆不仅丰富了自身的教育资源，提高了服务能力，还促进了社区教育的整体发展和提升。

图书馆通过整合社区教育资源、打造多样化的学习空间、开展丰富的学习活动、提供个性化的教育服务及积极构建社区教育生态等措施，为居民提供了多样化的学习机会和平台。这些努力不仅促进了居民个人素质的提升，还推动了社区的和谐与可持续发展，充分展现了图书馆在社区治理中的重要作用。

四、社区文化氛围的营造与引导

在构建和谐社区、提升居民生活品质的过程中，营造积极向上的社区文化氛围至关重要。图书馆，作为社区文化的重要载体和传播者，通过举办丰富多彩的文化活动、提供高质量的阅读资源、引导健康的阅读风尚等方式，积极参与并推动社区文化氛围的营造与引导，为社区治理注入了强大的文化动力。

（一）文化活动：激发社区活力，促进文化交流

图书馆定期举办各类文化活动，如读书会、讲座、展览、文化节等，这些活动不仅丰富了居民的精神文化生活，还激发了社区的活力与创造力。读书会鼓励居民分享阅读心得，促进了知识的传播与共享；讲座邀请专家学者，为居民提供了学习新知识、拓宽视野的机会；展览则通过展示艺术作品、历史文物等，让居民在欣赏中感受文化的魅力。这些活动为居民搭建了交流与互动的平台，促进了不同背景、不同兴趣爱好的人群之间的文化交流与融合。

（二）阅读资源：提供精神食粮，引导阅读风尚

图书馆拥有丰富的阅读资源，包括图书、期刊、报纸、电子资源等，涵盖了文学、科学、艺术、历史等多个领域。这些资源为居民提供了丰富的精神食粮，满足了不同层次的阅读需求。同时，图书馆还通过推荐好书、设立专题书架、开展阅读推广活动等方式，引导居民养成良好的阅读习惯，形成积极向上的阅读风尚。这种风尚的形成，不仅提升了居民的文化素养，还促进了社区整体文化水平的提升。

（三）文化空间：打造学习交流的第三空间

图书馆不仅是知识的宝库，更是居民学习、交流、休闲的第三空间。图书馆提供了宽敞明亮的阅读环境、舒适的座椅、便捷的网络设施等，为居民提供了一个理想的学习与交流场所。在这里，居民可以自由地获取知识、交流思想、放松身心。图书馆还通过设置讨论区、咖啡角等区域，进一步增强了空间的功能性与吸引力，使其成为社区居民日常生活中不可或缺的一部分。

（四）文化引导：传承优秀文化，弘扬正能量

图书馆在营造社区文化氛围的过程中，还承担着文化引导的重要职责。它通过组织传统文化活动、推广地方特色文化、宣传社会主义核心价值观等方式，积极传承和弘扬优秀文化。这些活动不仅加深了居民对传统文化的认识与理解，还增强了他们对本土文化的自豪感与归属感。同时，图书馆还注重弘扬正能量，通过展示先进人物事迹、传播正能量故事等方式，引导居民树立正确的世界观、人生观和价值观，为社区营造了一个积极向上的文化氛围。

（五）社区共建：促进多元参与，形成文化合力

图书馆在营造社区文化氛围的过程中，还注重与社区其他组织、机构的合作与共建。通过联合举办文化活动、共享文化资源、共同开展文化项目等方式，图书馆与社区其他力量形成了强大的文化合力。这种合作不仅提高了文化活动的质量与影响力，还促进了社区内部的团结与协作，为社区治理注入了更多的文化元素与活力。

图书馆在营造积极向上的社区文化氛围方面发挥着不可替代的作用。通过举办文化活动、提供阅读资源、打造文化空间、进行文化引导及促进社区共建等措施的实施与落实，图书馆为社区居民创造了一个充满文化气息与人文关怀的生活环境，为社区治理提供了坚实的文化支撑与精神动力。

五、参与社区治理决策的支持

在社区治理的复杂网络中，图书馆以其独特的信息资源优势和专业的分析能力，逐步成为社区治理决策过程中的重要智囊与数据中枢。它不仅为决策提供了科学依据与参考，还促进了决策过程的透明化与民主化，为社区的可持续发展奠定了坚实基础。

（一）信息资源的深度挖掘与分析

图书馆拥有丰富的信息资源，包括政策文件、研究报告、统计数据、社区调查等，这些资源是社区治理决策的重要基础。图书馆运用现代信息技术手段，对这些资源进行深度挖掘与分析，提炼出有价值的信息和趋势，为决策者提供全面、准确的数据支持。例如，图书馆可以分析社区人口结构变化、居民需求偏好、经济发展状况等数据，为制定社区服务政策、经济发展规划等提供科学依据。

（二）政策研究与咨询服务的提供

图书馆不仅提供信息资源，还具备强大的政策研究与咨询能力。它组织专家学者、研究人员等，对社区治理中的热点难点问题进行深入研究，提出具有前瞻性和可操作性的政策建议。这些政策建议不仅能够帮助决策者把握政策方向，还能为政策制定提供具体可行的操作方案。同时，图书馆还通过

设立咨询窗口、开展政策研讨会等方式，为社区治理主体提供了政策咨询服务，解答他们在决策过程中遇到的疑问和困惑。

（三）促进决策过程的透明化与民主化

图书馆在参与社区治理决策的过程中，始终秉持公开、公正、透明的原则，积极推动决策过程的民主化。它通过建立信息公开机制，及时将决策相关信息向社区居民公开，保障他们的知情权和参与权。同时，图书馆还鼓励社区居民积极参与决策过程，通过意见征集、问卷调查、座谈会等方式，广泛听取他们的意见和建议。这些措施不仅增强了决策的科学性和合理性，还提高了社区居民对决策的认同感和满意度。

（四）搭建多元主体沟通平台

在社区治理中，涉及政府、居民、社会组织等多个主体之间的沟通与协作。图书馆凭借其中立性和公信力，成为搭建这些主体之间沟通平台的重要力量。它通过组织圆桌会议、对话沙龙等活动，为各方提供一个交流思想、分享经验的平台，加深彼此之间的理解和信任。同时，图书馆还利用自身的信息资源优势，为各方提供必要的信息支持和咨询服务，帮助他们更好地理解和应对社区治理中的挑战和问题。

（五）推动社区治理创新与发展

随着社会的不断进步和发展，社区治理也面临着新的挑战和机遇。图书馆在参与社区治理决策的过程中，不仅关注当前的治理问题，还积极探索和创新治理模式和方法。它关注国内外社区治理的最新动态和最佳实践，为社区治理提供新的思路和启示。同时，图书馆还鼓励和支持社区居民、社会组织等参与治理创新实践，通过提供资金支持、技术援助等方式，帮助他们将创新想法转化为实际行动。这些努力不仅推动了社区治理的创新与发展，还为社区的可持续发展注入了新的活力和动力。

图书馆在参与社区治理决策过程中发挥着不可替代的作用。它通过深度挖掘与分析信息资源、提供政策研究与咨询服务、促进决策过程的透明化与民主化、搭建多元主体沟通平台及推动社区治理创新与发展等措施，为社区治理决策提供了科学依据与参考。这些努力不仅提升了决策的科学性和合理性，还促进了社区的和谐与可持续发展。

第五章 图书馆作为文化旅游资源的挖掘与整合

第一节 图书馆特色馆藏与文化旅游产品开发

一、特色馆藏资源的挖掘与评估

在文化旅游日益兴盛的今天，图书馆作为文化传承与知识传播的重要机构，其特色馆藏资源不仅是学术研究的宝库，更是文化旅游产品开发中不可多得的创意源泉。深入挖掘与精准评估图书馆特色馆藏的文化价值与市场潜力，对于促进文化旅游产业的多元化发展、提升地方文化软实力具有重要意义。

（一）文化价值的深度剖析

特色馆藏资源往往承载着丰富的历史文化信息，是地域文化、民族风情、时代变迁的见证者，其文化价值的深度剖析需从多个维度进行。一是历史价值，通过对馆藏文献的年代、作者、内容等信息的梳理，可以还原历史场景，展现时代风貌；二是艺术价值，许多特色馆藏如古籍善本、书画作品、手工艺品等，本身就是艺术精品，具有极高的审美价值；三是学术价值，特色馆藏往往涉及某一学科或领域的深入研究，为专家学者提供了宝贵的研究资料；四是社会价值，这些资源在传承文化、教育民众、增强社区凝聚力等方面发挥着重要作用。

（二）市场潜力的精准评估

在挖掘特色馆藏文化价值的基础上，还需对其市场潜力进行精准评估。这包括对市场需求的调研、目标客群的定位及产品竞争力的分析。首先，要深入了解当前文化旅游市场的趋势与热点，分析哪些类型的特色馆藏资源更受游客青睐；其次，明确目标客群的需求特点，如年龄、兴趣、消费能力等，以便有针对性地开发产品；最后，通过对比分析同类产品的优劣势，确定自身产品的独特卖点与竞争优势。

（三）创意转化的策略探索

特色馆藏资源的创意转化，是将其文化价值转化为市场价值的关键环节。图书馆可以联合文化旅游企业、创意设计师等，共同探索多元化的转化策略。一是开发文化旅游产品，如将古籍中的故事、传说改编为旅游线路或文化体验项目，将书画作品、手工艺品转化为旅游纪念品；二是举办文化展览与活动，通过展览展示特色馆藏的魅力，吸引游客参观体验；三是开展数字化传播，利用数字技术将特色馆藏进行数字化处理，通过网络平台、移动应用等渠道进行广泛传播，扩大其影响力与受众面。

（四）持续保护与传承的考量

在挖掘与利用特色馆藏资源的过程中，必须始终将保护与传承放在首位。图书馆应建立健全的档案管理制度，对特色馆藏进行详细的登记、分类与保管；加强安全防范措施，确保馆藏资源不受损害；同时，积极开展文化传播与教育活动，提高公众对特色馆藏的认识与尊重，形成全社会共同参与保护与传承的良好氛围。

图书馆特色馆藏资源的挖掘与评估是一项系统工程，需要深入剖析其文化价值、精准评估市场潜力、探索创意转化策略，并始终将保护与传承作为重要考量。只有这样，才能充分发挥特色馆藏资源的潜力与价值，为文化旅游产业的繁荣发展贡献力量。

二、文化旅游产品的创意策划

在文化旅游日益兴盛的今天，图书馆作为文化传承与创新的重要载体，其丰富的特色馆藏成为开发具有独特文化魅力旅游纪念品与文创产品的宝贵资源。通过深入挖掘馆藏特色，巧妙融合创意设计，图书馆不仅能够为游客带来全新的文化体验，还能有效促进文化的传播与交流。

（一）特色馆藏的精选与解读

文化旅游产品的设计首先依赖于对特色馆藏的精选与深入解读。图书馆应梳理自身馆藏资源，筛选出具有代表性、独特性和故事性的文物、古籍、手稿、艺术品等作为设计灵感来源。通过深入研究这些馆藏的历史背景、文化内涵及艺术价值，提炼出能够触动人心、引发共鸣的文化元素，为产品设计奠定坚实基础。

（二）创意设计的融合与创新

在精选特色馆藏的基础上，图书馆需邀请专业设计师或与设计机构合作，将文化元素与现代设计理念相融合，创造出既具有文化底蕴又符合市场需求的旅游纪念品与文创产品。设计过程中，应注重产品的实用性、美观性和独特性，使其既能作为纪念品收藏，又能融入日常生活，成为传播文化的新载体。此外，还应鼓励创新思维，尝试将新技术、新材料应用于产品设计中，提升产品的科技含量与时尚感。

（三）文化故事的讲述与传递

每一件文化旅游产品都应承载着一段文化故事。图书馆在开发产品时，应注重挖掘并讲述这些故事，通过产品说明书、二维码链接等形式，让游客在欣赏产品的同时，也能了解到背后的文化内涵与历史背景。这种方式不仅能够提高产品的吸引力与附加值，还能激发游客对文化的兴趣与探索欲，促进文化的传承与发展。

（四）市场需求的调研与反馈

在文化旅游产品开发过程中，市场调研与反馈同样重要。图书馆需密切关注市场动态与消费者需求变化，及时调整产品策略与设计方向。通过问卷调查、社交媒体互动等方式收集游客意见与建议，了解他们对产品的喜好与期望，为产品优化与迭代提供有力支持。同时，还应关注行业趋势与竞争对手动态，保持产品的竞争力与创新性。

图书馆在文化旅游产品的创意策划中应充分发挥特色馆藏的优势，通过精选与解读、融合与创新、讲述与传递及调研与反馈等环节的共同努力，打造出具有独特文化魅力的旅游纪念品与文创产品。这些产品不仅能够丰富游客的文化体验，还能成为图书馆文化传播与品牌塑造的新亮点。

三、产品开发与制作的质量控制

在将图书馆特色馆藏转化为文化旅游产品的过程中，确保产品质量与文化内涵的完美结合是至关重要的一环。这不仅关乎产品的市场竞争力，更关系到文化传承的深度与广度。

（一）深度挖掘文化内涵，精准定位产品特色

产品开发之初，需对特色馆藏的文化内涵进行深度挖掘，理解其历史背景、艺术特色及文化价值。通过专业研究团队的细致分析，提炼出最具代表性的文化元素，作为产品设计的核心灵感。同时，明确产品目标受众，结合市场需求与趋势，精准定位产品特色，确保产品既具有文化内涵，又能满足消费者的实际需求。

（二）严格把控设计环节，融合美学与实用性

设计是产品开发的关键步骤，需将文化内涵融入产品外观、功能及体验之中。设计师需具备深厚的文化底蕴与敏锐的审美感知，将特色馆藏的艺术特色转化为产品的独特风格。在追求美观的同时，注重产品的实用性与便捷性，确保用户在享受文化韵味的同时，也能获得良好的使用体验。

（三）精细制作，确保品质卓越

制作环节是产品质量的直接体现。需选用优质材料，遵循传统工艺与现代技术的完美结合，确保产品制作的精细度与耐用性。在生产过程中，需要建立严格的质量管理体系，对每一道工序进行严格把控，以确保产品符合既定的质量标准。同时，要注重环保与可持续性，采用绿色生产方式，减少对环境的影响。

（四）强化反馈机制，持续优化产品

产品开发并非一蹴而就，而是一个持续迭代的过程。需建立有效的市场反馈机制，及时收集用户意见与建议，对产品进行持续优化与改进。通过用户反馈，了解产品的不足之处与市场趋势的变化，为产品的升级换代提供有力支持。同时，保持对特色馆藏文化的持续关注与研究，为产品的创新提供源源不断的灵感与动力。

产品开发与制作的质量控制需从文化内涵的挖掘、设计的融合、制作的精细及反馈的持续优化等多个方面入手，确保产品质量与文化内涵的完美结合。这不仅是对消费者负责，更是对文化传承的尊重与守护。

四、文化旅游产品的营销与推广

在文化旅游产品日益丰富多样的今天，如何有效地进行宣传与推广，让特色馆藏与文化旅游产品触达更广泛的受众，成为图书馆面临的重要课题。通过线上线下相结合的多渠道策略，图书馆可以全方位、多角度地展示产品魅力，吸引游客关注，促进销售转化。

（一）线上渠道的创新应用

随着互联网的普及，线上渠道成为文化旅游产品宣传与推广的重要阵地。图书馆可以充分利用官方网站、社交媒体平台（如微博、微信、抖音等）及电商平台，构建全方位的线上营销网络。通过发布精美的产品图片、视频介绍、文化故事等内容，吸引网友点击浏览，增加产品曝光度。同时，利用社交媒体平台的互动功能，开展话题讨论、抽奖活动、用户评价等互动环节，增强用户的参与感与黏性。此外，与知名博主、网红合作进行产品推广，借助其影响力扩大宣传范围，也是一种有效的营销策略。

（二）线下活动的精彩呈现

线下活动作为直接接触游客的窗口，对于提升文化旅游产品的认知度和好感度具有不可替代的作用。图书馆可以策划举办一系列以特色馆藏为主题的展览、讲座、工作坊等活动，邀请游客亲身体验产品的文化魅力。在活动现场设置产品展示区，让游客近距离观赏、试用产品，并配备专业人员进行讲解与推荐。此外，还可以与旅游机构合作，将文化旅游产品纳入旅游线路中，作为游客必访的打卡点之一，提高产品的市场渗透率。

（三）跨界合作的深度挖掘

跨界合作是文化旅游产品营销与推广的又一亮点。图书馆可以积极寻求与其他文化机构、旅游企业、品牌商等建立合作关系，共同开发联名产品，实现资源共享与优势互补。通过跨界合作，不仅可以拓宽产品销售渠道，还能借助合作方的品牌影响力提升产品知名度。同时，合作双方还可以共同策划举办联合活动，吸引更多潜在消费者关注与参与。

（四）口碑传播的积极引导

口碑传播是文化旅游产品营销与推广中不可忽视的力量。图书馆应重视游客的反馈与评价，积极收集并整理游客意见与建议，不断优化产品与服务。同时，鼓励满意的游客通过社交媒体平台分享自己的购买体验与产品评价，形成良好的口碑效应。对于提出建设性意见的游客，可以给予一定的奖励或优惠，激发其传播热情。

图书馆在文化旅游产品的营销与推广过程中，应充分利用线上线下多种渠道，通过创新应用线上渠道、精彩呈现线下活动、深度挖掘跨界合作及积极引导口碑传播等策略，全方位、多角度地展示产品魅力，提升品牌知名度与美誉度，促进文化旅游产品的销售与文化传播的双重目标实现。

五、用户反馈与产品迭代优化

在图书馆特色馆藏转化为文化旅游产品的生命周期中，用户反馈不仅是衡量产品成功与否的重要标尺，更是推动产品迭代优化、提升竞争力的关键动力。通过积极收集并分析用户反馈，企业能够准确把握市场需求变化，为产品的持续改进提供方向性指导。

（一）构建多元化反馈渠道，全面捕捉用户声音

为了全面、及时地获取用户反馈，需构建多元化的反馈渠道。这包括但不限于在线评价系统、社交媒体互动、客户服务热线及定期的用户调研问卷等。通过这些渠道，企业能够覆盖更广泛的用户群体，收集到更加全面、真实的用户意见和建议。

（二）深入分析用户反馈，提炼关键改进点

收集到用户反馈后，需进行系统的整理和分析，以提炼出关键的改进点。这一过程应侧重于识别用户对产品功能、设计、质量、服务等方面的满意度与不满之处，以及用户对于产品未来发展方向的期望与建议。通过深入分析，企业能够明确产品优化的重点方向，为后续的产品迭代提供有力支撑。

（三）快速响应市场需求，实施产品迭代优化

基于用户反馈和市场需求的分析结果，企业应迅速制定产品迭代优化的策略与计划。这包括对产品功能进行扩展或调整、优化产品设计与用户体验、提升产品质量与稳定性等方面。在实施过程中，需注重团队协作与跨部门沟通，确保各项优化措施能够得到有效执行和落地。同时，保持对市场动态的持续关注，灵活调整产品策略，以适应市场变化的需求。

（四）建立持续改进机制，推动产品持续优化

产品迭代优化并非一次性的工作，而是一个持续不断的过程。因此，企业需建立持续改进的机制，将用户反馈和产品迭代纳入企业的日常运营之中。通过定期回顾产品表现、评估用户满意度、识别新的市场机会等方式，不断推动产品的持续优化与升级。同时，鼓励创新思维和跨界合作，为产品的未来发展注入新的活力。

用户反馈与产品迭代优化是图书馆特色馆藏文化旅游产品开发过程中不可或缺的重要环节。通过构建多元化反馈渠道、深入分析用户反馈、快速响应市场需求及建立持续改进机制等措施，企业能够不断提升产品的竞争力和市场地位，为文化旅游产业的繁荣发展贡献力量。

第二节　图书馆数字资源在文化旅游中的应用

一、虚拟导览与在线体验

在数字化时代，图书馆作为知识与文化的宝库，正积极探索将虚拟现实（VR）与增强现实（AR）技术融入其文化旅游服务中，为游客打造前所未有的虚拟导览与在线体验，极大地拓宽了文化传播的边界。

（一）虚拟现实技术：沉浸式探索之旅

虚拟现实技术通过构建三维虚拟环境，使用户能够置身于图书馆的数字资源之中。在文化旅游领域，图书馆可以运用 VR 技术创建虚拟展厅，将珍贵的古籍善本、历史文物、艺术藏品等以高清逼真的形式呈现给游客。游客

佩戴 VR 头盔，即可瞬间穿越到古代书斋，近距离观赏古籍的装帧艺术，感受历史的厚重与文化的韵味。此外，VR 技术还能模拟图书馆的建筑结构与布局，让游客在虚拟空间中自由穿梭，享受探索的乐趣。

（二）增强现实技术：互动式学习体验

增强现实技术则是在现实世界的基础上叠加虚拟信息，为用户带来更加丰富的交互体验。在图书馆的文化旅游服务中，AR 技术可以被应用于导览系统、信息展示等多个环节。例如，游客可以通过手机或平板电脑扫描特定的图书封面或展览标识，即可在屏幕上看到关于该图书或展览的详细介绍、作者生平、创作背景等丰富内容，甚至还能观看相关视频或动画，使学习过程更加生动有趣。同时，AR 技术还能在图书馆的物理空间中创造出虚拟的学习场景，如模拟历史场景、科学实验等，让游客在互动中加强对知识的理解和记忆。

（三）融合创新：打造全方位文化旅游体验

为了进一步提升游客的文化旅游体验，图书馆还可以将 VR 与 AR 技术相结合，提供更加丰富多彩的虚拟导览与在线体验服务。例如，可以设计一款结合 VR 与 AR 的导览应用，游客在佩戴 VR 头盔进行沉浸式游览的同时，还能通过 AR 技术获取到更多的互动信息和个性化推荐。此外，图书馆还可以利用大数据、人工智能等先进技术，对游客的游览行为、兴趣偏好等进行分析，为其提供更加精准、个性化的服务。

虚拟现实与增强现实技术在图书馆文化旅游中的创新应用，不仅为游客提供了更加便捷、高效的信息获取方式，还极大地丰富了他们的文化体验和学习方式。随着技术的不断进步和应用场景的不断拓展，相信未来图书馆的数字资源将在文化旅游领域发挥更加重要的作用。

二、数字展览与远程参观

在数字化时代，图书馆正在经历技术变革，通过网络平台打造数字展览，让全球游客跨越地理界线，远程参观珍贵的特色馆藏。这一创新举措不仅丰富了文化旅游的形式，更极大地提升了文化资源的可及性和传播力。

（一）构建数字展览平台，呈现馆藏独特魅力

图书馆利用先进的数字化技术，如高清扫描、3D建模、虚拟现实（VR）等，将特色馆藏转化为数字资源，并精心策划设计数字展览。这些展览不仅还原了馆藏的原貌，还通过多媒体手段，如视频、音频、互动游戏等，丰富了展览的呈现形式，使游客能够全方位、多角度地感受馆藏的独特魅力。数字展览平台以其便捷性、互动性和沉浸感，为游客带来了全新的参观体验。

（二）优化远程参观体验，打破时空限制

通过数字展览平台，游客无须亲临图书馆，即可随时随地访问展览内容。平台提供流畅的在线浏览、搜索和导航功能，可以帮助游客快速找到感兴趣的展品。同时，平台还注重用户体验的优化，如提供多种语言支持、智能推荐系统及个性化设置等，以满足不同游客的需求。此外，数字展览还支持社交媒体分享功能，游客可以将自己的参观体验分享给朋友和家人，进一步扩大了文化传播的范围和影响力。

（三）加强数字资源保护，确保文化传承

在推动数字展览与远程参观的同时，图书馆也高度重视数字资源的保护与安全。通过建立完善的数据备份与恢复机制、采用先进的加密技术和安全协议等措施，可以确保数字资源免受损坏、丢失或非法访问的风险。同时，图书馆还加强了对数字资源的版权管理，尊重原作者和权利人的合法权益，确保文化传承的合法性和可持续性。

（四）促进文化交流与合作，共筑文化桥梁

数字展览与远程参观不仅为游客提供了便捷的文化旅游方式，更为不同国家和地区之间的文化交流与合作搭建了桥梁。通过数字展览平台，各国图书馆可以共享优质文化资源、展示各自的文化特色、探讨共同的文化议题。这种跨越国界的文化交流与合作有助于增进相互理解和尊重，促进文化多样性和共同繁荣。

三、数字文化地图与导航

在文化旅游日益兴盛的今天，开发一款集图书馆数字资源与周边文化旅游资源于一体的数字文化地图，成为提升游客体验、促进文化传播的新途径。这款地图不仅能为游客提供便捷的导航服务，还能引导他们深入探索周边的文化宝藏，让每一次旅行都成为一次深刻的文化探索之旅。

（一）数字化资源整合，构建文化地图基础

数字文化地图的基石在于对各类文化资源的全面整合与数字化处理。图书馆作为文化资源的聚集地，拥有丰富的书籍、文献、图片、音视频等数字资源。通过将这些资源与周边的历史文化遗址、博物馆、艺术馆、文化街区等实体文化资源相结合，构建出一个全面、详尽的文化资源库。这一资源库为数字文化地图提供了丰富的内容支撑，使游客能够在地图上轻松找到感兴趣的文化景点，并获取详细的介绍信息。

（二）智能导航服务，引领便捷旅行

数字文化地图的另一大亮点在于其智能导航功能。借助先进的定位技术和地图算法，该地图能够为游客提供精准、实时的导航服务。无论是步行、骑行还是驾车，游客只需输入目的地，地图即可为其规划出最优路线，并实时显示当前位置与目的地之间的距离、预计到达时间等信息。此外，地图还支持语音导航功能，让游客在行驶过程中也能安心聆听导航指示，无须分心查看屏幕。

（三）互动体验升级，探索文化深度

为了进一步提升游客的文化旅游体验，数字文化地图还融入了丰富的互动元素。在地图上，游客可以通过点击文化景点图标，查看该景点的详细介绍、历史背景、开放时间、门票价格等实用信息。同时，地图还支持虚拟导览功能，游客可以通过手机或平板电脑等终端设备，在虚拟空间中游览景点内部，欣赏珍贵文物、艺术品等，仿佛身临其境。此外，地图还设有用户评价、推荐路线、文化活动信息等模块，为游客带来了更加全面、个性化的服务体验。

（四）持续更新优化，紧跟时代步伐

随着文化旅游市场的不断发展变化，数字文化地图也需要持续更新优化以适应新的需求。图书馆应密切关注市场动态和游客反馈，及时调整地图内容和服务功能。例如，可以定期更新文化景点的信息、增加新的文化资源点、优化导航算法以提高准确性等。同时，还可以引入大数据、人工智能等先进技术对游客行为进行分析预测，为游客提供更加精准、个性化的推荐服务。通过这些努力，数字文化地图将不断完善提升，为游客带来更加便捷、高效、丰富的文化旅游体验。

四、互动学习与教育平台

在文化旅游的广阔舞台上，图书馆通过构建互动学习与教育平台，为游客提供了一个寓教于乐、增长知识、提升文化素养的独特空间。这一平台不仅丰富了旅游体验的内涵，还促进了文化知识的传播与普及。

（一）整合数字资源，打造多元化学习内容

互动学习与教育平台充分利用图书馆丰富的数字资源，包括但不限于电子书籍、学术论文、多媒体资料、在线课程等，精心策划并整合成一系列具有教育意义的学习内容。这些内容涵盖了历史、文化、艺术、科学等多个领域，旨在满足不同游客的学习兴趣和需求。通过图文并茂、音视频结合的方式，平台使学习过程更加生动有趣，易于理解和接受。

（二）创新互动模式，增强学习体验

为了提升游客的学习体验，平台采用多种创新互动模式。例如，设置在线问答、游戏化学习、虚拟实验室等环节，让游客在参与中掌握知识、解决问题。同时，平台还支持游客之间的交流与分享，通过论坛、社交媒体等渠道，促进思想的碰撞与灵感的激发。这种互动式学习不仅增强了游客的参与感和获得感，还培养了他们的批判性思维和创新能力。

（三）定制个性化学习路径，满足个性化需求

考虑到游客的学习背景和兴趣差异，平台需要提供个性化学习路径定制服务。通过智能推荐算法和数据分析技术，平台能够根据游客的浏览历史、

学习偏好等信息，为其推荐适合的学习内容和资源。这种个性化学习路径不仅提高了学习效率，还激发了游客的学习动力和兴趣。

（四）强化教育功能，促进文化素养提升

互动学习与教育平台不仅仅是一个学习工具，更是一个文化传承与素养提升的重要平台。通过系统的课程设置和深入的文化解读，平台引导游客深入了解并尊重不同文化的独特性和价值。同时，平台还注重培养游客的批判性思维和跨文化交流能力，帮助他们在全球化的背景下更好地理解和适应多元文化的环境。这种全面的教育功能不仅提升了游客的文化素养，也为社会的文化进步和发展做出了积极贡献。

五、数据分析与游客行为研究

在文化旅游领域，大数据分析已成为洞察游客行为、优化产品体验、提升服务质量的关键工具。图书馆作为文化资源的重要载体，其数字资源在数据分析与游客行为研究中同样发挥着不可替代的作用。通过深入挖掘游客行为数据，图书馆能够为文化旅游产品的开发与优化提供强有力的数据支持。

（一）数据收集与整合：构建全面游客画像

数据分析的第一步是收集并整合游客在文化旅游过程中的各类数据。这些数据包括但不限于游客的到访时间、停留时长、游览路线、消费记录、互动行为等。图书馆可以依托其数字资源平台，结合第三方数据源，如社交媒体、在线旅游平台等，构建全面的游客行为数据库。通过对这些数据的收集、整理与标准化处理，形成可分析的游客行为数据集，为后续的分析工作奠定基础。

（二）行为模式识别：洞察游客偏好与需求

在拥有足够的数据基础后，图书馆可以运用先进的数据分析技术，如聚类分析、关联规则挖掘等，对游客行为模式进行深入挖掘。通过识别游客的偏好、兴趣爱好、消费习惯等关键特征，图书馆能够构建出清晰的游客画像，为文化旅游产品的精准定位提供有力支持。例如，通过分析游客对特定文化主题的关注度，图书馆可以开发出更具针对性的文化旅游线路或展览；通过了解游客的消费能力，图书馆可以优化产品的定价策略，提高市场竞争力。

（三）趋势预测与策略调整：引领文化旅游新风尚

除了对游客行为现状的分析外，大数据分析还能帮助图书馆预测文化旅游市场的未来趋势。通过对历史数据的回顾与当前数据的分析，结合宏观经济环境、社会文化背景等因素的综合考量，图书馆可以预测游客需求的变化趋势、新兴文化热点的兴起等关键信息。这些信息对于文化旅游产品的开发与优化具有重要意义。图书馆可以根据预测结果及时调整产品策略，推出符合市场需求的新产品或服务，引领文化旅游的新风尚。

（四）持续优化与迭代：构建闭环反馈机制

数据分析与游客行为研究并非一次性工作，而是一个持续迭代、不断优化的过程。图书馆应建立健全的数据分析体系与闭环反馈机制，确保数据收集、分析、应用与反馈的顺畅衔接。通过定期回顾分析成果、评估产品效果、收集游客反馈等方式，图书馆可以及时发现并解决问题，不断优化文化旅游产品的设计与服务流程。这种持续优化的过程将有助于图书馆在文化旅游市场中保持领先地位，为游客带来更加优质、个性化的文化旅游体验。

第三节　图书馆与其他文化旅游资源的联动

一、跨领域合作机制的建立

在文化旅游日益兴盛的今天，图书馆作为文化资源的宝库，正积极寻求与其他文化旅游机构的合作，共同开发丰富多样的文化旅游资源。这种跨领域的合作不仅促进了文化资源的共享与互补，还极大地拓宽了文化旅游的边界，为游客带来了更加多元化、深层次的旅游体验。

（一）明确合作目标，共绘发展蓝图

图书馆与其他文化旅游机构在建立合作机制之初，需明确合作的目标与愿景。双方应基于共同的文化传承与发展理念，探讨如何通过合作实现资源共享、优势互补、市场共拓等目标。在此基础上，共同制定合作规划与发展

蓝图，明确合作的具体领域、项目、时间表及责任分工，为后续的深度合作奠定坚实基础。

（二）构建沟通平台，促进信息共享

为了确保合作的顺利进行，图书馆与其他文化旅游机构需构建高效的沟通平台。这包括定期召开联席会议、设立专项工作组、建立信息共享机制等。通过这些平台，双方可以及时交流工作进展、分享资源信息、协调解决合作中遇到的问题。同时，还可以共同策划文化活动、展览、讲座等，丰富文化旅游产品的内容与形式，提升游客的参与度和满意度。

（三）联合开发资源，打造特色项目

图书馆拥有丰富的文献资源、专家资源及品牌优势，而其他文化旅游机构则可能在旅游资源、市场渠道等方面具有独特优势。双方可充分利用各自的优势资源，联合开发具有地方特色和文化内涵的文化旅游项目。例如，共同举办文化主题展览、开发文化旅游线路、推出特色文创产品等。这些项目不仅能够满足游客对文化体验的需求，还能够促进地方文化的传承与发展。

（四）深化合作层次，实现互利共赢

在合作过程中，图书馆与其他文化旅游机构应不断深化合作层次，探索更多元化的合作模式。例如，可以共同开展学术研究、人才培养、市场推广等方面的合作。通过这些深度合作，双方不仅可以实现资源共享与优势互补，还能够在人才、技术、市场等方面形成良性互动，共同推动文化旅游产业的繁荣发展，实现互利共赢，为文化旅游事业的持续健康发展贡献力量。

二、联合推广与活动策划

在文化旅游领域，图书馆作为知识与文化的传承者，其影响力与吸引力的提升往往离不开与其他文化旅游资源的紧密联动。通过联合推广与活动策划，图书馆能够有效整合各方资源，形成合力，共同打造具有鲜明特色的文化旅游品牌，吸引更多游客的关注与参与。

（一）资源共享，优势互补

联合推广的基础在于资源共享与优势互补。图书馆拥有丰富的书籍、文献、展览等文化资源，而其他文化旅游资源则可能拥有独特的自然景观、历史遗迹或民俗风情。通过相互合作，双方可以共享这些资源，实现优势互补，为游客带来更加丰富多彩的文化旅游体验。例如，图书馆可以与当地博物馆、艺术馆等合作举办联合展览，将图书馆的珍贵藏书与博物馆的文物展品相结合，共同讲述一段段动人的历史故事。

（二）活动策划，创新体验

活动策划是提升文化旅游吸引力的重要手段。图书馆可以联合其他文化旅游资源，共同策划一系列具有创意和吸引力的活动，如文化讲座、读书会、亲子互动体验、主题节庆等。这些活动不仅能够丰富游客的文化生活，还能加深他们对当地文化的理解和认同。同时，通过活动的举办，图书馆与其他文化旅游资源的合作关系也将得到进一步巩固和深化。

（三）品牌塑造，提升影响力

联合推广与活动策划的最终目的是要塑造具有鲜明特色的文化旅游品牌，提升整体影响力与吸引力。在这个过程中，图书馆需要与其他文化旅游资源保持紧密沟通与合作，共同制定品牌推广策略，明确品牌定位和形象。通过统一的宣传渠道和宣传材料，可以向外界展示文化旅游资源的独特魅力和价值。同时，图书馆还可以利用自身在学术研究、文化交流等方面的优势，为品牌推广提供智力支持。

（四）持续合作，共谋发展

联合推广与活动策划不是一次性的活动，而是一个长期的过程。图书馆需要与其他文化旅游资源保持持续的合作关系，共同探索新的合作模式和合作领域。通过不断的交流与合作，双方可以共同应对市场变化和挑战，共同推动文化旅游事业的繁荣发展。同时，这种持续的合作也将为图书馆自身的发展注入新的活力和动力。

三、资源共享与互补优势

在文化旅游的广阔天地中，图书馆作为知识与文化的集散地，积极寻求与其他机构的深度合作，通过资源共享与优势互补，共同推动文化旅游的繁荣发展。这种联动不仅丰富了文化旅游的内涵，也促进了各类资源的有效利用和最大化价值实现。

（一）数字资源互联互通，拓宽知识边界

图书馆拥有丰富的数字资源，包括电子图书、数据库、多媒体资料等，这些资源对于文化旅游的信息化、智能化发展具有重要意义。通过与其他机构建立数字资源共享机制，图书馆能够实现资源的互联互通，为游客提供更加全面、便捷的知识获取途径。同时，其他机构也能借助图书馆的数字资源，丰富自身产品的文化内涵，共同提升文化旅游的吸引力和竞争力。

（二）实体资源互补利用，丰富旅游体验

除了数字资源外，图书馆还藏有大量珍贵的实体资源，如古籍善本、手稿、艺术品等。这些资源对于文化旅游来说是不可多得的宝贵财富。通过与其他机构合作，图书馆可以将这些实体资源融入旅游线路和活动中，使游客在游览过程中能够近距离接触和感受历史文化的魅力。同时，其他机构也可以利用图书馆的实体资源，举办特色展览、文化讲座等活动，丰富旅游产品的种类和形式，提升游客的参与度和满意度。

（三）专家资源协同合作，深化文化内涵

图书馆拥有一批专业的学者和专家团队，他们在各自的研究领域具有深厚的学术造诣和丰富的实践经验。通过与其他机构的专家资源协同合作，图书馆可以深入挖掘和阐释文化旅游资源的历史背景、文化内涵和艺术价值，为游客提供更加专业、深入的解说和导览服务。同时，这种合作也有助于推动学术研究的交流与发展，促进文化旅游领域的理论创新和实践探索。

（四）品牌资源联合推广，提升市场影响力

图书馆作为文化的重要象征和载体，具有广泛的品牌影响力和社会认可度。通过与其他机构联合推广文化旅游产品和服务，图书馆可以借助自身的品牌优势，提升市场知名度和美誉度。同时，这种联合推广也有助于形成文化旅游的品牌集群效应，增强整个行业的市场竞争力和吸引力。在合作过程中，各方可以共同制定营销策略和推广计划，利用各自的优势资源和渠道资源，实现市场资源的优化配置和高效利用。

四、文化旅游线路的规划与串联

在文化旅游的广阔天地中，图书馆以其独特的文化资源与知识底蕴，成为规划与串联旅游线路的重要一环。通过与其他文化旅游资源的紧密联动，图书馆能够设计出既富有教育意义又充满趣味性的旅游线路，为游客提供一次难忘的文化探索之旅。

（一）文化资源深度挖掘，构建特色线路

图书馆作为文化资源的宝库，拥有海量的书籍、文献、图片及多媒体资料。在规划文化旅游线路时，图书馆应深入挖掘这些资源，提炼出具有地方特色和文化价值的元素，作为线路的核心亮点。通过将这些元素与其他文化旅游资源相结合，如历史遗址、博物馆、艺术馆等，构建出具有独特魅力的旅游线路。这样的线路不仅能让游客领略到自然风光的美丽，更能深入了解当地的历史文化，感受到文化的厚重与魅力。

（二）知识导览与互动体验，丰富旅游内涵

在文化旅游线路的串联过程中，图书馆可以发挥其知识导览的作用，为游客提供详尽的文化背景介绍和解读。通过设立导览标识、制作宣传手册、开展现场讲解等方式，图书馆能够帮助游客更好地理解旅游线路中的文化元素，增强他们的文化认同感和体验感。此外，图书馆还可以与其他文化旅游资源合作，设计互动体验环节，如文化工作坊、角色扮演游戏等，让游客在参与中亲身体验文化的魅力，进一步丰富旅游的内涵。

（三）智慧旅游技术应用，提升游客体验

随着科技的不断发展，智慧旅游技术已成为提升游客体验的重要手段。图书馆可以积极引入这些技术，如虚拟现实（VR）、增强现实（AR）、智能导航等，为文化旅游线路的规划与串联增添更多科技元素。通过虚拟现实技术，游客可以在家中或旅途中预览旅游线路中的景点和文化元素；通过增强现实技术，游客可以在实地游览时获得更加生动、直观的文化信息；通过智能导航技术，游客可以轻松地找到旅游线路中的各个景点，并获取最佳的游览路线和建议。这些技术的应用不仅提高了游客的游览效率，还大大增强了他们的游览体验。

（四）持续优化与迭代，打造精品线路

文化旅游线路的规划与串联是一个持续优化的过程。图书馆应与其他文化旅游资源保持密切沟通与合作，根据游客的反馈和市场需求不断调整和完善线路设计。通过收集和分析游客的游览数据和行为模式，图书馆可以更加准确地把握游客的需求和偏好，为线路的优化提供有力支持。同时，图书馆还应关注文化旅游市场的发展趋势和新兴热点，及时将新的文化元素和旅游资源纳入线路中，保持线路的活力和吸引力。通过持续优化与迭代，图书馆将打造出更多具有市场竞争力的精品旅游线路，为游客带来更加优质、丰富的文化旅游体验。

五、文化旅游品牌的共建与推广

在文化旅游的浪潮中，图书馆与其他机构的紧密合作不仅促进了资源的共享与互补，更为区域文化旅游品牌的共建与推广注入了新的活力。通过携手并进，共同打造具有鲜明特色和广泛影响力的文化旅游品牌，图书馆与其他机构共同提升了区域文化旅游的整体形象，为游客带来了更加难忘的文化体验。

（一）明确品牌定位，塑造独特形象

文化旅游品牌的共建与推广首先需明确品牌定位，即确定品牌的核心价值、目标受众及市场定位。图书馆与其他机构应基于区域文化特色和资源优势，共同挖掘和提炼品牌的核心元素，形成具有独特性和辨识度的品牌形象。

这一过程中，图书馆可发挥其文化研究和传播的优势，为品牌提供深厚的文化底蕴和丰富的文化内涵；而其他机构则可利用其市场运营和渠道拓展的能力，为品牌的推广提供有力支持。

（二）整合资源优势，丰富品牌内涵

文化旅游品牌的内涵丰富与否直接关系到其吸引力和影响力。图书馆与其他机构应充分发挥各自的资源优势，通过资源整合和优势互补，共同丰富品牌的内涵。这包括但不限于文化资源的挖掘与整理、旅游产品的开发与设计、文化活动的策划与组织等方面。通过共同努力，打造出一系列具有地方特色和文化底蕴的文化旅游产品和文化活动，为游客带来更加丰富多元的文化体验。

（三）创新营销手段，拓宽传播渠道

在文化旅游品牌的推广过程中，创新营销手段和拓宽传播渠道至关重要。图书馆与其他机构应积极探索新媒体、互联网等现代营销手段，通过线上线下相结合的方式，扩大品牌的知名度和影响力。例如，可以利用社交媒体平台开展互动营销，吸引游客的关注和参与；或者通过合作举办大型文化活动、旅游节庆等方式，提升品牌的曝光度和美誉度。同时，还可以考虑与旅游企业、媒体机构等建立战略合作关系，共同打造全方位、多层次的品牌传播网络。

（四）强化品牌管理，确保持续发展

文化旅游品牌的共建与推广是一个长期而复杂的过程，需要持续不断的努力和管理。图书馆与其他机构应建立健全的品牌管理机制，加强品牌形象的维护和提升工作。这包括但不限于品牌形象的监测与评估、品牌危机的应对与处理、品牌价值的提升与拓展等方面。通过科学有效的品牌管理手段，可以确保文化旅游品牌的持续发展和不断壮大。

第四节　图书馆文化旅游资源的创新开发

一、创新思维与跨界融合

在文化旅游产业日益繁荣的今天，图书馆作为文化资源的集聚地，正面临着前所未有的发展机遇与挑战。引入创新思维，推动图书馆文化旅游资源的跨界融合，不仅能够打破传统界限，创造全新的旅游产品，还能为游客带来更加丰富多元的文化体验。

（一）思维碰撞，激发创新灵感

创新思维的引入，首先要求图书馆打破传统思维模式的束缚，勇于尝试新的思路和方法。这包括与不同领域、不同行业的交流与合作，通过思维碰撞激发新的灵感与火花。图书馆可以邀请文化学者、艺术家、科技专家等跨界人才，共同参与文化旅游资源的开发与策划，将各自领域的专业知识与创意融入其中，形成独具特色的文化旅游产品。

（二）资源整合，实现跨界融合

跨界融合的关键在于资源的有效整合。图书馆拥有丰富的文化资源，如古籍善本、珍贵文献、特色展览等，这些都是文化旅游产品的宝贵素材。然而，仅仅依靠这些资源还远远不够，图书馆还需要积极寻求与其他文化旅游资源的合作，如历史遗址、博物馆、艺术馆、自然景观等，通过资源整合实现优势互补，共同打造具有竞争力的文化旅游产品。这种跨界融合不仅能够丰富产品的文化内涵，还能提升游客的参与度和满意度。

（三）科技赋能，创新产品形态

在跨界融合的过程中，科技的力量不可忽视。图书馆应充分利用现代科技手段，如虚拟现实（VR）、增强现实（AR）、大数据、人工智能等，为文化旅游产品注入新的活力。通过科技赋能，图书馆可以创造出更加生动、直观、互动的文化旅游产品形态，如虚拟导览、互动展览、智能讲解等，让游客在享受文化盛宴的同时，也能感受到科技的魅力。

（四）持续创新，引领文化旅游新风尚

创新是一个永无止境的过程。图书馆在推动文化旅游资源的跨界融合时，应始终保持敏锐的洞察力和创新精神，不断关注市场动态和游客需求的变化，及时调整和优化产品策略。同时，图书馆还应加强与其他文化旅游机构的合作与交流，共同探索新的合作模式和发展路径，共同推动文化旅游产业的繁荣发展。通过持续创新，图书馆将引领文化旅游的新风尚，为游客带来更加丰富多彩的文化旅游体验。

二、文化 IP 的打造与运营

在文化旅游产业蓬勃发展的今天，图书馆作为文化资源的富集地，正积极探索将特色馆藏中的文化元素转化为具有影响力的文化 IP，并通过商业化运营实现其价值的最大化。这一过程不仅丰富了文化旅游的内涵，也为图书馆的文化传承与创新开辟了新的路径。

（一）深入挖掘文化元素，构建 IP 核心

文化 IP 的打造首先依赖于对文化元素的深入挖掘与提炼。图书馆应充分利用其丰富的馆藏资源，特别是那些具有独特性、代表性和故事性的文化资源，如古籍文献、手稿、艺术品等。通过专业的研究与分析，挖掘这些资源背后的历史背景、文化内涵和艺术价值，构建出具有鲜明特色和吸引力的 IP 核心。这一过程需要跨学科的合作与创新思维，以确保 IP 的独特性和创新性。

（二）创意转化与融合，塑造 IP 形象

在构建出 IP 核心之后，图书馆需要进行创意转化与融合，将文化元素与现代审美、科技手段相结合，塑造出具有鲜明个性和广泛认可度的 IP 形象。这包括但不限于视觉设计、故事叙述、角色设定等方面。通过精心的设计与策划，使 IP 形象既能够传承和弘扬传统文化，又能够符合当代社会的审美需求和市场趋势。同时，图书馆还可以考虑与其他文化机构、创意产业等进行合作，共同推动 IP 形象的塑造与推广。

（三）商业化运营与推广，实现价值最大化

文化 IP 的打造最终目的是实现其商业化运营和价值最大化。图书馆应积极探索多元化的商业模式和营利渠道，如授权合作、产品开发、数字营销等。通过授权合作，将 IP 形象授权给相关企业或个人进行产品开发、销售等商业活动；通过产品开发，将 IP 元素融入各种文化产品中，如文创产品、旅游纪念品等；通过数字营销，利用互联网和新媒体平台扩大 IP 的知名度和影响力。这些措施将有助于实现文化 IP 的商业价值和社会价值的双重提升。

（四）持续创新与迭代，保持 IP 活力

文化 IP 的打造与运营是一个持续不断的过程。图书馆应始终保持对市场需求和消费者偏好的敏锐洞察，不断对 IP 进行创新与迭代。这包括但不限于内容的更新、形象的升级、商业模式的调整等方面。通过持续的创新与迭代，保持 IP 的活力和吸引力，确保其在激烈的市场竞争中始终保持领先地位。同时，图书馆还应加强与其他文化机构的交流与合作，共同推动文化 IP 产业的繁荣发展。

三、科技赋能与文化旅游创新

在数字化时代的大潮中，科技的力量正以前所未有的方式重塑着文化旅游的面貌。图书馆，作为文化传承与知识传播的重要阵地，正积极利用最新科技手段，如人工智能、大数据等，为文化旅游资源的创新开发注入强大动力。

（一）人工智能：个性化体验的定制者

人工智能技术的飞速发展，为图书馆文化旅游带来了前所未有的个性化体验。通过智能分析游客的行为数据、兴趣偏好等信息，图书馆能够精准推送符合其需求的文化旅游内容和建议。无论是定制化的游览路线，还是个性化的文化推荐，人工智能都能给每位游客带来独一无二的文化之旅。此外，智能语音导览、虚拟讲解员等应用，更是让游客在享受文化盛宴的同时，感受到科技的温暖与便捷。

（二）大数据：精准洞察与决策支持

大数据技术的应用，则为图书馆文化旅游资源的创新开发提供了科学的数据支撑。通过对海量数据的收集、处理与分析，图书馆能够精准洞察游客的需求变化、市场趋势及资源利用情况，为文化旅游产品的优化升级提供有力依据。同时，大数据还能帮助图书馆实现资源的优化配置和高效利用，提升整体运营效率和服务质量。

（三）虚拟现实与增强现实：沉浸式体验的创造者

虚拟现实（VR）与增强现实（AR）技术的引入，更是为图书馆文化旅游带来了前所未有的沉浸式体验。游客可以通过 VR 设备"穿越"到历史的长河中，亲身体验古代文明的辉煌；也可以通过 AR 技术，在现实中与虚拟的文化元素进行互动，感受文化的魅力与活力。这种全新的体验方式，不仅打破了时间与空间的限制，更让文化旅游变得更加生动有趣、引人入胜。

（四）持续创新，引领未来

面对科技的不断进步和市场的不断变化，图书馆应始终保持对新技术、新趋势的敏锐洞察。通过不断探索和实践，将更多前沿科技应用于文化旅游资源的创新开发中，为游客带来更加丰富多元、便捷高效的文化旅游体验。同时，图书馆还应加强与其他文化旅游机构的合作与交流，共同推动文化旅游产业的创新发展，引领未来文化旅游的新风尚。

四、文化旅游体验的深度与广度

在文化旅游日益追求个性化与深度体验的当下，图书馆作为文化与知识的宝库，正通过一系列创新开发举措，致力于提升文化旅游体验的深度与广度，以满足游客日益多元化的需求。

（一）打造沉浸式文化体验空间

图书馆利用现代科技手段，如虚拟现实（VR）、增强现实（AR）等，打造沉浸式文化体验空间。游客可以在这里身临其境地感受历史场景、参与文化互动，从而更加深入地了解和体验文化的魅力。图书馆通过模拟古籍翻阅、古代生活场景再现等方式，使游客在互动中增长知识，享受文化的乐趣。

（二）开发多元化文化旅游产品

为满足不同游客的需求，图书馆应积极开发多元化文化旅游产品。这些产品不仅涵盖传统的图书阅读、展览参观，还包括文化讲座、工作坊、主题游线等。通过结合地方特色和文化资源，设计具有独特性和吸引力的旅游产品，让游客在参与中深入了解当地文化，体验文化的多样性。

（三）强化文化教育与研学功能

图书馆作为文化传播与教育的重要阵地，在文化旅游中发挥着不可替代的作用。通过强化文化教育与研学功能，图书馆为游客提供了学习、探索和发现的文化平台。通过举办各类文化课程、研学活动，引导游客主动参与文化学习中来，培养他们对文化的兴趣和热爱，同时提升他们的文化素养和综合能力。

（四）推动文化与科技的深度融合

在文化旅游体验的深度与广度提升中，科技与文化的深度融合是关键。图书馆应积极探索将科技元素融入文化旅游资源开发中，利用大数据、人工智能等技术手段，为游客提供更加个性化、智能化的服务。例如，通过智能导览系统为游客提供定制化的游览路线和推荐；通过在线平台实现文化资源的远程访问和共享等。这些举措将大大提升游客的满意度和忠诚度，推动文化旅游产业的持续发展。

图书馆通过创新开发文化旅游资源，不仅提升了文化旅游体验的深度与广度，也为游客带来了更加丰富多元的文化体验。在未来，图书馆将继续发挥自身优势，不断探索和实践，为文化旅游产业的发展贡献更多智慧和力量。

五、可持续发展与文化旅游生态

在图书馆文化旅游资源的创新开发进程中，确保资源的可持续利用，构建健康的文化旅游生态，是关乎文化传承与环境保护的重要议题。这不仅是对未来负责，也是实现文化旅游产业长远发展的必由之路。

（一）资源保护：传承与创新的基石

任何形式的创新开发，都应以资源的有效保护为前提。图书馆在挖掘和利用文化旅游资源时，应严格遵守文物保护法律法规，确保古籍善本、历史文献等珍贵资源的完整与安全。同时，通过数字化、复制等现代技术手段，实现资源的合理共享与利用，减少实体资源的直接损耗，为后代留下了宝贵的文化遗产。

（二）生态构建：多元共生的文化旅游环境

构建健康的文化旅游生态，意味着要促进不同文化元素、旅游业态之间的和谐共生。图书馆应积极参与文化旅游产业链的整合与优化，与博物馆、艺术馆、历史遗址等文化旅游资源形成互补与联动，共同打造具有地方特色的文化旅游品牌。此外，还应注重与当地社区、居民的合作，让文化旅游的发展惠及更广泛的人群，形成良好的社会氛围。

（三）环境友好：绿色旅游的实践者

在文化旅游的开发过程中，坚持环境友好原则至关重要。图书馆应倡导绿色旅游理念，鼓励游客采用低碳、环保的出行方式，减少对环境的影响。同时，在旅游设施的建设和运营中，注重节能减排、资源循环利用等措施的实施，推动文化旅游产业向绿色、低碳方向转型。

（四）教育普及：培养可持续旅游意识

教育是推动可持续旅游发展的关键。图书馆应充分利用其教育资源优势，开展形式多样的文化旅游教育活动，普及文物保护、环境保护等相关知识，提高公众对可持续旅游的认识和参与度。通过教育引导，培养游客的责任感和使命感，共同守护我们的文化遗产和自然环境。

（五）持续监测与评估：确保可持续发展的方向

为确保文化旅游资源的可持续利用和文化旅游生态的健康发展，图书馆应建立持续监测与评估机制。通过定期收集和分析相关数据，评估文化旅游项目的实施效果和社会影响，及时发现并解决问题。同时，根据评估结果调整策略和方向，确保文化旅游产业始终沿着可持续发展的道路前进。

第六章　图书馆与旅游品牌塑造

第一节　图书馆品牌形象的构建

一、品牌定位与核心价值提炼

在旅游市场日益多元化的今天，图书馆作为文化与知识的殿堂，正逐步成为吸引游客的重要目的地。为了在这一领域脱颖而出，明确图书馆在旅游市场中的定位并提炼出独特的品牌核心价值显得尤为重要。

（一）精准定位，凸显文化特色

图书馆在旅游市场中的定位应聚焦于其深厚的文化底蕴和独特的知识资源。它不仅是书籍的海洋，更是文化传承与创新的重要场所。因此，品牌定位应凸显图书馆的文化特色，将其打造成为游客探索知识、体验文化、放松心灵的理想之地。通过精准的定位，图书馆能够在众多旅游产品中脱颖而出，吸引更多对文化有追求、对知识有渴望的游客。

（二）提炼核心价值，塑造独特品牌

品牌核心价值是图书馆在旅游市场中区别于其他竞争对手的关键因素。它应体现图书馆的核心优势和独特魅力，如丰富的馆藏资源、优雅的阅读环境、专业的文化服务等。在提炼品牌核心价值时，应注重挖掘图书馆的历史底蕴和文化内涵，将其转化为具有吸引力和感染力的品牌形象。同时，还要关注游客的需求和期望，确保品牌核心价值与游客的价值观相契合，从而建立深厚的情感连接。

（三）强化品牌形象，提升认知度

品牌形象是图书馆在旅游市场中展现给游客的第一印象。为了提升品牌认知度，图书馆应注重品牌形象的塑造和传播。这包括设计具有辨识度的品牌标识、打造统一的视觉形象系统、制定清晰的品牌传播策略等。通过多渠道、多形式的品牌宣传和推广活动，图书馆可以将品牌核心价值传递给更广泛的受众群体，提高品牌的知名度和美誉度。

（四）深化品牌内涵，增强体验价值

品牌内涵是图书馆品牌形象的灵魂所在。为了增强游客的旅游体验价值，图书馆应不断深化品牌内涵，丰富品牌的文化意蕴和情感价值。这可以通过举办各类文化活动、推出特色文化产品、提供个性化文化服务等方式实现。通过为游客创造独特而难忘的文化体验，图书馆可以进一步巩固和强化品牌形象，提升游客的忠诚度和满意度。

明确图书馆在旅游市场中的定位并提炼出独特的品牌核心价值是构建图书馆品牌形象的重要步骤。通过精准定位、提炼核心价值、强化品牌形象和深化品牌内涵等措施的实施，图书馆可以成功塑造独特的旅游品牌形象，吸引更多游客前来探索和体验。

二、品牌视觉识别系统设计

在构建图书馆品牌形象的过程中，设计一套统一、鲜明的品牌视觉识别系统至关重要。这一系统通过精心策划的标识、色彩、字体等视觉元素，体现图书馆的核心价值与文化特色，增强品牌识别度，进而提升品牌形象的整体影响力。

（一）标识设计：凝聚品牌灵魂的视觉符号

标识是品牌视觉识别系统的核心，它不仅是图书馆身份的象征，更是品牌理念与个性的直接体现。在设计过程中，需深入挖掘图书馆的文化底蕴与特色，结合现代审美趋势，创造出既具有辨识度又富有内涵的标识图案。该标识应简洁明了，易于识别与记忆，同时能够灵活应用于各种媒介与场景中，确保品牌信息的准确传达。

（二）色彩规划：传递品牌情感的色彩语言

色彩在品牌视觉识别系统中扮演着至关重要的角色，它能够激发人们的情感共鸣，传递品牌的独特气质与氛围。图书馆品牌色彩的选择应基于品牌定位与目标受众的喜好，采用能够体现文化、知识、宁静等特质的色彩组合。通过主色调与辅助色的巧妙搭配，营造出温馨、雅致、舒适的视觉体验，让读者在享受阅读的同时，也能感受到品牌所传递的情感价值。

（三）字体选择：彰显品牌个性的文字表达

字体作为品牌信息传递的重要载体，其风格与品牌形象紧密相连。在图书馆品牌视觉识别系统中，字体的选择应体现出专业、权威、易读的特点，同时又不失个性与美感。标准字体与辅助字体的搭配使用，能够确保品牌信息的统一性与连贯性，同时根据不同场景与需求进行灵活调整，以更好地服务于品牌形象的构建与传播。

（四）视觉元素的应用与规范

为了确保品牌视觉识别系统的有效实施与统一呈现，需要制定详细的视觉元素应用规范。这包括标识的尺寸比例、色彩搭配、字体使用规则及在不同媒介上的排版布局等。通过严格遵循这些规范，可以确保图书馆品牌形象在各种宣传材料、空间环境、数字媒体等渠道中的一致性与高辨识度，从而加深公众对品牌的认知与记忆。

三、品牌故事与文化内涵挖掘

在构建图书馆品牌形象的过程中，深入挖掘其历史脉络、特色馆藏及背后蕴含的丰富文化故事，是丰富品牌内涵、提升品牌魅力的关键所在。

（一）追溯历史，传承文化记忆

每一座图书馆都承载着独特的历史记忆与文化传承。通过系统梳理图书馆的发展历程，从它的创立初衷、重要事件、历史变迁等方面入手，可以挖掘出许多感人至深的故事和珍贵的历史片段。这些历史元素不仅是图书馆品牌的重要组成部分，更是连接过去与未来的桥梁，能够让游客在参观过程中感受到文化的魅力。

（二）聚焦特色馆藏，展现文化瑰宝

特色馆藏是图书馆品牌的重要亮点之一。这些珍贵的文献、古籍、艺术品等不仅具有极高的学术价值，更蕴含着丰富的文化内涵和历史信息。通过深入挖掘特色馆藏背后的故事，如它们的来源、收藏过程、历史意义等，可以展现图书馆独特的文化魅力和学术地位。同时，利用现代科技手段对特色馆藏进行数字化展示和互动体验，可以让游客更加直观地感受到这些文化瑰宝的魅力。

（三）挖掘文化故事，丰富品牌情感

文化故事是图书馆品牌情感连接的纽带。这些故事可能源自于图书馆的创办者、知名学者、重要历史事件等，它们以生动的情节和深刻的内涵，展现了图书馆在文化传承与创新中的重要作用。通过挖掘和整理这些文化故事，可以将其融入品牌宣传和推广，让游客在了解图书馆的同时，也能感受到其中蕴含的情感价值和人文关怀。

（四）融合多元文化，拓宽品牌视野

在全球化背景下，图书馆作为文化交流与传播的重要平台，应积极融合多元文化元素，拓宽品牌视野。通过举办国际文化交流活动、引进外国文学作品和学术资料等方式，可以让图书馆成为展示世界文化多样性的窗口。这种多元文化的融合不仅能够丰富图书馆的品牌内涵，还能够吸引更多国际游客前来参观体验，提升品牌的国际影响力。

深入挖掘图书馆的历史、特色馆藏及背后的文化故事，是构建图书馆品牌形象、丰富品牌内涵的重要途径。通过传承历史记忆、展现文化瑰宝、挖掘文化故事和融合多元文化等措施的实施，图书馆可以树立独特而富有魅力的品牌形象，成为游客探索知识、体验文化的重要目的地。

四、品牌形象一致性维护

在构建图书馆品牌形象的过程中，确保线上线下各渠道的品牌形象保持高度一致性，是巩固品牌印象、提升品牌辨识度的关键。这不仅关乎品牌信息的准确传达，更是塑造统一、专业品牌形象的重要步骤。

（一）统一视觉标准，确保形象连贯

制定并严格执行统一的视觉识别标准，是维护品牌形象一致性的首要任务。这包括品牌标识、色彩体系、字体样式等视觉元素的标准化设计，以及它们在不同媒介和场景下的应用规范。通过确保所有对外展示的品牌元素均符合既定标准，可以有效避免品牌形象的混乱与割裂，保持品牌的连贯性和统一性。

（二）跨渠道整合，实现无缝对接

在数字化时代，图书馆的品牌形象不仅存在于实体空间，更延伸至线上平台。因此，维护品牌形象一致性还需注重线上线下渠道的整合与协同。无论是官方网站、社交媒体、移动应用还是实体图书馆的环境布置、服务流程，都应遵循统一的品牌形象设计原则，确保信息传达的一致性和用户体验的连贯性。通过跨渠道的整合营销，可以最大化地发挥品牌效应，增强品牌的整体影响力。

（三）员工培训，强化品牌意识

员工是图书馆品牌形象的重要传播者。他们的言行举止、服务态度都直接影响品牌的形象与声誉。因此，加强员工对品牌形象的认知与理解，提升他们的品牌意识，是维护品牌形象一致性的重要环节。通过定期组织品牌知识培训、服务礼仪演练等活动，可以帮助员工更好地理解品牌理念、掌握品牌形象传播的技巧与方法，从而在日常工作中自觉维护品牌形象的一致性。

（四）持续监测与调整，保持品牌活力

市场环境的变化和消费者需求的升级，要求图书馆在维护品牌形象一致性的同时，也要保持品牌的灵活性和适应性。因此，建立品牌形象的持续监测与调整机制至关重要。通过定期收集和分析市场反馈、用户评价等信息，可以及时发现品牌形象传播过程中存在的问题与不足，并据此进行相应的调整与优化。这不仅可以确保品牌形象始终符合市场趋势和消费者需求，还能保持品牌的活力和竞争力。

五、品牌差异化策略制定

在竞争激烈的旅游市场中，图书馆要想脱颖而出，构建具有鲜明特色的品牌形象，就必须深入分析竞争对手，制定并实施差异化的品牌策略。

（一）全面分析竞争环境，明确市场定位

图书馆应对当前旅游市场中的竞争对手进行全面分析，了解他们的品牌定位、服务内容、营销手段等。通过对比分析，以明确自身在市场中的位置以及与竞争对手的差异。在此基础上，图书馆应进一步明确自身的市场定位，即明确自己的目标受众群体和核心竞争优势。

（二）强化独特优势，打造差异化服务

图书馆应深入挖掘并强化自身的独特优势，如丰富的馆藏资源、专业的文化服务、独特的阅读环境等。通过提供差异化服务，可以满足游客的多元化需求，提升游客的满意度和忠诚度。例如，图书馆可以推出定制化的阅读推荐服务，根据游客的兴趣和偏好，为他们推荐适合的书籍和阅读资源；或者举办各类文化讲座、工作坊等活动，为游客提供互动学习和交流的平台。

（三）创新营销手段，提升品牌知名度

在营销手段上，图书馆也应积极创新，采用多样化的宣传和推广方式，提升品牌知名度。除了传统的广告宣传和线下活动外，图书馆还可以利用社交媒体、短视频平台等新媒体渠道，发布有趣、有料的内容，吸引更多潜在游客的关注。同时，图书馆还可以与其他文化机构、旅游企业等建立合作关系，共同开展联合营销活动，扩大品牌影响力。

（四）注重品牌体验，提升游客满意度

品牌体验是游客对图书馆品牌形象最直接的感受。因此，图书馆应注重提升游客在参观过程中的体验感，通过优化服务流程、提升服务质量、营造良好氛围等方式，为游客提供舒适、愉悦的品牌体验。例如，图书馆可以设置便捷的导览系统、提供贴心的咨询服务、营造温馨的阅读氛围等，让游客在轻松愉快的氛围中享受文化的熏陶和知识的滋养。

制定差异化的品牌策略是图书馆构建具有鲜明特色品牌形象的关键所在。通过全面分析竞争环境、强化独特优势、创新营销手段及注重品牌体验等措施的实施，图书馆可以成功突出自身的独特优势，吸引更多游客前来参观体验，从而在竞争激烈的旅游市场中占据一席之地。

第二节　图书馆品牌形象的传播

一、多渠道整合传播策略

在构建图书馆品牌形象的过程中，采用多渠道整合传播策略是至关重要的。这一策略旨在通过社交媒体、官方网站、线下活动等多元化渠道，实现对目标受众的全方位覆盖，从而有效提升品牌知名度和美誉度。

（一）社交媒体：构建互动桥梁，传递品牌温度

社交媒体作为当下最为活跃的信息传播平台之一，为图书馆品牌形象的传播提供了广阔的舞台。通过精心策划的社交媒体内容，如定期发布阅读推荐、文化活动预告、读者故事分享等，图书馆可以迅速吸引并聚集大量关注者，形成稳定的粉丝群体。同时，社交媒体平台上的即时互动功能，使得图书馆能够直接听取读者声音，收集反馈意见，进而不断优化服务，提升品牌形象。此外，利用社交媒体进行话题营销、跨界合作等创新活动，还能进一步拓宽品牌传播边界，增强品牌活力。

（二）官方网站：展示品牌形象，提供便捷服务

官方网站作为图书馆品牌形象的官方展示窗口，承担着传递品牌信息、提供便捷服务的重要职责。通过精心设计的页面布局、清晰的信息架构及丰富的功能模块，官方网站可以全面展示图书馆的文化底蕴、服务理念、资源特色等优势，为访问者提供深入了解品牌的机会。同时，官方网站还应注重用户体验的优化，确保访问者能够轻松找到所需信息，享受便捷的在线服务，从而增强品牌好感度。

（三）线下活动：深化品牌体验，增强情感联系

线下活动作为品牌传播的重要组成部分，能够直接触达目标受众，提供更为深刻和真实的品牌体验。图书馆可以通过举办读书会、文化讲座、展览展示等丰富多彩的线下活动，吸引读者参与其中，感受品牌的独特魅力。在活动中，图书馆可以巧妙地融入品牌元素，如使用统一的视觉识别系统、分发品牌纪念品等，以加深参与者对品牌的印象。同时，线下活动也为图书馆与读者之间建立了更为紧密的情感联系，有助于培养读者的品牌忠诚度。

二、内容营销与故事讲述

在构建图书馆品牌形象的过程中，内容营销与故事讲述扮演着至关重要的角色。通过精心策划与创作高质量的内容，图书馆不仅能够生动展现其独特魅力，还能有效传递品牌价值，加强与受众的情感联系。

（一）精准定位内容主题，契合品牌形象

内容营销的首要任务是明确内容主题，确保其与图书馆的品牌形象高度契合。这要求图书馆深入了解目标受众的兴趣、需求及期望，从而创作出既有深度又具吸引力的内容。内容主题可以围绕图书馆的历史沿革、特色馆藏、文化活动、阅读体验等多个维度展开，全方位展现图书馆的文化底蕴和服务特色。

（二）创意策划内容形式，提升传播效果

在内容形式上，图书馆应勇于创新，采用多样化的表达方式讲述品牌故事。这包括但不限于图文结合的文章、引人入胜的短视频、互动性强的H5页面，以及深度解析的音频节目等。通过丰富的内容形式，图书馆能够吸引不同偏好的受众群体，提升内容的传播效果和影响力。

（三）注重内容质量，传递品牌价值

高质量的内容是内容营销的核心。图书馆在创作内容时应坚持精益求精的原则，确保每一篇作品都能体现品牌的独特性和价值观。这要求内容创作者具备深厚的文化底蕴、敏锐的洞察力及优秀的表达能力，能够深入挖掘图书馆的品牌内涵，将其转化为生动、有趣、富有感染力的故事。同时，内容还应注重时效性、实用性和趣味性，以满足受众的多元化需求。

（四）强化情感共鸣，深化品牌印象

情感共鸣是内容营销的重要目标之一。图书馆在讲述品牌故事时应注重情感元素的融入，通过细腻的情感描绘和真实的场景再现，激发受众的共鸣和认同感。这种情感上的共鸣不仅能够加深受众对图书馆品牌的印象，还能促使他们成为品牌的忠实拥趸和传播者。

（五）持续输出优质内容，构建品牌生态

内容营销是一个持续的过程。图书馆应建立完善的内容创作和发布机制，确保能够持续输出高质量的内容。同时，还应积极构建品牌生态，通过社交媒体、官方网站、线下活动等多种渠道，将内容传播给更广泛的受众群体。在这个过程中，图书馆应不断优化内容策略，根据受众反馈和市场变化进行调整和改进，以确保内容营销的持续有效性和品牌影响力的不断提升。

三、KOL 与合作伙伴的联动

在构建图书馆品牌形象的过程中，与旅游领域的意见领袖（KOL）及合作伙伴建立紧密合作，是一种高效且富有创意的策略。这种联动不仅能够有效拓宽品牌传播的边界，还能借助双方的优势资源，共同打造更具吸引力的品牌形象。

（一）携手 KOL，借势影响力传播品牌故事

旅游领域的意见领袖凭借其广泛的粉丝基础和强大的影响力，成为品牌传播的重要力量。图书馆可以积极寻求与这些 KOL 的合作，邀请他们参观体验，分享在图书馆的独特经历与感悟。通过 KOL 的真实体验与正面评价，图书馆的品牌形象得以更加生动、具体地展现在公众面前，从而吸引更多潜在读者的关注与兴趣。同时，KOL 的个性化传播方式也能为图书馆品牌形象注入新的活力，使其在众多信息中脱颖而出。

（二）深化合作，共创品牌联合活动

与合作伙伴的联动，则是图书馆品牌形象构建的另一重要途径。图书馆要积极寻找与图书馆品牌理念相契合的合作伙伴，如旅游机构、文化组织等，共同策划举办一系列品牌联合活动。这些活动可以围绕阅读、文化、旅游等

多个主题展开，通过跨界融合的方式，为参与者带来全新的体验与感受。在合作过程中，图书馆与合作伙伴可以相互借势，共享资源，共同提升品牌知名度与美誉度。同时，品牌联合活动还能促进双方文化的交流与碰撞，为图书馆品牌形象的构建注入更多的文化内涵与创意元素。

（三）强化品牌一致性，共塑品牌形象

在与 KOL 及合作伙伴的联动过程中，保持品牌形象的一致性至关重要。图书馆应确保所有合作活动、宣传内容等都与自身的品牌形象定位保持一致，避免出现形象混乱或偏离的情况。通过统一的视觉识别系统、品牌口号、传播策略等手段，图书馆可以强化品牌的辨识度与记忆点，使公众在接触到相关信息时能够迅速联想到图书馆的品牌形象。这种一致性的品牌形象不仅有助于提升品牌的整体形象与价值，还能增强公众对品牌的信任感与认同感。

四、公关活动与事件营销

在图书馆品牌形象的构建过程中，策划并实施具有影响力的公关活动与事件，是提升品牌知名度和美誉度的有效途径。这些活动不仅能够吸引公众的广泛关注，还能有效传递图书馆的品牌理念和价值，进一步巩固和强化品牌形象。

（一）创意策划，打造独特活动主题

公关活动与事件的成功，往往始于一个富有创意且贴合品牌特色的主题。图书馆应深入挖掘自身资源，结合时事热点、文化趋势或读者兴趣点，策划出既具有独特性又易于传播的活动主题。例如，可以围绕"阅读点亮生活""文化遗产保护"等主题，举办讲座、展览、研讨会等活动，吸引社会各界人士的参与和关注。

（二）整合资源，构建多方共赢平台

公关活动的成功举办，离不开多方资源的有效整合。图书馆应积极寻求与政府机构、文化机构、教育机构、媒体及知名企业等建立合作关系，共同策划和举办活动。通过资源整合，不仅能够扩大活动的规模和影响力，还能为参与各方创造更多的价值和机会，实现共赢局面。

（三）强化互动，提升公众参与度

互动性是提升公关活动效果的关键。图书馆在策划活动时应注重增强与公众的互动环节，让受众不仅仅是活动的旁观者，更是积极的参与者和传播者。通过线上线下的互动方式，如社交媒体互动、现场问答、读者推荐等环节，激发公众的兴趣和热情，提升活动的参与度和传播效果。

（四）注重传播，扩大品牌影响力

公关活动的成功不仅在于活动的本身，更在于活动后的传播效果。图书馆应充分利用各种传播渠道和工具，如新闻稿、社交媒体、官方网站等，对活动进行全方位的宣传和推广。通过精心策划的传播策略，将活动的亮点和成果传递给更广泛的受众群体，进一步提升图书馆的品牌知名度和美誉度。

（五）持续跟进，巩固活动成果

公关活动结束后，图书馆还应持续跟进活动成果，对活动效果进行评估和总结。通过收集受众反馈、分析活动数据等方式，了解活动的优点和不足，为未来的活动策划提供经验和参考。同时，还可以通过后续报道、成果展示等方式，巩固活动成果，延续活动的影响力，为图书馆品牌形象的构建持续注入动力。

五、效果评估与调整优化

在图书馆品牌形象的构建过程中，效果评估与调整优化是不可或缺的一环。通过定期对品牌形象传播效果进行全面、客观的评估，图书馆可以准确掌握品牌建设的成效与不足，为后续的调整优化提供有力依据。

（一）构建多维度评估体系

为确保评估结果的全面性和准确性，图书馆应构建一套多维度的评估体系。这包括但不限于品牌知名度、美誉度、忠诚度等量化指标的测量，以及公众对品牌形象认知、情感联系等质化层面的分析。通过综合运用问卷调查、社交媒体数据分析、线下活动反馈等多种评估手段，图书馆可以获取丰富、翔实的数据信息，为评估工作提供有力支撑。

（二）深入分析评估结果

在获取评估数据后，图书馆应组织专业团队进行深入分析。通过对数据的横向对比与纵向追踪，识别出品牌形象传播中的亮点与不足。同时，结合市场环境的变化、消费者需求的演变等因素，对评估结果进行深层次解读，揭示其背后的原因与规律。这一过程不仅有助于图书馆明确品牌建设的方向与目标，还能为后续的调整优化提供有针对性的建议与指导。

（三）灵活调整优化策略

基于评估结果的分析与解读，图书馆应灵活调整优化品牌形象传播策略。对于评估中表现突出的方面，应予以巩固与强化；对于存在的不足与问题，则需深入分析其根源，并制定相应的改进措施。例如，针对品牌知名度提升缓慢的问题，图书馆可以加大在社交媒体平台的宣传力度，或加强与旅游领域 KOL 的合作；针对品牌形象认知模糊的情况，则可以通过更加明确、统一的品牌标识与视觉识别系统强化品牌形象的辨识度。此外，图书馆还应保持对市场动态的高度敏感，及时调整优化策略以应对外部环境的变化。

（四）建立长效评估机制

品牌形象的建设是一个长期而持续的过程，因此建立长效评估机制至关重要。图书馆应将评估工作纳入品牌建设的常规议程中，定期进行效果评估与反馈分析。同时，鼓励团队成员积极参与评估过程，共同为品牌形象的优化献计献策。通过长效评估机制的建立与实施，图书馆可以确保品牌形象传播策略的有效性与适应性，不断推动品牌形象的持续精进与卓越发展。

第三节　独特文化符号的提炼与运用

一、文化符号的深入挖掘

在构建图书馆品牌形象的过程中，深入挖掘并提炼出具有代表性的文化符号，是展现其独特魅力、强化品牌识别度的关键步骤。这些文化符号不仅蕴含了图书馆深厚的历史底蕴和文化内涵，更是连接过去与未来、传统与现代的桥梁。

（一）特色馆藏：历史与智慧的结晶

图书馆的特色馆藏，作为知识与文化的宝库，是提炼文化符号的重要源泉。从古籍善本到珍贵手稿，从地方文献到特色专题，每一份馆藏都承载着独特的历史记忆和文化价值。通过梳理和解读这些馆藏，可以提炼出具有代表性的文化元素，如古籍中的印章图案、手稿中的独特字体、地方文献中的地域特色符号等，作为图书馆品牌文化的独特标识。

（二）建筑风格：空间与艺术的融合

图书馆的建筑风格，是其外在形象与文化内涵的直接体现。从古典的庄重典雅到现代的简约时尚，不同的建筑风格蕴含着不同的审美追求和文化理念。在深入挖掘图书馆建筑风格时，可以关注其独特的建筑元素，如雕塑、壁画、门窗设计、空间布局等，这些元素往往蕴含着丰富的文化寓意和象征意义。通过提炼这些建筑元素，可以形成具有鲜明特色的文化符号，增强图书馆品牌的视觉识别度。

（三）文化氛围：阅读与思考的殿堂

除了特色馆藏和建筑风格外，图书馆的文化氛围也是提炼文化符号不可忽视的方面。文化氛围是图书馆内在精神气质的体现，包括阅读环境、服务态度、文化活动等多个方面。在营造良好文化氛围的过程中，图书馆可以注重细节处理，如设置特色阅读区域、举办文化讲座和展览、提供个性化服务等，这些举措都能够增强读者的文化体验，从而提炼出具有代表性的文化符号。

深入挖掘图书馆的文化符号，需要从特色馆藏、建筑风格和文化氛围等多个方面入手。通过提炼和运用这些文化符号，可以构建图书馆独特的品牌文化标识，提升品牌的识别度和影响力，进一步推动图书馆事业的繁荣发展。

二、文化符号的创意设计

在图书馆品牌形象的塑造中，文化符号作为品牌识别与情感联系的核心要素，其创意设计显得尤为重要。通过深入挖掘图书馆所承载的文化内涵与特色，提炼出独特而富有吸引力的文化符号，并巧妙地将其融入品牌形象的设计，可以有效提升品牌的辨识度与吸引力。

（一）挖掘文化底蕴，提炼文化符号

图书馆作为知识的殿堂与文化的传承者，其背后蕴含着丰富的文化底蕴与历史积淀。在创意设计文化符号时，首先应深入挖掘这些独特的文化资源，如图书馆的悠久历史、特色藏书、建筑风格、地域文化等。通过细致的研究与提炼，可以将那些能够代表图书馆核心价值与独特个性的元素转化为文化符号，如特定的图案、色彩、字体或象征物等。

（二）创新设计手法，赋予符号新生命

在提炼出文化符号后，关键在于如何将其以创新的设计手法呈现出来，以赋予其新的生命力与吸引力。这要求设计师具备敏锐的洞察力与丰富的想象力，能够打破传统设计的束缚，运用现代设计理念与技术手段，对文化符号进行重构与再创造。例如，可以采用抽象化、简约化或动态化的设计手法，使文化符号更加符合现代审美趋势与受众心理需求；也可以结合多媒体技术与互动设计，使文化符号在传播过程中更加生动有趣，增强受众的参与感与体验感。

（三）融入品牌形象，强化品牌认知

创意设计的文化符号最终需融入图书馆的品牌形象，成为品牌识别体系的重要组成部分。这包括将文化符号应用于品牌标识、视觉识别系统（VI）、官方网站、社交媒体平台等多个传播渠道与媒介，确保品牌形象的统一性与连贯性。同时，通过持续的品牌传播与推广活动，文化符号在公众心目中能形成强烈的品牌联想与认知，从而增强品牌的市场竞争力与影响力。

（四）注重情感共鸣，深化品牌内涵

文化符号不仅是品牌的外在表现形式，更是品牌内涵与情感价值的传递者。因此，在创意设计文化符号时，应注重与受众之间的情感共鸣与心理联结。通过深入挖掘文化符号背后的文化意义与情感价值，将其与受众的价值观、审美偏好等相结合，形成一种独特的情感纽带。这种情感共鸣不仅能够增强受众对品牌的认同感与忠诚度，还能够进一步丰富与深化品牌的内涵与形象。

三、文化符号在品牌元素中的应用

在图书馆品牌形象的塑造过程中，将深入挖掘的文化符号巧妙地融入品牌元素，是展现品牌特色、提升品牌识别度的关键举措。这一过程不仅要求创意与艺术的结合，更需对文化符号的深刻理解和精准把握。

（一）品牌标识的创意融合

品牌标识是图书馆品牌形象的核心组成部分，它承载着品牌的理念与特色。将文化符号融入品牌标识的设计，可以使标识更具文化内涵和视觉冲击力。例如，可以将从特色馆藏中提炼出的古籍图案、从建筑风格中汲取的标志性元素等，以抽象或具象的形式融入标识，形成独特的图形或符号组合。这样的设计不仅美观大方，还能让受众在第一时间感受到图书馆的文化底蕴和品牌特色。

（二）宣传物料的文化展现

宣传物料是图书馆与受众沟通的重要桥梁，其设计质量直接影响品牌形象的传播效果。在宣传物料的设计中，应充分利用文化符号，通过色彩、图案、文字等多种元素的巧妙搭配，营造出浓厚的文化氛围。例如，在海报、宣传册等物料中，可以运用与图书馆建筑风格相呼应的色彩搭配，结合从馆藏中提炼出的文化元素进行创意设计，使物料既具有视觉美感，又能准确传达图书馆的品牌理念和特色。

（三）文创产品的文化创新

文创产品是图书馆品牌文化的重要载体，不仅具有实用价值，还能通过独特的设计风格和文化内涵吸引受众的关注和喜爱。在文创产品的设计中，应深入挖掘文化符号的潜在价值，将其与产品功能相结合，创造出既符合市场需求又具有文化特色的产品。例如，可以设计以图书馆建筑风格为灵感的文具套装、以特色馆藏为题材的纪念品等，通过产品传递图书馆的文化理念和品牌价值。

将文化符号融入品牌元素，是塑造图书馆品牌形象的重要手段。通过创意融合品牌标识、精心设计宣传物料及创新开发文创产品等措施，可以有效提升图书馆品牌的识别度和影响力，进一步推动图书馆文化的传承与发展。

四、文化符号在旅游体验中的融入

在旅游项目中巧妙融入图书馆独特的文化符号元素，不仅能够为游客带来耳目一新的视觉享受，更能深刻丰富其文化体验，使旅游活动超越简单的观光游览，成为一场深刻的文化探索之旅。

（一）文化符号在旅游场景中的自然融合

将图书馆的文化符号巧妙融入旅游场景，是增强文化体验的关键。这包括但不限于旅游线路的设计、景点的布置、导览系统的构建等方面。例如，在旅游线路中设置与图书馆文化符号相关的主题站点，通过雕塑、壁画、装置艺术等形式展现图书馆的历史渊源、藏书特色或文化贡献；在景点内部，则可以通过文化符号的装饰与点缀，营造出浓郁的文化氛围，使游客在游览过程中自然而然地感受到图书馆文化的独特魅力。

（二）文化符号在互动体验中的活化应用

互动体验是提升文化体验的重要方式之一。通过创意设计以图书馆文化符号为主题的互动体验项目，如虚拟现实（VR）体验、角色扮演游戏、文化工作坊等，可以让游客在参与过程中更深入地了解图书馆文化的内涵与价值。这些互动体验项目不仅具有趣味性和教育性，还能激发游客对图书馆文化的兴趣与热爱，促进文化的传承与发展。

（三）文化符号在纪念品设计中的创新体现

纪念品作为旅游体验的重要延伸，其设计也应充分融入图书馆的文化符号元素。通过设计一系列具有独特创意与文化内涵的纪念品，如文化符号图案的T恤、书签、文具等，可以满足游客对文化记忆的保存与分享需求。同时，这些纪念品还能作为图书馆品牌形象的传播载体，进一步扩大品牌的影响力与知名度。

（四）文化符号在旅游宣传中的深度渗透

旅游宣传是吸引游客的重要手段之一。在旅游宣传中深度渗透图书馆的文化符号元素，可以通过多种媒介与渠道进行。例如，在旅游宣传册、官方网站、社交媒体平台等发布与图书馆文化符号相关的旅游信息与活动预告；邀请知名文化人士或旅游博主进行体验分享与推荐；开展以图书馆文化为主题的摄影比赛、征文活动等，以吸引更多游客的关注与参与。这些宣传活动不仅能够提升旅游项目的吸引力与竞争力，还能进一步弘扬图书馆文化的独特魅力与价值。

五、文化符号的持续更新与迭代

在快速变化的时代背景下，图书馆品牌的文化符号也需要经历不断的更新与迭代，以适应市场需求的变化，保持品牌的生命力。这一过程不仅是对文化符号的重新审视与创造，更是图书馆品牌与时代共舞、持续进化的体现。

（一）紧跟时代潮流，融入新元素

随着社会的进步和科技的发展，新的文化元素和审美趋势不断涌现。图书馆在更新文化符号时，应敏锐捕捉这些变化，将符合品牌气质的新元素融入其中。例如，可以借鉴现代设计理念，对传统的文化符号进行创新性改造，使其更加符合现代审美；或者结合新兴技术，如虚拟现实、增强现实等，创造出具有科技感的文化符号，为品牌注入新的活力。

（二）深化文化内涵，拓展符号边界

文化符号的更新与迭代，不仅仅是形式上的变化，更是文化内涵的深化与拓展。图书馆应深入挖掘自身资源，不断丰富和完善文化符号的内涵，使其更加丰富多彩、意蕴深远。同时，还可以探索与其他文化领域的跨界合作，引入新的文化元素和视角，拓宽文化符号的边界，为品牌注入更多的文化基因。

（三）关注受众反馈，优化符号表达

受众是品牌文化的最终接收者和传播者，他们的反馈对于文化符号的更新与迭代具有重要意义。图书馆应建立有效的受众反馈机制，及时了解受众对文化符号的感知和评价，根据反馈结果对文化符号进行优化和调整。这包括改进符号的视觉效果、提升符号的辨识度、增强符号与受众的情感联系等

方面，以确保文化符号能够更好地传达品牌理念和价值，赢得受众的认可和喜爱。

（四）保持品牌一致性，实现符号传承与创新

在更新与迭代文化符号的过程中，图书馆还需注意保持品牌的一致性。这意味着新的文化符号应与原有的品牌元素相协调、相补充，共同构成完整的品牌形象体系。同时，也要在传承中创新，在保持品牌特色的基础上不断注入新的活力，使品牌文化符号成为连接过去与未来、传统与现代的桥梁，为图书馆品牌的长期发展奠定坚实的基础。

第四节　品牌忠诚度与口碑管理

一、优质服务与体验提升

在竞争激烈的旅游市场中，提供高质量的服务和打造独特的旅游体验，是增强游客满意度与忠诚度、促进品牌口碑传播的关键所在。这不仅要求旅游项目在硬件设施上达到一流标准，更需在软件服务上不断创新与超越，以满足游客日益增长的多元化需求。

（一）个性化服务，满足游客独特需求

个性化服务是提升游客体验的重要途径。通过深入了解游客的兴趣爱好、旅行目的及特殊需求，提供量身定制的旅游方案与服务，如专属导游陪同、个性化行程规划、特色餐饮推荐等，能够让游客感受到被重视与尊重，从而增强其对品牌的好感度与忠诚度。

（二）细节关怀，营造温馨旅游氛围

细节决定成败。在旅游服务中，注重每一个细节的处理，如干净舒适的住宿环境、热情周到的接待服务、及时有效的问题解决等，都能为游客带来温馨愉悦的旅行体验。这种无微不至的关怀往往能够触动游客的心弦，使其对品牌产生深厚的情感联系。

（三）创新体验，激发游客兴趣与参与

创新是旅游发展的不竭动力。通过引入新技术、新玩法、新理念，打造独具特色的旅游体验项目，如虚拟现实体验、文化互动游戏、生态探险活动等，能够激发游客的好奇心与探索欲，使其在参与过程中获得前所未有的乐趣与成就感。这种创新的体验方式，不仅能够提升游客的满意度，还能有效促进品牌的口碑传播。

（四）持续改进，追求服务品质卓越

优质服务并非一蹴而就，而是需要不断的努力与改进。通过建立完善的服务质量监控体系，可以定期对服务流程、服务态度、服务效果等方面进行评估与反馈，及时发现并纠正和弥补存在的问题与不足。同时，鼓励员工积极参与服务创新与服务提升活动，不断提升自身的专业素养与服务能力。这种持续改进的精神，是确保服务品质卓越、赢得游客信赖与忠诚的重要保障。

提供高质量的服务和独特的旅游体验，是增强游客满意度与忠诚度、促进品牌口碑传播的关键所在。通过个性化服务、细节关怀、创新体验及持续改进等措施的实施，可以不断提升旅游项目的核心竞争力与品牌价值，为品牌的长期发展奠定坚实的基础。

二、会员制度与积分奖励

在竞争激烈的市场环境中，建立有效的会员制度与积分奖励机制，是提升品牌忠诚度、促进游客重复消费并激发口碑传播的重要途径。这一策略不仅能够增强游客与品牌之间的情感联系，还能通过游客的积极推荐，为品牌带来更多的潜在客户。

（一）会员制度的精细化设计

会员制度的成功在于其精细化与个性化的设计。图书馆应根据游客的消费习惯、兴趣偏好及贡献度等因素划分不同的会员等级，并为每个等级设定相应的权益与特权。例如，高级会员可享受借阅优先权、专属阅读空间、定制化推荐服务等；而普通会员则可通过累积消费逐步升级，享受更多优惠与便利。此外，会员制度还应注重信息的透明度与沟通的及时性，确保游客能够清晰了解会员等级、积分规则及权益变化等信息。

（二）积分奖励机制的创新应用

积分奖励机制是激励游客重复消费与推荐新客的有效手段。图书馆应设计多样化的积分获取途径，如借阅图书、参加文化活动、在线互动等，让游客在享受服务的同时积累积分。同时，积分的应用也应灵活多样，除了兑换图书、文创产品等实物奖励外，还可提供折扣优惠、专属活动邀请等非物质奖励，以满足游客的不同需求。此外，图书馆还应鼓励会员通过社交媒体分享阅读体验、推荐新服务等行为，根据分享效果给予额外积分奖励，以此激发口碑传播效应。

（三）强化会员体验与情感联系

会员制度与积分奖励机制的核心在于提升会员体验与增强情感联系。图书馆应不断优化服务流程、提升服务质量，确保会员在享受服务的过程中感受到品牌的关怀与尊重。同时，还应通过定期举办会员活动、发送节日祝福等方式，加强与会员之间的情感交流，让会员感受到归属感与荣誉感。这种基于情感联系的会员关系，不仅能够提升会员的忠诚度与满意度，还能促使他们成为品牌的忠实传播者。

建立会员制度与积分奖励机制是图书馆提升品牌忠诚度与口碑传播效应的重要策略。通过精细化设计会员制度、创新应用积分奖励机制及强化会员体验与情感联系等措施，图书馆可以构建起一个稳固的会员群体，为品牌的长期发展奠定坚实的基础。

三、社交媒体与口碑监测

在数字化时代，社交媒体已成为公众表达意见、分享体验的重要渠道。对于品牌而言，这既是展示自身魅力的舞台，也是监测口碑、维护形象的战场。有效利用社交媒体平台监测用户口碑，及时回应负面评价，是提升品牌忠诚度、强化口碑管理的关键策略。

（一）建立全面的社交媒体监测体系

构建覆盖主流社交媒体平台的监测网络，包括微博、微信、抖音、小红书等，确保能够全面捕捉与品牌相关的用户声音。利用专业的社交媒体监测工具，设置关键词、话题等筛选条件，可以实现信息的精准抓取与分类整理，为后续的分析与应对提供有力支持。

（二）实时分析用户口碑，洞察品牌情感

对收集到的用户口碑进行实时分析，通过情感分析技术识别正面、中性与负面评价的比例与具体内容。关注用户对于品牌产品、服务、活动等方面的反馈，洞察用户对品牌的情感态度与期待，为品牌策略的调整与优化提供数据支撑。

（三）快速响应负面评价，展现品牌责任感

面对负面评价，品牌应迅速响应，表达积极解决问题的态度与决心；建立高效的负面评价处理机制，确保在第一时间发现并核实问题，及时与用户沟通，了解具体情况并给出合理解决方案；通过公开透明的处理过程，展现品牌的责任感与诚信形象，减小负面评价对品牌形象的影响。

（四）积极利用正面口碑，扩大品牌影响力

正面口碑是品牌宝贵的资产。品牌应积极利用社交媒体平台上的正面评价，通过转发、点赞、评论等方式进行互动，增强用户的归属感与荣誉感。同时，可以整理并分享用户的真实体验故事，作为品牌宣传的素材，吸引更多潜在用户的关注与信赖，进一步扩大品牌影响力。

（五）持续优化品牌策略，提升用户满意度

基于社交媒体上的用户口碑监测结果，品牌应不断审视并优化自身的产品、服务及营销策略。针对用户反馈的共性问题进行改进，提升用户体验；同时，根据市场需求与趋势的变化，灵活调整品牌策略，以更好地满足用户的期待与需求。通过持续的努力与创新，不断提升用户满意度与忠诚度，为品牌的长期发展奠定坚实的基础。

四、口碑传播激励机制

在品牌忠诚度与口碑管理的宏伟蓝图中，口碑传播激励机制是不可或缺的一环。它如同一股无形的力量，能够激发游客的分享欲望，将正面的旅游体验转化为品牌传播的种子，播撒至更广阔的天地。

（一）好评返现：即时回馈，强化正面印象

好评返现作为一种直接而有效的激励方式，能够即时回馈游客的积极评价行为。当游客在社交媒体、旅游平台或官方网站上发表对旅游体验的好评时，可获得相应的现金返还或优惠券等奖励。这种即时的正面反馈不仅让游客感受到被重视与认可，还强化了他们对品牌的正面印象，从而更愿意在未来继续选择并推荐该品牌。

（二）推荐奖励：双赢机制，拓宽传播渠道

推荐奖励则是一种更为深远的口碑传播策略。它鼓励游客通过分享自己的旅游体验，邀请亲朋好友一同体验并享受推荐带来的双重奖励。这种双赢的机制不仅让推荐者获得了物质上的回馈，还让他们在社交圈中树立了良好的口碑与影响力。同时，被推荐的新客也为品牌带来了新鲜的血液，进一步拓宽和增加了品牌的传播渠道与市场份额。

（三）情感共鸣：深化连接，促进自发传播

除了物质激励外，情感共鸣也是激发口碑传播的重要因素。品牌应致力于创造令人难忘的旅游体验，让游客在享受服务的过程中感受到品牌的温度与情感。当游客与品牌之间建立起深厚的情感联系时，他们便会自发地分享自己的旅游故事与感受，成为品牌最忠诚的传播者。这种基于情感共鸣的口碑传播，其力量往往超越了物质激励的范畴，成为品牌长期发展的不竭动力。

口碑传播激励机制是品牌忠诚度与口碑管理的重要组成部分。通过好评返现、推荐奖励及情感共鸣等多种方式的综合运用，品牌可以激发游客的分享热情与传播动力，扩大品牌的美誉度。

五、持续的品牌关怀与互动

在品牌忠诚度与口碑管理的过程中，持续的品牌关怀与互动是不可或缺的一环。通过定期推送旅游资讯、节日祝福等温馨举措，品牌不仅能够保持与游客的紧密联系，还能在无形中加深他们对品牌的情感依赖与认同感，为品牌的长期发展奠定坚实的基础。

（一）定制化内容推送，满足个性化需求

了解并满足游客的个性化需求，是提升品牌关怀效果的关键。品牌应利用大数据与人工智能技术，分析游客的浏览历史、偏好与兴趣，为他们量身定制旅游资讯推送内容。无论是最新的旅游线路推荐、特色活动的预告，还是与游客兴趣相投的旅行故事分享，都能让游客感受到品牌的用心与关怀，增强他们的归属感与忠诚度。

（二）节日与特殊日子的温馨祝福，传递品牌温情

节日与特殊日子是传递品牌关怀的绝佳时机。品牌应提前准备，为游客送上节日的祝福与问候，让他们感受到品牌的温暖与关怀。这些祝福可以是文字、图片、视频等多种形式，内容应充满创意与温情，能够触动游客的心弦。通过节日与特殊日子的关怀行动，品牌能够进一步拉近与游客的距离，加深他们对品牌的情感认同。

（三）互动活动激发参与热情，增强品牌黏性

除了单向的关怀推送外，品牌还应积极策划互动活动，激发游客的参与热情。这些活动可以是线上的问卷调查、话题讨论、有奖竞猜等，也可以是线下的旅游体验分享会、摄影比赛等。通过互动活动，品牌不仅能够收集到游客的宝贵意见与建议，还能让游客在参与过程中感受到品牌的魅力，从而增强他们对品牌的黏性与忠诚度。

（四）关注游客反馈，持续优化关怀策略

品牌关怀并非一蹴而就，而是一个持续优化的过程。品牌应密切关注游客的反馈与需求变化，及时调整与优化关怀策略。通过定期收集并分析游客的反馈意见，品牌可以了解关怀行动的效果与不足，进而采取针对性措施进行改进。这种持续改进的精神，不仅能够提升品牌关怀的精准度与有效性，还能让游客感受到品牌的用心与专业，进一步增强他们对品牌的忠诚度与信赖感。

第五节　国际化视野下的品牌提升

一、国际市场分析与定位

在全球经济一体化与文化交流日益频繁的今天，国际旅游市场展现出多元化、个性化与品质化的趋势。图书馆作为文化的重要载体，其旅游产品在国际市场的定位与拓展，需基于深入的市场分析与精准的战略定位。

（一）国际旅游市场趋势洞察

当前，国际旅游市场正经历着深刻的变革。一方面，随着科技的进步和人们生活水平的提高，游客对旅游体验的需求日益多样化、个性化，不再满足于传统的观光游览，而是更加注重文化沉浸、深度体验与情感共鸣。另一方面，全球疫情的影响促使旅游业加速数字化转型，线上预订、虚拟体验等新型旅游方式逐渐成为主流。在此背景下，图书馆旅游产品需紧跟时代步伐，融合科技创新与文化内涵，打造独具特色的国际品牌形象。

（二）图书馆旅游产品的国际定位

图书馆旅游产品的国际定位应聚焦于"文化＋体验"的核心理念。首先，深入挖掘图书馆的文化底蕴与特色资源，如珍贵藏书、历史建筑、文化活动等，将其转化为具有吸引力的旅游产品。其次，注重游客的参与感与体验感，通过互动展览、文化讲座、创意工作坊等形式，让游客在轻松愉悦的氛围中感受文化的魅力。同时，结合国际市场需求与游客偏好，进行差异化定位，打造具有鲜明特色的图书馆旅游品牌。

（三）目标市场的精准划分

在明确国际定位的基础上，需对目标市场进行精准划分。一方面，关注对文化旅游有高度兴趣与需求的国家和地区，如欧洲、北美等文化底蕴深厚的地区；另一方面，也需关注新兴市场与年轻消费群体，他们往往对新鲜事物充满好奇心，愿意尝试新颖的旅游方式。针对不同目标市场，制定差异化的营销策略与推广方案，以更好地满足游客需求并提升品牌知名度。

国际市场分析与定位是图书馆旅游产品国际化品牌提升的关键步骤。通过深入洞察市场趋势、明确国际定位与精准划分目标市场，图书馆旅游产品将在国际舞台上绽放光彩，成为推动文化交流与旅游发展的重要力量。

二、国际化品牌形象的塑造

在全球化的浪潮中，品牌国际化已成为提升市场竞争力、拓展全球市场的重要途径。为了在国际市场中脱颖而出，品牌需根据国际市场需求，精心调整与塑造自身形象，以增强国际辨识度和吸引力，实现品牌价值的全球化传递。

（一）深入研究国际市场，精准定位品牌形象

品牌国际化的第一步是深入了解目标市场的文化背景、消费习惯、审美偏好及竞争格局。通过专业的市场调研与数据分析，品牌可以准确把握国际市场的脉搏，为品牌形象的调整提供科学依据。在此基础上，品牌需结合自身优势与特色，进行精准的品牌定位，明确自身在国际市场中的角色与价值主张，为后续的品牌传播与推广奠定坚实基础。

（二）融合多元文化元素，打造国际化视觉形象

视觉形象是品牌国际化的重要载体。品牌应巧妙融合多元文化元素，设计出既符合国际审美趋势又具有独特辨识度的视觉形象。这包括品牌标识、色彩体系、字体选择、包装设计等多个方面。通过运用国际化的设计语言与表现手法，品牌能够跨越文化障碍，与全球消费者建立情感共鸣，提升品牌在国际市场中的亲和力与吸引力。

（三）强化品牌故事讲述，传递品牌价值观

品牌故事是品牌文化的精髓所在。在国际化进程中，品牌应强化品牌故事的讲述能力，通过生动、感人的故事情节，展现品牌的起源、发展、成就与愿景。这些故事不仅能够激发消费者的兴趣与好奇心，还能够传递品牌的价值观与使命感，增强品牌在国际市场中的影响力与感召力。同时，品牌故事也是品牌与消费者建立深度联系的桥梁，有助于培养消费者的品牌忠诚度与归属感。

（四）优化品牌传播策略，实现全球范围覆盖

品牌国际化离不开高效的传播策略。品牌应充分利用国际媒体资源，包括社交媒体、搜索引擎、在线广告、合作伙伴网络等，构建多元化的传播渠道。通过精准的目标受众定位与创意的传播内容设计，品牌能够实现品牌信息的全球范围覆盖与深度渗透。此外，品牌还应积极参与国际展会、文化交流等活动，通过面对面的交流与互动，提升品牌在国际市场中的知名度与美誉度。

（五）持续创新与迭代，引领国际潮流趋势

品牌国际化是一个持续创新与迭代的过程。品牌应密切关注国际市场的变化与趋势，不断调整与优化品牌策略与产品服务。通过引入新技术、新材料、新工艺等创新元素，品牌能够不断推出符合国际市场需求的新产品与新服务，引领国际潮流趋势。同时，品牌还应积极倡导环保、可持续等社会责任理念，树立良好的国际品牌形象，为品牌的长期发展注入不竭动力。

三、跨文化交流与传播

在全球化的浪潮中，跨文化交流与传播已成为品牌提升不可或缺的一环。对于图书馆而言，加强跨文化交流，深入理解并尊重不同文化背景下的消费者需求，是实现国际化品牌提升的关键路径。

（一）深化文化认知，增进相互理解

跨文化交流的首要任务是深化对各国文化的认知与理解。图书馆应广泛收集与研究不同国家和地区的文化习俗、价值观念、审美偏好等信息，构建全面而深入的文化知识库。通过组织文化交流活动、开设文化讲座与工作坊等方式，促进员工与游客之间的文化交流与互动，增进彼此的理解与尊重。这种深入的文化认知不仅有助于图书馆更准确地把握国际市场需求，还能为品牌注入更多的文化元素与情感价值。

（二）精准识别需求，定制化服务策略

在跨文化交流的基础上，图书馆需精准识别不同文化背景下消费者的需求差异。这要求图书馆具备敏锐的市场洞察力与数据分析能力，能够通过对游客行为、偏好等数据的分析，提炼出具有共性与差异性的需求特征。基于

这些需求特征，图书馆可以制定更加精准的定制化服务策略，如提供多语种服务、开发符合特定文化偏好的旅游产品、优化国际营销渠道等，以满足不同文化背景下游客的个性化需求。

（三）创新传播方式，扩大品牌影响力

跨文化传播需要创新的传播方式与手段。图书馆应充分利用现代科技手段，如社交媒体、短视频平台、虚拟现实技术等，打造具有国际化视野的传播内容。通过创意十足的故事讲述、引人入胜的视觉呈现、互动性强的参与体验等方式，吸引全球游客的关注与参与。同时，图书馆还应积极参与国际旅游展会、文化交流活动等平台，扩大品牌在国际市场的曝光度与影响力。通过这些创新的传播方式，图书馆不仅能够更好地传播自身品牌与文化价值，还能在全球范围内树立积极、正面的品牌形象。

跨文化交流与传播是图书馆提升国际化品牌的重要策略。通过深化文化认知、精准识别需求与创新传播方式等措施的实施，图书馆将在国际舞台上展现出更加独特而迷人的魅力，成为推动全球文化交流与旅游发展的重要力量。

四、国际合作与资源整合

在全球化速度日益加快的今天，国际合作与资源整合已成为推动品牌国际化、提升市场竞争力的重要策略。对于致力于推广图书馆旅游产品的品牌而言，与国际旅游组织、机构建立紧密的合作关系，整合全球资源，共同开拓市场，无疑是一条高效且富有成效的路径。

（一）寻求国际合作伙伴，拓宽市场边界

品牌应积极寻求与国际知名旅游组织、机构及旅行社的合作机会，通过签署合作协议、建立战略联盟等方式，共同探索图书馆旅游产品的国际化推广之路。这些合作伙伴往往拥有丰富的市场资源、广泛的客户基础及成熟的运营体系，能够为品牌提供有力的市场支持与保障。通过合作，品牌可以迅速拓宽市场边界，将图书馆旅游产品推向更广阔的国际舞台。

（二）整合资源，实现优势互补

在国际合作中，资源整合是关键。品牌应充分利用合作伙伴的优势资源，如市场渠道、品牌影响力、专业团队等，与自身资源进行有效整合，实现优势互补。通过整合全球范围内的旅游资源、文化元素及科技手段，品牌可以打造出更具特色、更具吸引力的图书馆旅游产品，满足国际游客的多元化需求。同时，资源整合还有助于降低运营成本、提高运营效率，为品牌的国际化发展奠定坚实基础。

（三）共同研发创新产品，引领市场潮流

与国际合作伙伴携手，品牌可以共同研发创新性的图书馆旅游产品。通过深入了解国际市场需求与趋势，结合双方的专业知识与经验，开发出符合国际市场标准、具有独特魅力的图书馆旅游产品。这些创新产品不仅能够吸引国际游客的关注，还能够引领市场潮流，为品牌赢得更多的市场份额与口碑。

（四）加强品牌宣传与推广，提升国际知名度

在国际合作框架下，品牌应加强与合作伙伴的联合宣传与推广力度。通过共同举办推广活动、参加国际旅游展会、开展线上线下营销等方式，提升品牌在国际市场中的知名度与影响力。同时，品牌还可以借助合作伙伴的全球化网络，将品牌信息传递给更多潜在的国际游客，激发他们对图书馆旅游产品的兴趣与热情。

（五）建立长效合作机制，保障持续发展

为了保障国际合作与资源整合的持续性与稳定性，品牌应与合作伙伴共同建立长效合作机制。这包括定期沟通与交流机制、信息共享与协作机制、风险防控与应对机制等。通过这些机制的建立与完善，品牌与合作伙伴可以保持紧密的合作关系，共同应对市场挑战与风险，确保图书馆旅游产品的国际化推广之路越走越宽广。

五、国际品牌形象的监测与调整

在全球化竞争日益激烈的今天，国际品牌形象的监测与调整是确保品牌持续提升国际影响力的关键环节。图书馆作为文化传播的重要载体，其国际品牌形象的塑造与维护需具备高度的敏锐性与灵活性。

（一）建立全方位监测体系

为了全面、准确地把握国际市场上品牌形象的动态变化，图书馆应建立一套完善的监测体系。这包括但不限于社交媒体监测、在线评论分析、市场调研、合作伙伴反馈等多个维度。通过综合运用这些监测工具与手段，图书馆能够实时捕捉消费者对品牌的认知、情感与行为变化，为品牌形象的优化提供数据支持。

（二）深入分析品牌表现

在收集到足够的监测数据后，图书馆需进行深入的分析与解读。这包括对品牌知名度、美誉度、忠诚度等关键指标的评估，以及消费者对品牌文化、产品服务、用户体验等方面的具体反馈。通过深入分析，图书馆能够清晰地认识到自身品牌形象在国际市场上的优势与不足，为后续的调整优化工作指明方向。

（三）灵活应对市场变化，精准调整策略

基于监测与分析的结果，图书馆需灵活应对市场变化，精准调整品牌策略。这包括但不限于优化产品设计、改进服务质量、加强市场营销、拓展合作网络等方面。在调整过程中，图书馆应始终遵循国际化视野下的品牌提升原则，确保品牌形象的一致性与连贯性。同时，也要注重创新与差异化发展，以独特的品牌魅力吸引更多国际消费者的关注与喜爱。

（四）强化品牌沟通与互动

品牌形象的塑造与维护是一个持续的过程，需要图书馆与消费者之间建立良好的沟通与互动关系。图书馆应积极回应消费者的反馈与需求，通过社交媒体、客服热线、在线论坛等多种渠道与消费者保持密切联系。同时，也要鼓励消费者参与品牌建设与传播活动，共同树立积极向上的品牌形象。

国际品牌形象的监测与调整是图书馆提升国际影响力的必经之路。通过建立全方位监测体系、深入分析品牌表现、灵活应对市场变化及强化品牌沟通与互动等措施的实施，图书馆将不断优化自身品牌形象，赢得更多国际消费者的认可与信赖。

第七章　图书馆与智慧旅游的融合

第一节　智慧图书馆在旅游中的应用

一、智能导览系统的开发

在智慧图书馆与旅游深度融合的背景下，智能导览系统的开发成为提升游客体验、展现图书馆独特魅力的关键举措。该系统巧妙地融合了增强现实（AR）与虚拟现实（VR）技术，为游客打造了一场前所未有的沉浸式导览盛宴。

（一）AR技术的融合，让知识触手可及

智能导览系统通过AR技术，将图书馆的每一个角落、每一本书都赋予了生动的数字生命。当游客手持导览设备，对准书架上的书籍或特定展品时，屏幕上即可呈现出书籍的详细介绍、作者背景、创作历程等丰富信息，甚至能模拟翻页效果，让游客仿佛置身于书籍的海洋，实现与知识的亲密互动。此外，AR技术还能根据游客的兴趣和位置，智能推荐相关书籍和展览，让每一次探索都充满惊喜。

（二）VR技术的引入，开启虚拟漫游之旅

为了进一步拓宽游客的视野，智能导览系统还引入了VR技术，为游客打造了一个虚拟的图书馆漫游世界。通过佩戴VR头盔，游客可以瞬间穿越至图书馆的历史长廊，亲眼见证图书馆的变迁与发展；或是漫步于世界各地的著名图书馆之间，感受不同文化的碰撞与交融。VR技术还允许游客参与虚拟讲座、研讨会等活动，与来自全球的学者、读者进行实时交流，极大地丰富了游客的学习与体验。

（三）个性化定制服务，满足多元需求

智能导览系统还具备强大的个性化定制功能。根据游客的偏好、年龄、兴趣等信息，系统能够自动调整导览内容的难度、风格及呈现方式，确保每位游客都能获得最适合自己的导览体验。同时，系统还支持多语言服务，让来自世界各地的游客都能无障碍地享受导览过程。

（四）数据分析与优化，持续提升用户体验

在智能导览系统的背后，是一套完善的数据分析与优化机制。系统能够实时收集游客的行为数据、反馈意见等信息，通过大数据分析，发现游客的潜在需求与偏好，为后续的导览内容更新、功能优化提供有力支持。此外，系统还能根据游客的游览轨迹、停留时间等数据，智能调整导览路线与节奏，确保游客在有限的时间内获得最佳的游览体验。

智能导览系统的开发不仅为游客带来了沉浸式的图书馆导览体验，还极大地丰富了图书馆旅游的内涵与外延，为智慧图书馆在旅游领域的应用树立了新的标杆。

二、自助服务设备的普及

在智慧图书馆的建设与发展中，自助服务设备的普及不仅极大地提升了游客的借阅效率，还赋予了图书馆空间更多的互动性与便捷性，为旅游体验增添了新的维度。

（一）自助借还书机：高效便捷的借阅新体验

自助借还书机作为智慧图书馆的核心设备之一，其引入彻底改变了传统的人工借阅流程。游客只需通过简单的操作界面，即可快速完成图书的借阅与归还。这一创新不仅极大地缩短了游客的等待时间，提高了服务效率，还使得游客能够根据自己的时间安排自由访问图书馆资源，享受更加灵活自主的借阅体验。此外，自助借还书机还具备智能识别、信息记录等功能，为图书馆管理提供了准确的数据支持，有助于优化资源配置与提高服务质量。

（二）查询终端：信息获取的便捷窗口

除了自助借还书机外，查询终端也是智慧图书馆不可或缺的一部分。这些设备通常配备有先进的触摸屏技术和丰富的信息资源库，游客可以通过它

们轻松查询图书信息、浏览电子资源、了解图书馆服务动态等。查询终端的普及不仅为游客提供了便捷的信息获取途径，还促进了图书馆与游客之间的互动交流。游客可以根据自己的兴趣和需求，在查询终端上探索更多知识领域，感受智慧图书馆的独特魅力。

（三）自助服务设备促进旅游体验升级

在旅游领域，智慧图书馆通过普及自助服务设备，不仅提升了游客的借阅体验，还促进了旅游体验的全面升级。一方面，自助服务设备的便捷性使得游客在游览图书馆时能够更加专注于知识的探索与文化的体验，无须为烦琐的借阅流程所困扰。另一方面，智慧图书馆所展现的先进科技与人性化服务也为旅游目的地增添了独特的吸引力，成为吸引游客前来参观的重要因素之一。

自助服务设备的普及是智慧图书馆在旅游中应用的重要体现之一。它们不仅提高了游客的借阅效率与服务质量，还促进了旅游体验的升级与优化。随着科技的不断发展与普及，相信未来智慧图书馆将在旅游领域发挥更加重要的作用，为游客带来更加丰富、便捷、高效的知识与文化体验。

三、移动图书馆 APP 的推广

在智慧图书馆不断融入旅游领域的背景下，一款功能丰富、便捷高效的移动图书馆 APP 成为连接游客与图书馆的重要桥梁。这款 APP 不仅提供了传统图书馆的基本服务，如在线阅读、图书检索等，还融入了旅游元素，为游客打造了一站式、个性化的智慧旅游体验。

（一）在线阅读，随时随地探索知识海洋

移动图书馆 APP 的核心功能之一是在线阅读。游客只需下载并安装该APP，即可随时随地访问图书馆丰富的数字资源库，包括电子书、期刊、论文、音频视频资料等。这些资源不仅涵盖了学术、科普、文学、艺术等多个领域，还根据旅游主题进行了精心分类与推荐，让游客在旅途中也能享受到阅读的乐趣，丰富旅行体验。

（二）预约座位，智慧管理提升服务效率

针对游客在图书馆内可能遇到的座位紧张问题，移动图书馆 APP 提供了便捷的座位预约服务。游客只需在 APP 上选择所需时间段和区域，即可完成座位预约，有效避免了现场排队等候的烦恼。同时，系统还会根据游客的预约记录与偏好，智能推荐合适的座位位置，提升服务效率与游客满意度。

（三）参与活动，互动体验深化文化认知

为了增强游客的文化体验与参与度，移动图书馆 APP 还集成了活动参与功能。游客可以在 APP 上浏览即将举行的讲座、展览、读书会等文化活动信息，并根据个人兴趣进行报名参与。这些活动不仅丰富了游客的旅行内容，还促进了游客与图书馆、与其他游客之间的互动交流，深化了游客对当地文化的认知与理解。

（四）个性化推荐，满足多元需求

为了提升游客的使用体验，移动图书馆 APP 还采用了先进的个性化推荐算法。通过分析游客的阅读历史、搜索记录、兴趣偏好等数据，系统能够智能生成个性化的推荐内容，包括书籍、文章、活动等，满足游客的多元化需求。这种个性化的推荐服务不仅提高了游客的满意度与忠诚度，还促进了图书馆资源的有效利用与传播。

移动图书馆 APP 的推广不仅为游客带来了便捷、高效的图书馆服务体验，还融入了旅游元素，丰富了游客的旅行内容与文化认知。这款 APP 将成为智慧图书馆在旅游领域中的重要应用之一，为游客开启一扇通往知识海洋与文化世界的智慧之门。

四、个性化推荐系统的建立

在智慧图书馆面向旅游者的服务创新中，个性化推荐系统的建立是提升游客体验、深化文化探索的关键举措。该系统通过智能分析游客的阅读偏好、历史行为及潜在兴趣，为每位游客量身定制书籍与展览推荐，让每一次图书馆之旅都成为独一无二的个性化体验。

（一）数据驱动的智能分析

个性化推荐系统的核心在于数据驱动的智能分析。系统首先收集游客在图书馆内的各项行为数据，包括借阅记录、浏览历史、搜索关键词等，同时结合游客的基本信息如年龄、性别、地域等，运用先进的数据挖掘与机器学习算法，对游客的阅读偏好进行深度剖析。这一过程不仅考虑了游客的即时需求，还预测了其潜在的兴趣爱好，为后续推荐提供了精准依据。

（二）精准匹配的个性化推荐

基于智能分析的结果，个性化推荐系统能够实时为游客提供精准的书籍与展览推荐。无论是热门畅销书、经典文学作品，还是小众专业书籍、特色展览，系统都能根据游客的独特喜好进行筛选与排序，确保每位游客都能在最短时间内发现符合自己兴趣的阅读资源。此外，系统还会根据游客的反馈与行为变化，不断调整推荐策略，确保推荐的持续性与有效性。

（三）促进深度文化探索与互动

个性化推荐系统的建立，不仅提升了游客的借阅效率与满意度，更促进了深度文化探索与互动。游客在享受个性化推荐带来的便利与惊喜的同时，也会更加主动地参与图书馆的各项活动，如参加读书会、讲座、展览等，与志同道合的人交流心得、分享感悟。这种积极的互动不仅丰富了游客的文化生活，也促进了图书馆文化的传播与传承。

个性化推荐系统的建立是智慧图书馆在旅游领域应用的重要成果之一。它以数据为驱动，以游客为中心，通过精准匹配与个性化推荐，为游客带来了更加便捷、高效、丰富的阅读体验。随着技术的不断进步与应用的深入拓展，个性化推荐系统将在智慧图书馆旅游体验中发挥越来越重要的作用。

五、智慧安防与应急管理系统

在智慧图书馆旅游服务日益完善的今天，构建一个高效、智能的安防与应急管理系统显得尤为重要。该系统通过集成智能监控、人脸识别等先进技术，不仅全面提升了图书馆的安全防护能力，还显著增强了应急管理水平，为游客营造了一个安心、舒适的游览环境。

（一）智能监控系统：全天候守护的"隐形卫士"

智能监控系统是智慧安防体系的核心。它利用高清摄像头、红外夜视、智能分析等技术手段，对图书馆内外进行全天候、无死角的监控。系统能够自动识别异常行为、人员聚集等潜在安全隐患，并即时向管理人员发送警报，实现快速响应与处置。此外，智能监控系统还支持远程查看与回放功能，为安全事件的调查与取证提供了有力支持。

（二）人脸识别技术：精准识别，守护每一份安全

为了进一步提升图书馆的安全防护等级，系统引入了人脸识别技术。通过安装人脸识别门禁系统，图书馆能够实现对进出人员的精准识别与管理。无论是图书馆工作人员、游客还是黑名单人员，系统都能迅速识别其身份，并根据预设规则进行相应处理。这一技术的应用，不仅有效防止了非法入侵事件的发生，还提高了游客的通行效率与便利性。

（三）应急管理系统：快速响应，保障游客安全

智慧安防与应急管理系统还包含了完善的应急管理机制。系统内置了多种应急预案与处置流程，一旦发生突发事件（如火灾、地震等），就能够迅速启动相应预案，自动触发报警、疏散、救援等应急措施。同时，系统还能与当地消防、公安等部门实现联动，确保在第一时间获取外部支援，最大限度地保障游客的生命财产安全。

（四）数据分析与优化：持续提升安防与应急管理水平

智慧安防与应急管理系统还具备强大的数据分析能力。系统能够实时收集监控数据、报警记录、应急响应情况等信息，通过大数据分析，发现潜在的安全风险与隐患，为优化安防布局、改进应急流程提供科学依据。此外，系统还能根据游客的行为模式与偏好，预测人流高峰时段与区域，为制定针对性的安全管理措施提供参考。

智慧安防与应急管理系统的引入，为智慧图书馆在旅游领域的应用提供了坚实的安全保障。该系统通过智能监控、人脸识别、应急管理等先进技术手段的综合运用，不仅提升了图书馆的安全防护能力，还增强了应急管理水平，为游客营造了一个更加安全、舒适的游览环境。

第二节 物联网技术在旅游服务中的探索

一、智能定位与追踪服务

在旅游服务领域，物联网技术的引入正逐步改变着游客的参观体验，其中智能定位与追踪服务作为一项创新应用，为游客带来了前所未有的便捷与乐趣。这一服务依托于物联网技术的强大支撑，实现了对图书、展品等关键物品的精准定位与实时追踪，极大地提升了游客在图书馆、博物馆等文化场所的游览效率与满意度。

（一）物联网技术构建智能网络

智能定位与追踪服务的基础在于物联网技术的广泛应用。通过部署大量的传感器、RFID 标签等物联网设备，图书馆、博物馆等场所内的每一本图书、每一件展品都被赋予了唯一的数字身份。这些设备能够实时采集并传输物品的位置信息，构建了一个庞大的智能网络。这个网络不仅覆盖了整个场馆，还通过云端平台实现了数据的互联互通，为智能定位与追踪服务提供了坚实的技术支撑。

（二）精准定位，提升游览效率

游客在参观过程中只需通过手机 APP 或场馆内的智能终端，即可轻松享受智能定位与追踪服务。系统会根据游客的查询需求，迅速定位到目标图书或展品的精确位置，并提供详细的导航路线。这种精准定位功能极大地节省了游客的寻找时间，让他们能够更加高效地游览场馆，充分享受文化盛宴。

（三）实时追踪，保障物品安全

除了为游客提供便利外，智能定位与追踪服务还具备重要的物品安全保障功能。通过物联网技术的实时监控，场馆管理人员可以清晰掌握每一件重要物品的动态信息。一旦有物品发生移动或位置异常，系统会立即发出警报，提醒管理人员及时采取措施。这种实时追踪机制有效降低了物品丢失或损坏的风险，为场馆的运营管理提供了有力支持。

（四）优化资源配置，提升服务质量

智能定位与追踪服务的应用还有助于场馆优化资源配置，提升服务质量。通过对游客行为数据的分析，场馆可以了解游客的偏好与需求，从而更加精准地调整展品布局、增加热门图书的供应量等。这种基于数据的决策支持使得场馆能够更好地满足游客的多元化需求，提升整体服务质量与游客满意度。

智能定位与追踪服务作为物联网技术在旅游服务中的一项重要探索，不仅为游客带来了便捷与乐趣，还促进了场馆的智能化管理与服务升级。随着技术的不断进步与应用的深入拓展，智能定位与追踪服务将在旅游服务领域发挥更加重要的作用。

二、环境智能监测与调控

在旅游服务领域，尤其是智慧图书馆这一独特场景中，物联网技术的应用正逐步改变着游客的阅读与休闲体验。其中，环境智能监测与调控系统作为物联网技术的重要应用之一，通过实时监测与自动调节图书馆内的环境参数，为游客创造了一个更加舒适、健康的阅读环境。

（一）精准监测，洞悉环境细微变化

该系统集成了多种高精度传感器，能够实时监测图书馆内的温湿度、光照强度等关键环境参数。这些传感器遍布图书馆的各个角落，可以确保数据采集的全面性与准确性。通过物联网技术，这些监测数据被实时传输至中央控制平台，为后续的智能调控提供科学依据。

（二）智能调控，营造最佳阅读氛围

基于实时监测到的环境数据，环境智能监测与调控系统能够自动分析并判断当前环境是否适宜阅读。一旦发现环境参数偏离预设的最优范围，系统将立即启动调控机制。例如，当室内温度过高时，系统会自动开启空调或通风设备，降低温度；当光照过强时，则会调节窗帘或启动照明系统，调整光线强度至最适宜阅读的水平。这种智能化的调控方式，不仅确保了图书馆内环境的舒适性，还有效降低了能耗，实现了绿色、低碳的运营目标。

（三）数据分析，持续优化环境管理

除了实时调控外，环境智能监测与调控系统还具备强大的数据分析能力。通过对长期积累的环境监测数据进行深度挖掘与分析，系统能够发现环境变化的规律与趋势，为图书馆的环境管理提供科学的决策支持。例如，系统可以根据季节、天气等因素的变化，提前预测并调整环境参数，确保游客在任何时间都能享受到最佳的阅读体验。同时，系统还能根据游客的反馈与行为数据，不断优化环境调控策略，提升服务品质与游客满意度。

环境智能监测与调控系统作为物联网技术在旅游服务中的一次成功探索，不仅为智慧图书馆创造了一个更加舒适、健康的阅读环境，还展示了物联网技术在提升旅游服务品质方面的巨大潜力。随着技术的不断进步与应用的深化，相信未来将有更多类似的创新成果涌现，为游客带来更加丰富、便捷、智能的旅游体验。

三、智能门禁与停车管理

在旅游服务领域，物联网技术的深度应用正逐步重塑游客的到访体验，其中智能门禁与停车管理系统的引入，无疑是这一变革中的亮点。这些系统不仅提升了图书馆等文化场所的安全性与便捷性，还通过智能化手段有效缓解了周边停车难题，为游客营造了更加舒适、高效的旅游环境。

（一）智能门禁系统：安全高效的通行保障

智能门禁系统通过集成生物识别、RFID 技术等多种先进技术，实现了对图书馆等场所进出人员的精准识别与高效管理。游客只需携带特定的身份认证设备（如智能手环、手机 APP 等），即可在门禁处快速完成身份验证，轻松进入场馆。这一系统不仅极大地提升了通行效率，还有效防止了非授权人员的进入，保障了场馆的安全与秩序。同时，智能门禁系统还能记录游客的进出时间、频率等信息，为场馆的运营管理提供了宝贵的数据支持。

（二）智能停车引导与预约系统：缓解停车难题，提升游客体验

针对旅游高峰期周边停车场一位难求的问题，物联网技术也提供了有效的解决方案。智能停车引导系统通过实时监测停车场内的车位占用情况，为游客提供准确的停车信息指引，帮助他们快速找到空闲车位。而智能停车预

约系统则允许游客在出发前通过手机 APP 等方式提前预约车位，确保到达时能够顺利停车。这种智能化的停车管理方式不仅有效缓解了停车难的问题，还大大提升了游客的出行体验与满意度。

（三）物联网技术融合，打造无缝旅游服务体验

智能门禁与停车管理系统的应用，是物联网技术在旅游服务领域深入探索的缩影。通过物联网技术的广泛应用，图书馆等文化场所能够实现对游客从入馆到停车等各个环节的智能化管理，为游客带来了全方位、无缝衔接的旅游服务体验。这种以游客为中心的服务模式不仅提升了旅游服务的品质与效率，还促进了旅游产业的可持续发展。

智能门禁与停车管理系统的引入是物联网技术在旅游服务中的一次重要探索。它们通过智能化手段解决了传统旅游服务中的痛点问题，为游客带来了更加安全、便捷、高效的旅游体验。随着技术的不断进步与应用的深入拓展，物联网技术将在旅游服务领域发挥更加重要的作用，推动旅游产业的不断创新与发展。

四、智能导览机器人服务

在物联网技术日新月异的今天，智能导览机器人作为旅游服务领域的一项创新应用，正逐步成为提升游客体验、增强旅游互动性的重要工具。这些机器人不仅拥有先进的导航与定位能力，还能通过自然语言处理技术与游客进行流畅的交互，为游客提供问路、讲解等全方位服务。

（一）精准导航，助力游客轻松探索

智能导览机器人内置了高精度的地图与导航系统，能够准确识别游客所在位置，并根据游客的需求提供最优的导航路径。无论是寻找特定书架、展览区域还是洗手间等公共设施，机器人都能迅速响应，引导游客轻松到达目的地。这种精准的导航服务，不仅节省了游客的时间与精力，还极大地提升了游览的便捷性。

（二）知识渊博，生动讲解引人入胜

除了导航功能外，智能导览机器人还具备丰富的知识储备与生动的讲解能力。它们能够根据游客的兴趣与需求，提供个性化的讲解服务。无论是图

书馆的历史沿革、藏书特色还是展览品的艺术价值与文化背景，机器人都能以通俗易懂的语言、图文并茂的形式进行详尽介绍。这种互动式的讲解方式，不仅让游客在轻松愉快的氛围中增长了知识，还增强了游览的趣味性与参与感。

（三）智能交互，提升服务体验

智能导览机器人采用了先进的自然语言处理技术与语音识别技术，能够与游客进行流畅的对话与交流。无论是提出疑问、寻求帮助还是分享感受，游客都可以通过语音或文字的形式与机器人进行互动。机器人不仅能够准确理解游客的意图，还能根据对话内容调整讲解策略与语气，为游客提供更加贴心、个性化的服务。

（四）数据驱动，持续优化服务

智能导览机器人的服务并非一成不变，而是基于物联网技术不断收集与分析游客的行为数据、反馈意见等信息，实现服务的持续优化与升级。通过大数据分析，机器人能够发现游客的潜在需求与偏好，为后续的讲解内容、导航策略等提供科学依据。同时，机器人还能根据游客的反馈意见进行自我学习与改进，不断提升服务品质与游客满意度。

智能导览机器人作为物联网技术在旅游服务中的一次成功探索，不仅为游客提供了便捷、高效的导航与讲解服务，还通过智能交互与数据驱动的方式不断提升服务体验与品质。随着技术的不断进步与应用的深化，相信未来将有更多类似的创新成果涌现，为旅游服务领域带来更多的惊喜与可能。

五、物联网设备的互联互通

在旅游服务逐渐实现智能化的过程中，物联网设备的互联互通扮演着至关重要的角色，尤其是在图书馆等文化场所，这一技术的应用极大地促进了服务效率与用户体验的双重提升。物联网技术通过构建一个高度集成的系统，实现了图书馆内部各类设备之间的无缝协作，为游客带来了更加流畅、便捷的参观体验。

（一）设备间信息共享，提升服务效率

物联网设备的互联互通，首先体现在设备间信息的实时共享上。无论是自助借还书机、智能门禁系统，还是环境监控系统、照明调节设备等，它们都能够通过物联网技术实现数据交换与信息共享。这种信息共享机制使得图书馆能够迅速响应游客的各类需求，如自动调节室内光线与温度以适应阅读环境，及时提醒游客归还即将到期的图书等。这种高效的服务响应能力，不仅提升了游客的满意度，也显著提高了图书馆的整体运营效率。

（二）智能联动，优化游客体验

物联网设备的互联互通还促进了设备间的智能联动。例如，当游客通过智能门禁系统进入图书馆时，其身份信息将被自动识别并与个人借阅记录关联，从而触发一系列个性化服务。智能推荐系统根据游客的阅读偏好与历史行为，实时推送相关书籍与展览信息；智能照明系统则根据游客的位置与活动情况，自动调节周围灯光，营造更加舒适的阅读氛围。这种智能联动的服务方式，让游客在享受便捷服务的同时，也能感受到个性化的关怀与尊重。

（三）促进资源优化配置，提升管理水平

物联网设备的互联互通还有助于图书馆对资源进行优化配置与管理。通过对游客行为数据的深度分析，图书馆能够了解游客的需求分布与变化趋势，从而更加精准地调整图书采购计划、展览布局及人员配置等。同时，物联网技术还能对图书馆内的各类设备进行远程监控与维护，确保设备的正常运行与高效利用。这种基于数据的决策支持与管理方式，不仅提升了图书馆的管理水平，也为其可持续发展奠定了坚实基础。

物联网设备的互联互通是旅游服务智能化进程中的重要一环。它通过促进设备间的信息共享与智能联动，实现了服务效率与用户体验的双重提升。随着技术的不断进步与应用的深入拓展，物联网技术将在旅游服务领域发挥更加重要的作用，为游客带来更加智能、便捷、舒适的旅游体验。

第三节 大数据与旅游决策的支持

一、游客行为数据分析

在大数据时代背景下，游客行为数据分析已成为旅游产品开发与服务优化的关键驱动力。通过对图书馆内游客行为的全面、细致收集与分析，可以深入挖掘游客需求、偏好及行为模式，为旅游决策提供有力支持。

（一）数据采集：全面覆盖，精准捕捉

游客行为数据的采集是分析工作的基础。在图书馆旅游服务场景中，应利用物联网、RFID、移动应用等多种技术手段，实现对游客行为的全方位、多角度捕捉。这包括但不限于游客的进出时间、停留区域、浏览书籍类型、参与活动情况、消费记录及互动反馈等。全面而精准的数据采集，为后续的分析工作奠定了坚实基础。

（二）数据清洗与整合：确保数据质量，构建分析框架

采集到的原始数据往往包含噪声、冗余及不一致等问题，需要通过数据清洗与整合过程进行预处理。这一过程旨在剔除无效数据，纠正错误数据，并将来自不同渠道的数据进行统一格式化和整合，形成可用于分析的高质量数据集。同时，根据分析目的构建合理的分析框架与指标体系，可以为后续的数据挖掘与解读提供指导。

（三）数据分析与挖掘：洞察游客行为，发现潜在价值

基于清洗整合后的数据集，运用统计学、机器学习等分析方法，对游客行为进行深度剖析与挖掘。通过分析游客的流动路径、兴趣偏好、消费习惯等，可以揭示游客行为的内在规律与趋势。同时，利用关联规则挖掘、聚类分析等高级技术，可以发现游客之间的相似性与差异性，为旅游产品的个性化推荐与服务定制化提供科学依据。

（四）决策支持与优化：数据驱动，提升服务质量

游客行为数据分析的最终目的是支持旅游决策与服务优化。基于分析结果，可以制定出更加符合游客需求的旅游产品开发策略与服务优化方案。例如，根据游客的兴趣偏好调整书籍布局与展览内容；根据游客的流动路径优化导览路线与空间布局；根据游客的消费习惯推出针对性的优惠活动与增值服务等。通过数据驱动决策，实现旅游服务的精准化、个性化与智能化升级。

游客行为数据分析作为大数据与旅游决策支持的重要一环，正逐步成为推动旅游行业创新与发展的重要力量。通过全面、深入地挖掘游客行为数据中的潜在价值，可以为旅游产品的开发与服务优化提供有力支撑，助力旅游行业实现高质量发展。

二、旅游市场趋势预测

在数字化时代，大数据已成为旅游市场趋势预测的重要工具，为旅游决策提供了数据支持。通过收集、整合与分析海量旅游数据，可以揭示消费者行为模式、市场需求变化及未来发展趋势，为旅游业的战略规划与运营优化提供有力支持。

（一）消费者行为深度剖析

大数据技术能够全面捕捉并分析游客的在线搜索、预订、评价等行为数据，进而勾勒出清晰的消费者画像。这些画像不仅揭示了游客的年龄、性别、地域等基本特征，还深入剖析了其兴趣偏好、消费习惯及心理需求。基于这些深度洞察，旅游企业可以更加精准地定位目标客户群体，提供符合其需求的旅游产品与服务，提升市场竞争力。

（二）市场需求动态监测

大数据平台能够实时监测旅游市场的供需状况、价格波动及竞争格局，为旅游企业提供及时、准确的市场情报。通过对这些数据的分析，可以预测未来一段时间内旅游市场的热点区域、热门产品及潜在增长点，为企业的市场布局与产品开发提供科学依据。同时，大数据还能帮助企业识别市场中的潜在风险与挑战，提前制订应对策略，确保稳健发展。

（三）旅游趋势前瞻预测

基于大数据的历史数据与实时信息，结合先进的算法模型，可以对旅游市场的未来发展趋势进行前瞻预测。这些预测不仅涵盖了游客数量、消费结构等宏观指标的变化趋势，还渗入旅游产品创新、服务模式升级等微观层面。旅游企业可以根据这些预测结果，提前调整经营策略，抢占市场先机，实现可持续发展。

（四）决策支持系统的构建

大数据技术的应用促进了旅游决策支持系统的构建与完善。该系统集成了数据分析、数据挖掘、数据可视化等多种功能，能够为旅游企业提供一站式的数据分析解决方案。通过该系统，企业可以更加便捷地获取市场动态、分析竞争态势、评估项目风险，并据此制定科学合理的决策方案。这种基于数据的决策方式，不仅提高了决策效率与准确性，还降低了决策过程中的主观性与盲目性。

大数据在旅游市场趋势预测中发挥着至关重要的作用。通过深度剖析消费者行为、动态监测市场需求、前瞻预测旅游趋势及构建决策支持系统，大数据为旅游企业的战略规划与运营优化提供了强大的数据支撑与决策依据。在未来，随着大数据技术的不断成熟与应用场景的持续拓展，其在旅游市场趋势预测中的作用将更加凸显。

三、个性化旅游路线规划

在旅游服务日益追求个性化与定制化的今天，大数据技术的应用为个性化旅游路线规划提供了强有力的支持。通过分析游客的兴趣偏好、历史行为数据及实时旅行需求，可以精准推荐符合游客期待的旅游路线，从而大大提升旅行体验与满意度。

（·）兴趣偏好深度剖析

个性化旅游路线规划的第一步是对游客的兴趣偏好进行深度剖析。通过收集游客在社交媒体、旅游平台上的浏览记录、点赞评论及购买行为等数据，运用大数据分析技术，可以描绘出游客的兴趣图谱。这些兴趣点可能包括特定的文化遗址、自然风光、美食体验、购物场所等。基于这些数据基础，可以初步筛选出符合游客兴趣的旅游目的地与活动。

（二）旅行需求精准识别

除了兴趣偏好外，游客的旅行需求也是个性化路线规划不可忽视的重要因素。这包括游客的出行时间、预算限制、体力状况、特殊需求（如无障碍设施、儿童友好）等。通过问卷调查、在线咨询或智能客服系统可以实时收集并整理游客的旅行需求信息。结合大数据分析，可以进一步细化路线规划，确保推荐的路线既符合游客的兴趣偏好，又能满足其实际旅行需求。

（三）智能算法优化路线

在掌握了游客的兴趣偏好与旅行需求后，利用智能算法对路线进行优化成为关键。这些算法会综合考虑旅游目的地的地理位置、交通状况、开放时间、门票价格、天气预测等多种因素，为游客推荐最优的旅游路线。同时，算法还会根据游客的实时反馈与行为数据，动态调整路线规划，确保游客在旅行过程中始终能够享受到最佳的体验。

（四）实时推荐与动态调整

个性化旅游路线规划并非一成不变，而是需要根据游客的实时情况与旅行进展进行动态调整。通过物联网技术、移动应用等手段，可以实时收集游客的位置信息、游览进度与反馈意见。基于这些数据，系统可以及时向游客推荐附近的热门景点、特色活动或优惠信息，并根据游客的实际需求与兴趣变化，灵活调整后续路线规划。这种实时推荐与动态调整的机制，使得个性化旅游路线规划更加贴近游客的实际需求与期望。

大数据技术在个性化旅游路线规划中的应用，不仅提升了路线推荐的精准度与满意度，还促进了旅游服务的智能化与个性化发展。未来，随着大数据技术的不断成熟与应用的深化，个性化旅游路线规划将成为旅游服务领域的重要趋势之一。

四、旅游服务质量评估

在旅游行业中，服务质量的优劣直接关系到游客的满意度与忠诚度，是影响旅游品牌竞争力的关键因素。通过大数据技术的应用，旅游企业能够实现对游客反馈与行为数据的深度分析，从而精准评估旅游服务质量，及时发现服务中存在的问题，并据此制定改进措施，不断提升服务品质。

（一）游客反馈数据的全面采集与分析

大数据平台能够广泛收集游客在旅游过程中的各类反馈数据，包括在线评价、社交媒体评论、客服咨询记录等。通过对这些数据的全面采集与细致分析，可以了解游客对旅游服务的整体满意度、具体环节的评价及潜在的不满与期望。这种基于大数据的反馈分析，为旅游企业提供了客观、全面的服务质量评估依据。

（二）行为数据的深度挖掘与洞察

除了显性的游客反馈外，大数据还能捕捉到游客在旅游过程中的行为数据，如游览路线、停留时间、消费偏好等。通过对这些行为数据的深度挖掘与洞察，可以揭示游客的真实需求与潜在痛点。例如，通过分析游客在某一景点的停留时间，可以评估该景点的吸引力与服务质量；通过监测游客的消费行为，可以了解旅游产品的市场竞争力与顾客满意度。这些基于行为数据的洞察，为旅游企业优化服务流程、提升服务质量提供了有力支持。

（三）服务质量的实时评估与预警

大数据技术的应用还使得旅游服务质量的评估能够实现实时化、动态化。通过建立服务质量评估模型，旅游企业可以实时监测服务过程中的各项指标，如响应速度、处理效率、顾客满意度等。一旦发现服务质量下滑或存在潜在问题，系统就能够立即发出预警，提示相关部门及时采取措施进行改进。这种实时评估与预警机制，有助于旅游企业快速适应市场变化，确保服务质量的持续稳定。

（四）服务优化策略的制定与实施

基于大数据分析的评估结果，旅游企业可以更加精准地制定服务优化策略。这些策略可能涉及服务流程的改进、产品设计的调整、员工培训的加强等多个方面。通过实施这些策略，旅游企业能够有针对性地解决服务中存在的问题，不断提升服务品质与游客体验。同时，大数据的持续监测与评估还将为服务优化策略的迭代升级提供数据支持，确保旅游企业在激烈的市场竞争中保持领先地位。

五、旅游营销策略优化

在旅游行业的激烈竞争中，营销策略的优化成为提升市场竞争力、促进业务增长的关键。大数据技术的广泛应用，为旅游营销策略的优化带来了前所未有的机遇与可能。通过深度挖掘大数据中的价值信息，可以精准定位目标客户群体，制定个性化的营销策略，从而提高营销效果与转化率。

（一）目标客户精准定位

大数据分析能够帮助旅游企业精准识别并定位目标客户群体。通过对游客的浏览记录、搜索关键词、购买行为等数据的综合分析，可以勾勒出游客的画像，包括其年龄、性别、地域、兴趣偏好、消费能力等特征。基于这些特征，企业可以更加精确地划分市场，针对不同客户群体制定差异化的营销策略，实现精准营销。

（二）个性化营销内容定制

在精准定位目标客户的基础上，大数据还支持旅游企业根据游客的兴趣偏好与需求，定制个性化的营销内容。例如，对于喜欢户外探险的游客，可以推送徒步、攀岩等活动的优惠信息；对于热爱文化的游客，则可以介绍历史遗迹、博物馆等文化景点的特色。个性化营销内容的定制，不仅能够提高游客的关注度与兴趣，还能增强营销信息的吸引力与说服力。

（三）营销渠道优化与整合

大数据分析还能够为旅游企业优化与整合营销渠道提供有力支持。通过对不同渠道（如社交媒体、旅游平台、线下活动等）的营销效果进行评估与对比，企业可以明确哪些渠道更受目标客户群体的欢迎与青睐。进而，企业可以调整营销预算分配，加大对高效渠道的投入力度，同时优化低效渠道的使用方式，实现营销资源的合理配置与高效利用。

（四）营销效果实时监测与调整

大数据技术的应用还使得旅游企业能够实时监测营销效果，并根据实际情况灵活调整营销策略。通过收集并分析营销活动期间的游客反馈、转化率、ROI 等关键指标数据，企业可以及时发现营销活动中存在的问题与不足，并针对性地进行优化与改进。这种实时监测与动态调整的机制，确保营销活动始终能够保持高效与精准。

大数据在旅游营销策略优化中发挥着至关重要的作用。通过精准定位目标客户、定制个性化营销内容、优化整合营销渠道及实时监测调整营销效果，旅游企业可以显著提升营销效率与转化率，从而在激烈的市场竞争中脱颖而出。

第四节 人工智能在旅游体验中的创新

一、智能语音助手服务

在旅游领域，智能语音助手服务的引入正逐步成为提升游客体验的重要创新点。这一技术不仅简化了传统信息查询的烦琐流程，还通过自然、流畅的交互方式，为游客带来了前所未有的便捷与乐趣。

（一）语音查询，即时响应

智能语音助手以其高效的语音识别与理解能力，为游客提供了即时、准确的查询服务。无论是询问天气状况、查找附近餐厅，还是了解景点开放时间与门票价格，游客只需通过简单的语音指令，即可获得所需信息。这种无须手动输入、即时响应的查询方式，极大地节省了游客的时间与精力，使旅行过程更加顺畅无忧。

（二）精准导航，无忧出行

在陌生的旅游目的地，导航是游客不可或缺的工具。智能语音助手通过整合 GPS 定位技术与地图数据，为游客提供了精准的导航服务。无论是规划游览路线、推荐最佳出行方式，还是实时播报路况信息、提醒转弯与目的地到达，智能语音助手都能以清晰、易懂的声音指令引导游客轻松抵达目的地。这种智能化的导航体验，让游客在享受美景的同时，也能感受到科技带来的便利与安心。

（三）个性化讲解，深度游览

除了基本的查询与导航功能外，智能语音助手还能根据游客的兴趣与需求，提供个性化的景点讲解服务。通过预设的丰富知识库与智能推荐算法，智能语音助手能够为游客详细介绍景点的历史背景、文化特色、建筑风格等信息，甚至还能根据游客的反馈与互动，动态调整讲解内容与风格。这种个性化的讲解体验，不仅让游客对景点有了更深入的了解与感受，也增强了旅游的趣味性与互动性。

（四）无缝交互，提升体验

智能语音助手以其自然、流畅的交互方式，为游客营造了一个轻松愉快的旅游环境。无论是老年人还是儿童，都能轻松上手使用这一技术。此外，智能语音助手还能与其他智能设备无缝连接，如智能家居、可穿戴设备等，为游客提供更加全面、便捷的旅游服务。这种无缝交互的体验，不仅提升了游客的满意度与忠诚度，也推动了旅游行业向更加智能化、人性化的方向发展。

二、情感识别与交互体验

在追求极致旅游体验的今天，人工智能技术的情感识别能力正逐步成为提升游客满意度与忠诚度的关键。通过智能分析与理解游客的情感状态，旅游服务能够变得更加贴心与个性化，为游客打造独一无二的交互体验。

（一）情感智能感知：细微之处的关怀

人工智能的情感识别技术，能够精准捕捉游客在旅游过程中的微妙情感变化。无论是通过面部表情、语音语调还是文本交流，AI 系统都能进行深度分析，理解游客的喜怒哀乐。这种情感智能感知能力，使得旅游服务能够即时响应游客的情感需求，提供恰到好处的关怀与帮助。例如，在游客表现出疲惫或不悦时，系统可自动推荐附近的休息区域或调整行程安排，以缓解游客的不适。

（二）个性化交互体验：因人而异的贴心服务

基于情感识别的结果，人工智能能够进一步为游客带来个性化的交互体验。通过了解游客的情感偏好与需求，AI 系统能够定制专属的服务方案与沟通方式。对于喜欢轻松愉快的游客，系统可能采用幽默风趣的语言进行互动；而对于注重效率的游客，则提供简洁明了的指导与建议。这种因人而异的贴心服务，让每位游客都能感受到被重视与尊重，从而加深其对旅游品牌的认同感与好感度。

（三）情感驱动的产品创新：满足深层次需求

情感识别技术还推动了旅游产品的持续创新与发展。通过分析游客在旅游过程中的情感反馈与需求变化，旅游企业能够洞察市场的潜在趋势与机遇，进而开发出更符合游客深层次需求的产品与服务。例如，结合游客的情感偏好与旅游主题，设计定制化的旅游路线与活动体验；或是利用情感数据分析结果，优化旅游产品的设计与功能，提升游客的整体满意度与体验价值。

（四）情感互联的社群建设：增强游客归属感

人工智能的情感识别技术还促进了旅游社群的情感互联与互动。通过识别游客之间的情感共鸣与兴趣交集，AI 系统能够智能推荐相关的社交活动与群组，帮助游客建立联系、分享经验并共同成长。这种基于情感互联的社群建设，不仅丰富了游客的旅游体验内容，还增强了其归属感与忠诚度，为旅游品牌的长远发展奠定了坚实的基础。

三、智能内容创作与生成

在旅游体验的创新之路上，人工智能技术的应用正引领着内容创作与生成的新潮流。借助先进的 AI 技术，旅游行业能够自动生成丰富多样的旅游指南、游记等内容，为游客带来更加个性化、多样化的信息体验，进一步丰富和深化其旅游之旅。

（一）个性化旅游指南的即时生成

AI 系统能够根据游客的偏好、行程安排及实时数据，即时生成个性化的旅游指南。这些指南不仅包含了景点的详细介绍、最佳游览路线推荐，还能根据天气、交通状况等实时信息进行调整，确保游客获得最准确、最实用的旅行建议。此外，AI 还能根据游客的历史行为数据和反馈，不断优化指南内容，使其更加贴近游客的实际需求。

（二）创意游记的自动生成与分享

利用自然语言处理与机器学习技术，AI 能够分析海量游记数据，学习不同风格与题材的写作技巧，进而自动生成富有创意和个性的游记内容。这些游记不仅记录了游客的旅行经历与感受，还融入了 AI 的创意与想象，为游客提供了全新的阅读体验。同时，AI 还支持游记内容的自动排版、配图与分享功能，让游客能够轻松地将自己的旅行故事传播给更多人。

（三）多维度旅游信息的智能整合

AI 技术还能够实现多维度旅游信息的智能整合。通过收集、分析来自不同渠道的数据，如社交媒体、旅游网站、游客评价等，AI 能够构建出全面的旅游信息图谱。这些信息图谱不仅包含了基本的旅游信息，如景点介绍、交通指南等，还涵盖了游客的实时反馈、特色推荐等深度内容。基于这些信息图谱，AI 能够生成更加全面、详细的旅游内容，帮助游客更好地了解旅游目的地，以规划行程。

（四）互动体验的创新升级

AI 在智能内容创作与生成方面的应用，还促进了旅游互动体验的创新升级。通过语音识别与合成技术，AI 能够与游客进行实时互动，解答疑问、提供建议，甚至参与游客的旅行计划中。此外，AI 还能根据游客的反馈与需求，不断调整内容生成策略，提升互动体验的个性化与智能化水平。这种全新的互动方式，不仅增强了游客的参与感与沉浸感，也提升了旅游体验的整体品质。

四、虚拟旅游体验的开发

在科技日新月异的今天，虚拟旅游作为一种全新的体验方式，正逐步成为旅游行业的新宠。通过融合虚拟现实（VR）与人工智能（AI）技术，旅游行业得以打破物理界限，为游客打造沉浸式的虚拟旅游场景，人们即使身处家中也能尽情探索世界的每一个角落。

（一）沉浸式场景构建：身临其境的旅行体验

VR 技术以其高度逼真的视觉效果和交互性，为游客构建了一个个栩栩如生的虚拟旅游场景。从繁华都市的霓虹夜景到偏远古镇的宁静巷弄，从壮丽山川的巍峨壮观到蔚蓝海洋的浩瀚无垠，一切尽在眼前。AI 技术的应用，则进一步提升了场景的智能化水平。通过智能分析游客的行为与偏好，系统能够动态调整场景元素，如光线、气候、声音等，给游客带来个性化的沉浸体验。

（二）智能导览与互动：知识与乐趣并存

在虚拟旅游中，AI 不仅扮演了场景构建者的角色，更是游客的贴心导览与互动伙伴。通过语音识别与自然语言处理技术，AI 能够准确理解游客的提问与需求，提供详尽的景点介绍、历史文化背景及旅游小贴士。同时，AI 还能根据游客的兴趣与好奇心，设计趣味横生的互动环节，如虚拟寻宝、角色扮演等，让游客在享受视觉盛宴的同时，也能收获知识与乐趣。

（三）个性化旅游规划：随心所欲的旅程定制

虚拟旅游的另一大优势在于其高度的个性化与可定制性。借助 AI 算法，系统能够根据游客的偏好、预算、时间等条件，智能推荐并生成个性化的旅游规划。无论是浪漫的海岛度假、刺激的探险之旅还是宁静的文化探索，游客都能轻松实现一键定制。此外，AI 还能根据游客在虚拟旅游过程中的反馈与行为数据，不断优化调整规划方案，确保每一次旅行都能超越期待。

（四）社交与共享：跨越时空的旅行社区

虚拟旅游还打破了传统旅游中的社交壁垒，让来自世界各地的游客得以在虚拟空间中相聚一堂。通过 AI 驱动的社交功能，游客可以与其他游客进行实时交流、分享旅行心得与照片、参与线上活动等。这种跨越时空的社交体验，不仅丰富了游客的旅行生活，还促进了文化的交流与传播。同时，AI 还能根据游客的社交行为与兴趣爱好，智能推荐志同道合的旅伴或旅游团体，让旅行不再孤单。

五、智能客服与投诉处理

随着旅游业的蓬勃发展，游客对于高效、便捷的客户服务需求日益增长。智能客服系统的部署，正是人工智能在旅游体验中创新应用的一个重要体现，它不仅能够快速响应游客咨询，还能有效处理投诉，显著提升问题解决效率，优化整体旅游服务体验。

（一）24 小时不间断的即时响应

智能客服系统打破了传统客服的时间与空间限制，实现了 24 小时不间断的即时响应。无论游客在何时何地遇到问题，只需通过语音、文字或视频等方式与智能客服进行交互，即可获得即时的解答与帮助。这种全天候的服务模式，不仅满足了游客的即时需求，也大大减轻了人工客服的工作压力，提高了服务效率。

（二）精准识别与智能解答

借助自然语言处理与机器学习技术，智能客服系统能够精准识别游客的问题与需求，并自动从知识库中检索相关信息进行智能解答。无论是关于行程安排的疑问、景点信息的咨询，还是关于酒店预订、机票退改签等具体问题的处理，智能客服都能迅速给出准确、专业的回答。这种精准识别与智能解答的能力，不仅提高了问题解决的准确性，也提升了游客的满意度与信任度。

（三）情绪识别与安抚策略

在处理投诉时，智能客服系统还能通过情绪识别技术，分析游客的语气、语调等情感特征，判断其情绪状态。对于表现出不满或愤怒的游客，智能客服能够自动调整沟通策略，采用更加温和、耐心的语气进行安抚与解释，同时迅速协调相关部门进行问题处理。这种情绪识别与安抚策略的应用，有助于缓解游客的负面情绪，促进问题的快速解决。

（四）持续学习与优化

智能客服系统还具备持续学习与自我优化的能力。通过与游客的每一次交互，系统能够不断积累新的数据与经验，优化自身的知识库与算法模型。同时，系统还能根据游客的反馈与评价，自动调整服务流程与策略，以提供更加贴心、个性化的服务。这种持续学习与优化的机制，确保了智能客服系统能够紧跟旅游市场的变化与游客的需求，不断提升服务质量与效率。

参考文献

[1] 罗文宝．当代文化旅游资源与产业发展研究 [M].北京：中国原子能出版社，2022：56-58.

[2] 许少辉．乡村振兴战略下传统村落文化旅游设计 [M].北京：中国建筑工业出版社，2022：106-107.

[3] 贾晶，龚新，魏艳，等．中原城市群文化旅游产业发展研究 [M].郑州：黄河水利出版社，2022：27-28.

[4] 苟勇，龙芙君，李侠．乡村文化旅游建设与发展 [M].北京：清华大学出版社，2022：122-124.

[5] 晏雄著，赵泽宽．文化旅游融合发展理论、路径与方法 [M].北京：中国旅游出版社，2022：30-31.

[6] 白美丽．文化与旅游的融合发展 [M].北京：光明日报出版社，2022：82.

[7] 窦志强．文化旅游公共服务价值初探 [M].文化发展出版社，2020：12.

[8] 黄俊，余凯璇．文旅融合背景下图书馆文化旅游服务模式探究 [J].山东图书馆学刊,2023(2)：59-63.

[9] 王晨铃．公共图书馆文化旅游视频服务策略探析 [J].图书馆研究与工作,2022(2)：57-62.

[10] 张奎．公共图书馆文化旅游融合的数字化：作用机理与创新路径 [J].国家图书馆学刊,2023(6)：38-49.

[11] 李竹群．高校图书馆文化旅游信息的开发与管理 [J].产业与科技论坛,2012(23)：248-249.

[12] 杨炳辉，左培远．构建图书馆文化旅游产业平台的理念探索 [J].图书馆学刊,2012(4)：80-83.

[13] 吕东霞，周颖乐，段也钰．图书馆融入文化旅游高质量发展的精义与

策略研究 [J]. 吉林广播电视大学学报 ,2021(5)：155-157.

[14] 王勇 . 图书馆服务文化旅游、建设旅游文化的实践 [J]. 传媒论坛 ,2018(18)：153.

[15] 刘子源 . 图书馆阅读推广与地方旅游文化发展研究 [J]. 旅游纵览 ,2021(10)：115-117.

[16] 黄晓娟 . 公共图书馆在文化和旅游融合时代的使命与创新 [J]. 现代企业文化 ,2020(36)：3-4.

[17] 吴佳 . 旅游文化和图书馆 [J]. 图书馆建设 ,2002(2)：87-88.

[18] 杨勤 . 图书馆开展旅游文化服务初探 [J]. 图书馆建设 ,1994(4)：65.

[19] 周晓莲 . 论旅游业与图书馆文化功能的开发 [J]. 河南图书馆学刊 ,2003(2)：47-48.

[20] 黄雁湘 . 地方公共图书馆开发利用旅游文化信息资源的探讨 [J]. 全国新书目 ,2006(24)：110-111.

[21] 李泽华 . 困境与破局：文旅融合背景下的公共图书馆旅游创新研究 [J]. 国家图书馆学刊 ,2022(1)：65-73.

[22] 秦殿启 , 张玉玮 . 智慧图书馆文化图式 [J]. 图书馆论坛 ,2022(1)：80-90.

[23] 王满 . 图书馆文旅融合发展典型实践与启示 [J]. 山东图书馆学刊 ,2020(4)：49-52.

[24] 夏超群 . 关于公共图书馆文旅深度融合的几点思考 [J]. 河南图书馆学刊 ,2020(9)：23-25.